ための最高の思考法

Danny Warshay

See, Solve, Scale

How Anyone Can Turn an Unsolved Problem
into a Breakthrough Success

すべては「起業」である

ダニー・ウォーシェイ　渡会圭子 訳

早川書房

すべては「起業」である

――正しい判断を導くための最高の思考法

SEE, SOLVE, SCALE
How Anyone Can Turn an Unsolved Problem
into a Breakthrough Success
by
Danny Warshay

Translated by
Keiko Watarai
First published 2023 in Japan by
Hayakawa Publishing, Inc.
This book is published in Japan by
arrangement with
Park & Fine Literary and Media
through The English Agency (Japan) Ltd.

装幀／山之口正和（OKIKATA）

私の家族、特に父の思い出に

行動のないビジョンはただの夢で、ビジョンのない行動はただ時間を過ごしているだけだ。
行動をともなうビジョンが世界を変えられる。

——ネルソン・マンデラ

目次

※訳者による注は小さめの〔　〕で示した。

イントロダクション

食糧不足、非識字問題、教育の機会不均等、気候変動、中東での激しい紛争、貧困、パンデミック。社会として、私たちはこうした問題に直面していて、解決しなければならない問題はさらにたくさんある。また個々の消費者としても、私たちは日々問題に対処している。たとえば睡眠にまつわる問題や、何を食べればいいかについての情報の混乱。大企業や伝統的な組織では、同じやり方を長く続けすぎたことによって生じる問題や、イノベーションの遅れ、陳腐化のリスクを抱えている。そしてこうした問題の多くを解決するうえで頼みの綱であるリサーチ・サイエンティストたちは、ふつうの手法ではもう、期待される飛躍的な発展を生み出せないことにフラストレーションを感じている。私たちは起業家的な考え方で問題解決することを目指し、力をつける必要に迫られている。ところがインパクトがあり、スケールの大きな解決策を開発するトレーニングを受ける機会もなく、自信も持てず、行動を起こせずにいる。

本書は、適切なツールを身につければ、誰でも問題解決ができる起業家になれることを前提にしている。ルールに縛られずにユニコーンを追い求める大胆なヒーローのような、伝説的な起業家タイプである必要はない。私がこの本を書いた目的は、起業家のステレオタイプに当てはまらないから自分は起業家にはなれないと思っている人々に、自信を持ってもらうことだ。とはいえ、起業へのプロセスが簡単だと言うつもりはない。困難もあれば、苛立ちや恐怖を感じることもあるだろう。また成功が約束されているわけでもない。しかし何千人もの学生にアントレプレナーシップを教えてきた経験から、世間一般の強力なバイアスのために顧みられず、掘り起こされてこなかった、起業家を目指せる人々の大きな層があることがわかった。同時にこの本はすべての起業家が直面する問題を解決できるよう書かれている。起業家は往々にして、構造化されたプロセスを採用したほうが効率的で作業が楽になり、成功率も上がるという場面であるにもかかわらず、本能と直感に頼って成り行きまかせで何かをつくろうとする。

新しい製品というものは、何かしら自分たちをライバル会社と差別化するものを備えていなければならない。本書の柱である「発見・解決・拡大」起業プロセスは、以下の三つの方法でそれを提供しようとしている。

○アントレプレナーシップを**問題解決のための構造化されたプロセス**として教え、人類学的アプローチを用いて、解決すべき問題が何か見つけ出す。これによって多くの起業家がやりがちな、問題を見つける前に解決策《ソリユーション》を開発するという、高くつくうえにすべてを台無しにしかねない間違いを防ぐことができる。

○アントレプレナーシップを**リベラル・アーツのスキル**として教える。他のリベラル・アーツと同じように、その教えは標準的なスタートアップから大企業、非営利団体、政府機関、意外なところでは学術研究所まで、あらゆるタイプの状況に合わせて活用できる。大学で歴史を学んだからといって歴史研究者になれるわけではないのと同じで、科学的手法を学んだからといって科学者になれるわけではない。また私は自分が学んだ歴史の知識を、科学を専攻した学生はその知識を、さまざまな思いがけない形で活用している。「発見・解決・拡大」起業プロセスは、いかにも起業家らしい起業家を数多く生み出している。その何人かは本書でもとりあげられている。その一方で、名のある組織に属し、以前は起業家タイプではないと思ってきた人々にも力を与えている。

○これは厳格な科学的研究に基づくものであり、私自身の、そして他の人々のアントレプレナーシップの経験によって具体的な形となった。この**研究に裏打ちされた実践法**は、私が起業家と教師という二つの役割を持っていたからこそ生まれたものだ。

「発見・解決・拡大」の原則がうまくいくことを目の当たりにすれば、起業家になれるのはこんな人、という社会通念がなぜ狭い見方なのかという理由がわかる。あなたが「起業世界の弱者」と私が名づけたタイプの人であっても、自信喪失から解き放たれ、このプロセスを実践するのに必ずや役立つシステムを身につけられるはずだ。あなたが投資家なら、競争相手が考えたこともないほど大きな、未来の起業家層を掘り起こすことになる。本書では以下のようなことが学べる。

○アントレプレナーは**潤沢なリソースを持つ必要はない**。むしろこのプロセスの初期段階では、少ないリソースのほうが強みで、潤沢なリソースが足枷《あしかせ》になることが多い。本書を読めば、十分な資金、専門知識、教育、立派な家柄を持っていないことに対する心配はなくなるだろう。もしあなたが潤沢なリソースを持っているとしたら、それが足枷にならないようにするテクニックを学べる。

○〝**起業家向きの性格タイプ**〟というものはない。たとえば必ずしも外向的である必要はない。むしろ内向的な人の独創的な戦略が、アントレプレナーシップのチームの価値を想像以上に高める。私がこれから紹介する研究では、アントレプレナーシップのチームでは多様性が不可欠であることが証明されている。多様性の大きな利点は、さまざまな性格の人が互いに不足している部分を補い合うことで、大きな成功がもたらされるということだ。あなたの性格が起業家のステレオタイプとは違っているからと悲観する必要はもうなくなる。

○アントレプレナーはシリコンバレーの住人であるとか、先進国の出身であるとか、エリート大学を卒業しているとか、**〝正しい集団〟に属している必要はない**。ジェンダーや民族のステレオタイプを気にすることもない。ベンチャー基金の出資先のうち、女性創業者はたった二・三パーセント[1]、ラテン系は一・五パーセント[2]、黒人は一パーセント[3]というデータを見ると、この主張はナイーブすぎると思えるかもしれない。このような気の滅入る結果が生じる理由の一部は、ブラウン大学の私の同僚バヌ・オズカザンク・パンと共同著者のスーザン・クラーク・マンティーンの研究で説明されている。その調査研究の結論は、誰に出資するか決めるとき「投資家はステレオタイプに従う可能性がきわめて高い」というものだった[4]。このやり方は変えることができるし、変わるべきである。それがなかなか変わらないのは、性差別や人種差別、そして無意識のバイアスのせいだ。しかし自分の属する集団や自分の周囲の強力なネットワークの外から多様な人々を集めたほうが成功の可能性は高まるので、今後に期待できる。

○**成功するアントレプレナーは、何かをゼロからつくるとは限らない**。以前の発明を利用することもできるし、既存のモデルを新しい状況に合わせて改善することもできる。いま現在の自分の技術、設計、創造のスキルに行き詰まり、おじけづいたときでも、それを知っていれば自信を失わずにすむ。

アントレプレナーのリソース、性格、経歴はさまざまだが、不利に働きかねない共通の性質については伝えておきたい。ノーベル賞受賞者のダニエル・カーネマンとエイモス・トヴェルスキーが、行動経済学の発展につながる画期的な研究の中で、バイアスのかかった直感が判断を誤らせる場合があることを実証した。彼らは「ごくふつうの人間の思考には系統的なエラーが入り込みやすいことを示す証拠を挙げ、そうしたエラーを追跡調査して、それらが感情の影響ではなく人間の認知装置の設計に起因することを示した」[5]（『ファスト&スロー』村井章子訳、ハヤカワ・ノンフィクション文庫）。言い換えると、人間としての私たちの判断は、いま自分は合理的で論理的であると思っているときでも、自覚していないものの影響を受けているということだ。そのためこのプロセスを通して重大な局面にさしかかるとき、私はあなたに、直感だけに頼ると間違えることがあると警告をするつもりだ。直感に頼りすぎると、次のような判断ミスにつながりやすいからだ。

○ベンチャー企業を起こそうというチームの半分以上が、友人や家族で形成されている。しかしそのようなチームが成功する可能性が低いことが調査で示されている。
○チームに人を集めるとき、自分自身がよく知る人のネットワークの中からさがそうとする傾向があるが、強いつながりよりも、弱いつながりに目を向けたほうがよい結果を得られる。
○多様性を備えたチームでも、そこにあるさまざまな専門知識や知見を目いっぱい活用しようとせず、共通点ばかりを重視する人が多い。
○よく知りすぎていることで、あとから考えると明白なことを見落とす場合がある。
○問題解決を熱心に目指すあまり、選択肢をいくつも考えずに、有望そうな策に飛びついてしまう。
○〝会社の免疫システム〟に頼りすぎ、実際の脅威だけでなく、現在の経営手法に対抗する価値ある新しいイノベーションを認めようとしない。
○何でも多いほうがいいと考えがちで、リソースは少ないほうがいいと助言されても、固執し、欲しがり、集めようとする。

○固定観念、つまり何か（物体、アイデア、サービス）の新しい使い方についての認知バイアスや心理的抵抗を捨てられないため、問題の解決策を見つけられない。

○創造のプロセスでいろいろと付け加えて製品を複雑にしてしまう傾向がある。削っていくほうがシンプルでよりよい解決策を生むことが多い(6)。

○同時に、アントレプレナーの多くは大きく考えることに抵抗を持つ。ベンチャー立ち上げにつきもののリスクを軽減するには、コンパクトかつ小ぎれいにまとめて、状況を把握しやすくしておくべきという思い込みがあるからだ。このような考え方は、長期的に拡大するための妨げとなる。

○個人でも組織でも、失敗を恐れすぎると、学習、反復、改良の力が制限される上、大きく考える力を減らしてしまう。

ヒューマン・エラーはきわめて強力なテーマなので、私は「発見・解決・拡大」プロセスの各段階に、障害になりやすいものを特定、回避する助けとなるよう、注意喚起（⚠）の文章を入れた枠をつくっている。

私が「発見・解決・拡大」起業プロセスの開発という果てしない事業に着手したのは大学生のときだった。私はブラウン大学の仲間たちと、オフィス労働者が直面するデータ収集とデータ管理の問題に取り組み、それを解決するためのソフトウェアのスタートアップ企業を設立して、それをアップルに売却した。おそらくみなさんと同じく、そのときの私は起業に関してはまったくの初心者で、このプロセスのすべてのステップを学び、実践することが楽しくてしかたなかった。ハーバード・ビジネス・スクールとプロクター・アンド・ギャンブル社のブランド・マネジメント部門でスキルを磨いたのち、さらに数年間かけて、ソフトウェア、先端素材、消費財、メディアなどの分野でスタートアップ企業を立ち上げ、成長させ、成果を手にしてきた。

何かを教えるときは、その本質に迫らなければならない。だから私は三〇〇〇人を超える、だいたいはリベラルなブラウン大学の学生たち、イエール大学とテルアビブ大学の大学院生、世界中の企業、非営利団体、政府機関の職員に教えてきた過去一六年間で、この「発見・解決・拡大」起業プロセスに磨きをかけることができた。これまでこのプロセスは、典型的な成功したスタートアップ企業を数多く生み出し、その創業者に何百万ドルもの富をもたらしただけでなく、非営利組織やその他の意外な世界で、成功したベンチャー事業もたくさん生み出している。彼らは食品ロスやアマゾンの森林伐採、非識字問題、中東における石油依存型経済からの脱却まで、重大な問題の解決策を生み出している。ブラウン大学の同窓生でエコロジーの教授であるスティーヴン・ポーダーはこう言う。「私は一学期をかけて、気候危機、飢餓、干ばつ、大気汚染などの環境問題について、学生たちに暗い気分を植えつけている。そしてそれをどう解決するかを学ばせるために、君のところに送り込んでいるんだ」

本書を書くにあたっても、まさにこのプロセスを実践し、その恩恵を受けた。何年にもわたってアントレプレナーシップを教え、かつ実践する間に、私は大切なことに気づいた。思っていたより多くの有望な起業家たちが、重要な問題を解決するためのプロセスを必要としていた（**ステップ1　発見：満たされていないニーズを見つけて確認する**）。私が開発した、構造化された「発見・解決・拡大」起業プロセスは、毎年新しいクラスで、それを小規模に行なっていた（**ステップ2　解決：価値提案《バリュー・プロポジション》を決定する**）。そして教え子の多くが、第二の重要なステップ（**ステップ3　拡大：サステナビリティ・モデルをつくる**）として本を書くようあと押ししてくれた。出版することで、自分がアントレプレナーであると気づいてさえいない、問題解決を目指す何百万人もの人々に、このプロセスを伝えることができる。

このプロセスはさまざまなタイプの起業家に力を与えてきたが、このあとの章で詳しく説明する典型的な例を何人か紹介しよう。

○ベン・チェスラーは、私たちが毎年何億トンもの食糧を無駄にしていることを知り心を痛めていた。飢えている人がたくさんいるのに、まったく傷んでいない食べ物を、なぜこんなに捨ててしまうのだろう？　そこで彼はこの不満を土台に、インパーフェクト・フード社設立に乗り出した。この会社は〝不格好な〟農産物を農家から、スーパーより約三〇パーセント安い価格で顧客のもとに直接届けることで、フードロスの問題と戦っている。ベンと彼のチームはベンチャー・キャピタルの支援を受け、インパーフェクト社をスタートアップから売上二億五〇〇〇万ドル以上の優良企業に育て、一億五〇〇〇万ポンド（約六万八〇〇〇トン）以上のフードロスを削減した。

○グウェン・ムゴディは祖国ジンバブエや近隣のアフリカ諸国では、母国語の読み物がないため、文字を読めるようになる子どもが少ない状況を変えたいと思った。彼女はいま、自分で立ち上げたトレヴァ社で母国語の読み物を出版し、アフリカの子どもたちに読むことを教えている。

○タイラー・ゲイジ、ダン・マコンビー、ローラ・トンプソン、チャーリー・ハーディング、エーデン・ヴァン・ノッペンは、エクアドルの農家に支払われる賃金が低いこと、そして農家の土地を荒廃させる原因となっている、エクアドルのアマゾン森林破壊に危機感をおぼえた。彼らはエクアドルの農家に適正な賃金を払い、アマゾンの森林を再生させる手段として、ルナという飲料会社を立ち上げた。投資家から二五〇〇万ドル以上を集め、設立から一〇年後にビタココ社に売却した。

○スコット・ノートンは、アメリカ人がマスタードの種類にはこだわるのに、なぜケチャップについては一つのブランドしか頭にないのか不思議に思っていた。体にやさしく、よりおいしい調味料をつくって種類の格差を埋めようと、サー・ケンジントンズという調味料会社を共同創業し、のちにユニリーバに一億四〇〇〇万ドルで売却した。

○ルーク・シャーウィンは、マットレス購入プロセスのあらゆる部分に疑問を抱き、寝具会社キャスパーを共同設立。マットレス業界を改革し、現在は上場企業として年間四億ドル以上の収益をあげている。

この起業家たちの〝典型的〟でないところは、全員がリベラル・アーツ専攻で、ブラウン大学の課程や、私たちのアントレプレナー・センターで「発見・解決・拡大」起業プロセスを学んでいることだ。意外な経歴を持つさらに多くの起業家たちが、アメリカ全体はもとより、中国、エジプト、ポルトガル、バーレーン、スロベニア、南アフリカ、ヨルダン、パレスチナ、イスラエル、英国、ジャマイカの、企業、非営利団体、学会、政府関係などのワークショップで、このプロセスを学んでいる。そのいくつかを紹介しよう。

○平和構築団体シーズ・オブ・ピースのメンバーであるマイカー・ヘンドラーは、イスラエルとパレスチナのティーンエージャーが共に歌えれば、共に生きることもできると考え、イスラエル／パレスチナ・エルサレム・ユース・コーラスを立ち上げた。彼は大きく考え、ビジョンを拡大する方法を考え、「発見・解決・拡大」起業プロセスを学び、レイズ・ユア・ボイス研究所を設立した。

○エジプトの国会議員であるメイ・エル・バトランと、在バーレーン米国大使館の国務省幹部ダン・ストイアンはそれぞれ、中東諸国の市民に、自国の経済・社会問題を解決するためアントレプレナーシップを活用する方法を教える必要があると考えた。そして経済発展をあとおしするべく、「発見・解決・拡大」起業プロセスのワークショップを開催するよう、私に要請してきた。二〇〇八年、私とメイがエジプトで初めてアントレプレナーシップ講座を何度か開いたとき、アラビア語でアントレプレナーシップを意味する言葉はほとんどなく、経済も厳しく規制されていたため、開講するために商務省の承認が必要だった。それを受講した学生たちが、いまソーシャル・アントレプレナーシップやその他の影響力のある活動分野のリーダーになっている。そして私は毎年、同地域から数千人の起業家が集う、中東最大のアントレプレナーシップのサミット、ライズアップでワークショップを開催している。

○カトリック教会の助祭パトリック・モイニハンは、極貧家庭出身の若者を教育するために、ルーヴェルチュア・クリアリー・スクールをハイチに設立した。これはパトリックが三〇年間、精魂を込めて取り組んだ、まさに神から与えられた仕事である。パトリックは「発見・解決・拡大」起業プロセスを用いて事業を拡大し、授業料無料の寄宿学校一〇校を開校して制度を整え、毎年三六〇〇人の生徒に質の高い教育を受けさせ、一二〇〇人の卒業生に奨学金を提供して大学へ行かせている。

○CVS、デルタ・デンタル、南アフリカの家族経営の大手シャンプー製造会社、スロベニアのハードウェア製造会社などの、大企業の幹部の誰もが、どうすれば何年も前に会社を立ち上げたときのエネルギーと熱意を取り戻せるのか模索していた。彼らはこの「発見・解決・拡大」起業プロセスを利用して、企業イノベーションを阻害していた勢力を乗り越え、社内でのアントレプレナーシップを高めた。

○神経科学者、化学者、心理学者などは、アントレプレナーシップが自分たちの科学的な研究に関連するとは想像したこともなかったが、この「発見・解決・拡大」起業プロセスが、従来のメソッドを改良する役に立つことを知り、たいへん驚いていた。もっと意義深い取り組むべき問題を発見し、より持続可能な結果を出せるのだ。ブラウン大学の神経科学者クリス・ムーアは、私のボトムアップ・リサーチ・ワークショップを受けたあとでこう言っている。「アントレプレナーシップのワークショップが役に立つとは想像していなかったが、このトレーニングは今後、脳研究の方法を大きく変えるだろう」

あなたが関心を寄せる問題を解決するためにも、同じような力を与えてくれるツールを手に入れられると考えてみてほしい。アントレプレナーシップについて考えるとき、私たちはぴかぴかの新しいハイテク機器ばかり思い浮かべる。それは悪いことではないが、そこには別の層がある。もっと深いレベルでアントレプレナーシップの例を見ると、意外な人々がこの方法論を使って重要な問題を解決しているのがわかる。金儲《かねもう》けをする人もいれば、慈善を行なう人もいる。多くの人がどちらもやっている。

「発見・解決・拡大」起業プロセスは〝スイス・アーミー・ナイフ〟のようなもので、想定内、想定外の使い方ができる。これはすべての人に関わるアントレプレナーシップなのだ。もちろんあなたにも関わっている。

本書は私の教え子たちの経験をなぞるようにつくられている。教室での彼らと同じように、あなたはアントレプレナーシップを構造化されたプロセスとして学ぶ（第一部）。その後、「発見・解決・拡大」という三つのステップを、ケーススタディと実際の例をあげながら、それぞれ掘り下げる（第二部）。そして最後に、投資家、チームに入ってほしい人、その他の関係者に、あなたのベンチャー事業を売り込む方法を学ぶ（第三部）。

本書を読み終わったときには、次のようなことが学べているはずだ。

○アントレプレナーシップとは何かを定義し、それが想像以上に幅広い状況で利用できることを理解する。
○主要な学術的および実践的な見識を活用して、成功するベンチャー・チームを形成する。
○構造化された「発見・解決・拡大」起業プロセスを完全に身につける。
○人類学者のように観察し、耳を傾け、解決すべき重要な問題を見極める。
○これらの問題に対する解決策を、最初は小さな規模で考える。
○それらの解決策の規模を大きくするモデルをつくる。
○自分で考えた解決策をまわりに伝えるための分析力、文章力、言語能力を磨き、強化する。
○安全地帯から大きく離れたところで、何とかして起業家としての信頼を築く。
○世界中の本書の読者とのオンライン・ネットワークに加わり、起業家ネットワークを構築し、私と連絡を取り続ける。

私の教え子たちと同じくらいの成果をあげられるよう、読者の理解を深めるために、授業で使用したビデオやその他の資料を紹介している。これらは不可欠なものだ。もう一つこのコースで欠かせないのは、アイデアを共有し、協力し合える仲間のネットワークを築くことだ。授業で学生たちは緊密なグループをつくり、学んだことを共有し、深く掘り下げて考えることができる。読者のみなさんには、他の読者と交流できるプライベートなオンライン・グループを用意している。そこで私とも連絡を取ってほしい。このオンライン・ネットワークについてもっと詳しく知り、より多くの重要なコンテンツやリソースにアクセスするには、dannywarshay.com. へ。

授業と同じように、参加することが成績の三〇パーセントを占める。

さあ、始めよう。

第一部　アントレプレナーシップ：精神《スピリット》ではなくプロセス

私は世界中でアントレプレナーシップを教えているが、他の人が〝起業家精神〟というものについて説明するのをよく耳にする。彼らはそれが何か生得的なものだと考えているようだ。それを持ち合わせている人もいれば、そうでない人もいる、と。私はそうは思わない。

橋を造る技術者たちに〝橋を造る精神〟などというものを教えるところを想像してほしい。ナンセンスだと思うだろう。橋の建築には段階的なプロセスを踏む基本原則があり、それは教えたり学んだりすることができる。橋はそれぞれ機能、操作、芸術面などでの違いはあるが、橋を造る作業には、始まり、中間、終わりという構造化されたプロセスがあり、それは習得ができるし、他に応用もできる。

私はこれまでのキャリアの中で、ベンチャーを起業していくつかは成功させた。新しい会社を立ち上げるたびに、私はそこに共通する原則と、成功の可能性を高める一連の手順を強く意識するようになった。起業ベンチャーはそれぞれ違っているが、これから説明する「発見・解決・拡大」起業プロセスには、橋を造るのと同じように、始まり、中間、終わりがあり、習得し、他に応用することができる。そしてそれは、たまたま生まれ持った性質に頼るものではない。

第一章　それはリベラル・アーツの大学で始まった

私は一九八〇年代にブラウン大学でヨーロッパの文化史を学んだ。当時のブラウン大学は、ビジネスに興味がある人が行きたいと思う大学第一位ではなかったし、二〇位に入ることさえなかった。そしてビジネス・スクールがないのは、いまも同じだ。生粋のリベラル・アーツ大学であることを誇りとし、学生たちは変わり者で、進歩的で、仕事上の成功を求めるタイプではないと評判だった。同大学には独自の用語があった。専攻《メジャー》は〝コンセントレーション〟と呼ばれ、A～Eといった成績の格付けは任意、合格・不合格でさえ〝SNC〟(satisfactory/no credit)と呼ばれた。

ブラウン大学はビジネスで成功したい学生を育てるところではなかった。もちろん卒業後に、ビジネスの道に進む人もいたが、当時はコンサルタントや投資銀行家として働くのが一般的だった。同窓生でスタートアップの世界に進む者はほとんどいなかったが、ハイテクブームの初期にブラウンの学生数人とチームを組んでクリアビューというソフトウェアのベンチャー事業を立ち上げる機会を得て、その世界に引き込まれた。独力で仕事を始めるというロマンと、学内で広まりつつあった、シリコンバレー的なライフスタイルへの憧れもあった。「自らのルールをつくれ」というカウンターカルチャーの姿勢は、学生時代に経験したブラウン大学の気風を思わせた。最終的に私たちはクリアビュー社をアップルに売却した。

そのころはアントレプレナーシップの構造化されたプロセスの想定などしていなかったが、いま思うと、このころの経験が、のちに私の教えの基礎となったプロセスに影響を与えていることがわかる。私は人々の行動を阻んでいる問題を解決するという考え方が好きだった。パートナーのマット・カーシュの父親が営んでいた診療所の作業を観察し、私たちはごく日常的だが重要な事務管理業務を自動化することに着手した。これは二、三十年後にボトムアップ・リサーチと呼ばれるようになる手法で、私たちはある意味、人類学的な研究を行なっていたのだ。じっくりと観察し、耳を澄ませ、あらゆるオフィスでデータ収集の前段階である、形式の設計と管理の自動化を望む強いニーズがあることがわかった。私たちはそれを繰り返し行ない（このときも、のちにこのコンセプトが「発見・解決・拡大」起業プロセスの中心になることはまだ知らなかった）、重大なのにずっと放置されていたニーズを満たすことを、私たちの価値提案《バリュー・プロポジション》とした。私たちは事務作業を行なう人々が、新たに発売されたマッキントッシュで、独自の使いやすいフォームを作成し、電子フォーム（デジタル）でデータ収集・管理できるようなソフトウェア・システムを提供した。

いろいろなオフィスで私たちの製品が使われ、それで効率が上がったと顧客が絶賛するのを見て、私たちはとてもいい気分になった。事務作業用フォームというありふれたものが、これほどワクワクするものになるとは思ってもみなかった。一九八〇年代半ばの時点で、私はアントレプレナーシップが、心躍る職業体験や人生をもたらしてくれるとは予想していなかった。ただ自分はこれが好きなのだと思っていただけだった。

その後、さまざまな業界でスタートアップをいくつか立ち上げたが、この最初の企業の経験が土台になったのはずっと変わらない。私はどの業界でも専門家ではなかった。技術に精通したプログラマーでもなく、食品科学者でもなく、ジャーナリストでもない。ただ会社の経営面に的を絞り、起業するたびに、構造化された起業家プロセスにまつわる経験を積んでいったのだ。その後、母校のブラウン大学で教鞭をとるようになり、自分が経験したことの要素が、いかに教えているプロセスの特徴をなしているかを理解できた。

それから一六年がたった二〇〇五年、ブラウン大学の伝説的な工学の教授で、全学で最も人気のあったバレット・ヘイゼルタインから、突然電話がかかってきた。工学部ではアントレプレナーシップを正式な課程にしようとしていて、さまざまなビジネス経験を持つ、成功した起業家をさがしていると言うのだ。私が起業の経験があること、ハーバード・ビジネス・スクールで学んだこと、プロクター・アンド・ギャンブル社のような大手企業で働いた経験もあることが、彼の条件にかなっていたようだ。ブラウン大学で教えることに興味はあるかと尋ねられた。

私は何であれ教えた経験などなかった。それにアントレプレナーシップを教えるとは、いったいどういうことだ？　そもそもそんなことが可能なのか？　私たちが製品を開発したときは、パートナーがブラウン大学で学んだコンピュータ科学の知識とマッキントッシュのソフトウェアへのこだわりに頼り、ビジネスを拡大するときは、自分たちの判断と粗削りなリベラル・アーツのスキルに頼っていた。それに、ブラウンにはまだビジネススクールがなかった。大学の気風を考えると、基本的なビジネス・トレーニングさえ受けていない学生もいるだろうと思えた。バレットによれば、ブラウン大学でも、人気が上昇しているインターネット関連のスタートアップ企業に惹かれる学生の増加に対応しているということだった。そしてリベラル・アーツが基本のカリキュラムにアントレプレナーシップの講義を組み入れ、学生のニーズを満たすことができる人材をさがしていると言う。私はブラウン大学の上層部の誰もが、アントレプレナーシップとは何か、それが適切なのか、正確に理解しているのかどうかわからなかった。それでもバレットの言葉は心に響いた。これは母校のブラウン大学に戻り、学生時代にあれほど誇りにしていたリベラル・アーツ大学の環境で、仕事で経験したことを教えるチャンスなのだ。

しかしまもなく、私はビジネスの基礎に関する、学生たちの知識レベルを過大評価していたことに気づいた。教え始めた最初の学期に、ケーススタディでとりあげた会社の財務状況を評価するよう学生に求めたところ、スコット・ノートンという学生がおそるおそる手を挙げて「資産って何ですか?」と尋ねたのだ。もちろん大学生がこのビジネス用語を知らなくても不思議はないのだが、スコットのような、特に優秀な学生(のちに起業して大きな成功を収める)が資産を知らないということは、他の学生たちも、会計の基礎やビジネスにおける〝記録のつけ方〟をまったくわかっていないということだと気づいた。まるで楽譜の読めない学生に、高度な作曲法を教えているようなものだ。

そのとき私はある重要なことに気づいた。ハーバード大学の学長だったデレク・ボックが述べたとおり、リベラル・アーツのカリキュラムのポイントは、「その後の人生で数多の機会に問題を解明し、正しい判断を導くための、知識の網を編むこと」なのだ。それは特定の知識体系とは関係のない、批判的思考や問題解決のスキルである。ヨーロッパ文化史の研究を通じて、私は重要な問いを立て、批判的に考え、一次資料からエビデンスをさがして評価し、調査から合理的な答えを導き出し、説得力のある議論を論文やプレゼンテーションで伝える方法を学んでいたのだ。つまりこれらは私のキャリア全体、特に会社を立ち上げるときの役割に不可欠な、基本的スキルすべてである。

そこで私は学生たちが借方と貸方の違いを知っているかどうかについては、前ほど気にしなくなった。私はすべてのブラウン大学の学生に、専攻に関係なく習得し、卒業後も仕事上のあらゆる状況で応用できる、基本的なスキルを身につけさせようと考えた。要するに、アントレプレナーシップの定義や、それを学ぶべき人間を限定するビジネス・スクールを持たないことが、ブラウン大学の強みとなったのだ。そのおかげで私は、従来のやり方では無視されていた多くの学生たちに、より包括的にアントレプレナーシップを教える自由を得られた。

私が起業したスタートアップに共通する基本的な特徴を抜き出してみると、会社の目指すところがすべて同じだった。それは問題を解決するということだ。先ほど述べたとおり、私にとって最初のスタートアップで、アップルに売却したクリアビュー・ソフトウェアは、オフィスで働く多くの人々の頭痛の種だったデータ収集とデータ管理の問題を見つけ出した。私が共同設立した旅行雑誌とインターネットのスタートアップ企業であるゲートウェイズは、何百ものＢ＆Ｂ（朝食付きホテル）が直面していた、自分たちのホテルにいかに客を呼び込めるかという問題に取り組んでいた。かくして、この特別なリベラル・アーツ、すなわちアントレプレナーシップをブラウン大学で教えるさいの焦点は、問題解決のためのプロセスとなった。

私自身の起業体験だけを語っても、同じことはできないかもしれないし、適切でない可能性もあるので、厳密な調査やケーススタディを使ってこのプロセスを教えることにした。私は型にはまることなくアントレプレナーシップを定義し、より包括的なアプローチをとることができたので、その中心をなしていたビジネスやテクノロジーの分野だけでなく、より幅広い学問分野から題材を集めることができた。アントレプレナーシップが広く影響を及ぼす力を示す目玉として、最初のシラバスにインドのアラビンド眼科病院の事例を盛り込めたのは、喜ばしいことだった。さらに学生やワークショップの参加者からなる公式のネットワークをつくり、それが継続的なフィードバック・ループとなり、私は彼らの起業体験に基づいて、「発見・解決・拡大」起業プロセスを改善、更新、向上させることができるようになった。卒業生にとっては、リアルタイムの議論を通じて常に最新の情報を得て、私から、そしてお互いから学び続けられるようになった。

その後の一五年間で、私はこのプロセスを改良し続け、ブラウン大学をはじめ、世界中の何千人もの学生たちに教えてきた。この構造化されたプロセスには、起業を志すすべての人が習得し応用できる、三つの基本原則がある。

1. 発見：満たされていないニーズを見つけて確認する。あなたが解決しようとする問題は何か。これがこの構造化されたプロセスで最も重要な部分で、思った以上の時間と労力をつぎ込むことが求められる。

2. 解決：価値提案《バリュー・プロポジション》を決定する。反復的なプロセスを通じて、小規模な問題解決策を考える。

3. 拡大：サステナビリティ・モデルをつくる。解決策を拡張し、長期にわたって大きな影響力を持ち続けるものにする。

この構造化されたプロセスは、広範囲な問題に応用が可能で、さまざまな価値提案やサステナビリティ・モデルを生み出す。それは従来のビジネス分野にとどまらない。端的に言うと、「発見・解決・拡大」起業プロセスはイデオロギーではなく方法論として、研究所、平和を求めるNPO、米国大使館の経済開発構想など、ビジネスをはるかに超えた領域で、問題解決する力を与えてきた。この方法で多くの人が大金を稼いだのは確かだが、もっと多くの人にとって、もっと大きな意味を持つものだ。これら起業につながった解決策の多くは「善を行なうことによって業績をあげ」、世界をよりよい場所にするものなのだ。

従来のアントレプレナーシップの概念は、技術的な発明のビジネスへの応用が中心だったが、このプロセスはさまざま状況で問題解決を目指す人々にとって有用なものになっている。従来のアントレプレナーシップの概念は、ビジネスの結果を重視していた。このプロセスではビジネス・モデルについて、長期的に大規模な問題解決を可能にする、数多くあるサステナビリティ・モデルの一つに過ぎないと考える。

科学的手法を学んだからといって、私の教え子であるリベラル・アーツ専攻の学生たちの多くは科学者になるわけではなく、書き方を学んだからといって、誰もがプロの作家になるわけでもない。しかしこれらの基本的なスキルは、彼らが仕事をする上で不可欠なものである。「発見・解決・拡大」起業プロセスを習得したからといって、学生たちがテック・ビジネスという狭い分野での起業家になるとは限らない。しかしこのプロセスは、学生たちがさまざまな分野で活躍する上で必要不可欠なものだ。アントレプレナーシップは、いまやビジネスに限定されるものではなくなっている。

この「発見・解決・拡大」起業プロセスには、私自身のリベラル・アーツ出身の経歴が反映され、活用されている。そこには人文科学、アート、科学、社会科学などの要素が含まれ、アントレプレナーシップをリベラル・アーツとして扱っている。本書にはスティーブ・ジョブズのような、よく知られた起業のヒーローだけでなく、アインシュタイン、パスツール、聖アウグスティヌス、マヤ・アンジェロウ（アメリカの詩人、公民権運動家）、数学者のルース・ノラー、ジェームズ・ボールドウィンなどの話も出てくる。さらに社会学者のバーティス・ベリー、植物学者のロビン・ウォール・キマラー、そしてチカナ（メキシコ系アメリカ人）文化論、フェミニズム論、クィア論の研究者であるグロリア・アンサルデュアなど、私が本書の執筆の過程で知った、さらに多様な、感動的な言葉を聞くことができるだろう。

第二章　少ないリソースの利点

失うものを持たない人間と関わるな。公平に戦えない。
——バルタザール・グラシアン『賢く生きる智恵』

何も持っていなければ失うものもない。
——ボブ・ディラン

新しい学生を迎えるたびに、私はまず未来の起業家たちを縛っている先入観を取り払うことから始める。その最たるものが、起業の世界はリソースを持つ人のほうが有利であるというものだ。リソースには、資金、チームの規模、時間、家柄、人脈、知識、経験といったものが含まれる。しかし私は学生たちに、それは逆だと諭す。特に起業プロセスの初期段階では、少ないリソースが成功につながる。リソースが乏しければ、早いうちに失敗を認めて損失を防ぎ、すぐ次に進んで、再び画期的な解決策を見つける作業に戻ることができる。また効率を高めるために、足りないものを補うスキルや経験を持つ人々と協力しようとするようになる。そのときはベンチャーのリスクと報酬を共有しなければならないことが多い。

一方で、理屈に合わないようだが、豊富なリソースが妨げになることもある。多くを持っていると保守的にならざるをえないときがある。リソースを維持することばかり考えて、新たなチャンスやイノベーションに目を向けなくなり、特定の結果に固執しすぎるようになる。また過信につながることもある。リスクを共有する動機がなくなるので、リソースが少なければやらないような、危険な賭けもしたくなる。またリスクを共有する動機がなければ、自分のベンチャーの価値を高めてくれるかもしれない人と、協力する機会も失われる。

起業家がリソース不足を理由に行動を起こせず、始まりさえしないベンチャーがたくさんある。このあとの三つのストーリーは、リソースが少ないからこそできた例である。

ボードゲーム会社R&Rとリソース不足の大きな恩恵

ハーバード・ビジネス・スクールの古典的な事例研究記事『R&R』[1]は、起業家ボブ・ライスの物語である。彼は『トリビアル・パスート』というゲームが大当たりした一九八〇年代、テレビをテーマにしたクイズのボードゲームをつくって大儲けするチャンスをつかんだ。ボブはすばらしいアイデアを持ちながら、それを市場に出すのに大きな困難を抱えているという、典型的な例だった。また「解決」のステップで詳しく説明するが、典型的なジオグラフィック・フォロワー（他の場所でうまくいったことを自分たちの場所に持ち込み、その環境に合わせて発展させる）でもあった。彼は『トリビアル・パスート』のカナダでの成功に気づき、またそれまでの経験から、カナダでヒットした製品は、アメリカ市場に参入すると一〇倍の売上をあげることを知っていた。

障害といえば、ボブが資本を持たなかったことだ。彼の会社にはパートタイムの従業員（アシスタント）が一人いるだけで、ゲームのデザイン、製造、荷物の選定や梱包を含めた出荷作業ができる者もチームにいなかった。よく知られたブランドもない、信用調査も顧客の代金回収もできない。さらに流行の影響を受けやすいおもちゃ業界では、こうしたクイズゲームのライフサイクルは短いので、市場に参入して成功を収めて撤退するまで、一八カ月から二年が勝負になると予想した。

ボブは自分が考案した、テレビに的を絞ったクイズゲームは、売れると信じて疑わなかった（この判断は正しかったことがのちに証明される）。しかし基本的にリソースが不足しているため、その事業を始める前に諦めてもおかしくはなかった。しかし彼はその少ないリソースの穴埋めをするべく、起業家として強い心で対応した。

起業に必要なものをリストアップした結果、手始めにだいたい五〇〇万ドルの資金が必要だと判断した。これはもちろん大変な額だ。五〇〇万ドルもの現金を持っている人はめったにいないし、それだけ集めるのも難しいだろう。ボブがどう対応したかと言うと、起業するときの固定コスト（デザイナー、製造、販売チーム、信用審査部など、雇用に関わる費用）を、製品が売れた場合だけ発生する変動コストに変えたのだ。デザイン、製造、物流、財務、販売、マーケティングなど、ボブにできない仕事はすべて、その道のプロにアウトソーシングした。前払いをする余裕はないので、売上の一部を支払うという条件を設定した。これにはいくつかの利点がある。その一つが、ボブが抱えていたリスクの一部を相手に移し、それと引き換えに、成功したときの利益を共有することだ。これは担当者が自分の仕事に全力を尽くすというインセンティブにもなる。ゲームのデザイナーを社員として雇う、あるいは前金を一括で払うのではなく、最終的な売り上げの何パーセントかをデザイナーに支払うのだ。スタッフに前払いする資金があった場合に比べ、ボブの儲けは少なくなる。しかし売り上げが伸びなかった場合の損失はずっと少なくなる。

やがてボブは『ＴＶガイド』というゲームを発売した。それはその後の二年間で五八万個以上が売れ、二〇〇万ドル以上の収益をあげた。それはすべて、リソースの不足を理由に、有望なアイデアを製品化することをあきらめなかった結果である。[2][3]

キャスパー・マットレス：経験なし、知識なし、問題なし

初心者の頭の中には多くの可能性があるが、専門家の頭の中にはごくわずかしかない。
――鈴木俊隆『禅マインド　ビギナーズ・マインド』[4]

ゲーム業界のベテランだったボブ・ライスは、製品のライフサイクルに関する深い知識、業務を委託するプロとのつながり、さらに新しいクイズゲームの潜在的な人気について、基本的な見識を持っていた。初めて起業する人の多くは、ボブとは違い、経験や知識の不足という根本的な問題に直面することが多い。しかしスタートアップの初期段階では、それが有利に働くこともある。

二〇一四年、起業のチャンスを狙っていた私の教え子二人が、誰もが一生で何度か購入する製品に着目した。それはマットレスだ。特にマットレスの購入プロセスの問題を明らかにした。居心地の悪いショールームに行き、さらに自宅で長時間待たされる、配送サービスへの不満である。さらに有名ブランドのマットレスは、自分たちの世代に訴える魅力を持たず、差別化されていない似たような製品が多すぎると感じていた。そして何年も使う製品なのに、どうすれば満足できる製品を選べるのかもよくわからなかった。そこでルーク・シャーウィンとニール・パリクは、購入プロセスの全段階を見直すことにした。ただ一つの問題は、彼らがマットレスについて、その上で寝ること以外、何も知らなかったということだ。

知識と経験が不足していたため、彼らはその業界を支配していた考えに縛られず、新たな道を探ることができた。それまでは、たとえば消費者は直にマットレスを試す必要があるとか、配送にまつわ

る不便はどうしようもないとかいった不文律があり、ルークとニールはそれに疑問を感じていた。

彼らの知識不足を逆手にとって、次々と提案を投げかけ始めた。居心地の悪いショールームでマットレスを買うのではなく、快適な家にいたままオンラインで買えるようにしたらどうだろう？ 不便なマットレスの配送サービスではなく、UPS（宅配便）で家まで届けられるようにしたらどうだろう？ 八年から一〇年は買い替えられないというプレッシャーをなくして、一〇〇日間はお試し期間として、気に入らなかったら全額返金で返品できるようにしたらどうだろう？

現在のマットレス業界の販売や配送のインフラはかなり前につくられたもので、それが何十年も変わらぬ慣習になっていた。新しいテクノロジーを使った解決策を考えるには、業界をよく知らない人の新たな視点で問題を見ることが必要だったのだ。

その新しいマットレス購入プロセスができたのは、キャスパーの創業者たちが何も知らなかったおかげである。消費者はマットレスを直接買わなくてすむことや、オンライン・ショッピングで買った他のものと同じように、宅配便で家に届けられるという考えを、おおいに気に入った。マットレスの販売店では、長年使う物の購入をその場で決断しなければならないのに比べ、キャスパーには一〇〇日間のお試し期間があるため、この新しい販売方法を信頼して試してみようという気になる。キャスパーの顧客はあっという間に一〇〇万人を超え、四億ドルを超える年間収益を生み出した。同社はさらに民間からの一億ドルを含め、合計三億四〇〇〇万ドルを調達し、二〇二〇年初頭に、ニューヨーク株式市場で新規株式公開を果たした[5]。

イノベーションの専門家でハーバード・ビジネス・スクール教授のカリム・ラカーニは、ルークやニールのように専門知識を持たない人々の問題解決能力を高く評価している。「大きなイノベーションは、日に見える問題から遠く離れた第三者が、問題を再構成して解決の手がかりをつかんだときに起こることが多い[6]」

プッシーハット・プロジェクト：個人の制約からインスピレーションへ

自由は制約の中にある。

――修道院の教訓

人は制約の中でインスピレーションも得る。ジェイナ・ツワイマンは二〇一七年にニューヨークに行って、他の多くの人たちとともにウィメンズ・マーチに参加することを望んでいた。しかし部屋いっぱいのブラウン大学の学生たちに語ったところによると、彼女は重い頭部外傷を負って療養中だったため、旅行したり混雑するところに行ったりするのは難しかった。それでも彼女はくじけず、活動に参加する別の方法をさがした。彼女ともう一人のパートナーは、国じゅうの編み物サークルの人々を巻き込み、各地のウィメンズ・マーチの参加者に、ピンクの帽子をかぶってもらい、一面ピンク色にするというアイデアを思いついた。彼女たちはプロジェクトを立ち上げ、その中心としてウェブサイトをつくり、マニフェストを公開し、参加方法を伝え、帽子の基本パターンを無料で提供した。それはプッシーハットとして知られるようになる。それは猫耳がついているのと、記録に残されていた新大統領（トランプ）の女性蔑視発言で使われた言葉であることを忘れないためだ。この帽子は連帯を示す、大胆で力強い視覚的な声明となり、医学的理由、経済的理由、スケジュールが合わないといった理由で参加できない人々も、女性の権利を支持する意志を、目に見える形で示すことができるようになった。(7)

ジェイナは自身のけがの体験が、プッシーハット・プロジェクトの構想や立ち上げに影響していることを認めている。建築家である彼女は、この一連の流れを、設計上の制約に最初は思えるものを用いて、建物を設計した経験にたとえている。ジェイナは私たちがインタビューしたとき、次のように言っていた。「建築の世界では、制約からインスピレーションが生まれます。多くの建物を見ると、誰かが区割りやコストなどの制約を回避するうまい方法を考える必要に迫られたことがすぐわかります。だいたいはそれが建物の特徴になります。もし必要なリソースをすべて持っていたら……それほど有意義ですばらしいものは思いつかなかったでしょう」

ブリコラージュ：何もないところから何かをつくる

ライス大学のスコット・ソネンシェインは著書『ストレッチ　少ないリソースで思わぬ成果を出す方法』（三木俊哉訳　海と月社）で、より多くのものを管理するよりも、頭を働かせて、持っているものを利用し、乏しいリソースをフル活用するほうが大きな成果を得られると明言している。[8] アントレプレナーシップの本でよく出てくるのが、〝ブリコラージュ〟という言葉だ。この用語を最初にとりあげたのはビジネスの専門家ではなく、クロード・レヴィ＝ストロースという人類学者だった。人類学史に残る一九六二年の研究で、レヴィ＝ストロースは、ブリコラー（bricoleur）とは「手元にあるものでやりくりする人」と定義している。[9] この用語はまもなく、他の分野にも広がった。たとえば社会民族誌学、政治科学、女性学、対人関係、複雑な情報システム設計、法社会学、教育、進化遺伝学、生物学、そして経済学など。[10]

ラトガーズ大学のアントレプレナーシップ研究者テッド・ベイカーと共同研究者であるリード・ネルソンは、ブリコラージュを「手元のリソースを組み合わせて、新しい問題と機会に適用すること」と定義している。[11] 少ないリソースの利点を認めるベイカーとネルソンの研究は、アントレプレナーシップがどのようにブリコラージュを用いて「何もないところから何かをつくりだす」かを示している。

アントレプレナーは「手元のリソースを無価値なものとして扱う（そのように見る）ことはせず[12]」、「他の企業が拒否したり無視したりする、物理的、社会的、組織的な情報やアイデアを活用する[13]」ことで、それを実行している。

〝使い捨て〟と考えられている製品をリサイクルしたり再利用したりするのは、物理的なブリコラージュである（ヘンリー・フォードが輸送用の木箱を自動車のボディに再利用すると考えてみよう）。顧客やサプライヤーを巻き込んでの共同制作も、ブリコラージュの手法の一つである。素人のアイデアや独学でおぼえたスキルを活用することは、起業につながるブリコラージュの典型的な例と言えるだろう（オレゴン州の陸上コーチ、ビル・バウワーマンがワッフルメーカーを使ってナイキ初のランニングシューズを開発したのもその一つ）。ブリコラージュは他の方法ではできない製品やサービスをつくって、市場の「空白」を埋める助けとなりうる。たとえば虫眼鏡のレンズを使って、安価な読書用メガネをつくるなど。業界で当たり前となっているルールを顧みない、回避する、そもそも知ろうとしないといった起業家の姿勢が、その業界の標準をつくり変える場合が多い[14]。キャスパーの創業者たちは、そうしたブリコラージュの手法で成功したよい例である。

私が知っている特にすばらしいブリコラージュの例の一つは、ザンビアで救援活動を行なっていたサイモン・ベリーが頭を悩ませていた問題に答えるものだった。サイモンはコカ・コーラの流通システムは地球上のすべての人の手の届くところにコーラのボトルを届けることができるのに、なぜ途上国の子どもたちに命を救うための下痢止めを届ける方法が見つからないのか考えていた。サイモンと彼のチームはコカ・コーラと協力し、キット・ヤモヨと呼ばれる経口補水塩のパッケージを開発した。これはコカ・コーラの運搬用ボックスの、ボトルの首の部分の空きスペースに収まるようにつくられている。

写真提供：サイモン・ベリー。
彼はコカ・コーラの運搬用ボックスの、ボトルの首の部分の空いたスペースに 10 個のキット・ヤモヨが収まるようにした。

スコット・バーナムが「this is と this could be（「これはこういうものだ」と、「これはこう使えるかもしれない」の違い）」と呼んだこの例が、救命用薬品の流通ネットワーク拡大のきっかけとなった[15]。

「発見・解決・拡大」起業プロセスに最も関わりの深い部分は、ベイカーとネルソンが、ブリコラージュをアントレプレナーシップに応用して、「あるものでやりくりする」の意味を変え、もっと広くとらえられるようにしたことだ。「我々のサンプルに含まれる企業では、次のような傾向が見られるが、それはとても意識的になされている、場合によってはあえてそうしているように見える。彼らは原料投入、操作、定義や標準といったことについての、一般的に受け入れられている制約を気にせず、ある解決策を試し、その結果を見て対処する」と説明している[16]。障害になりそうな何か〝制約〟にとらわれず、試してみてその結果に合わせて調整していくことで、より価値のあるものができあがるのだ。

少ないリソースが恩恵をもたらすというのは直感に反するが、学生たちが、資金も経験も人脈もないから起業は無理だと悩んでいるとき、私は積極的に、その理屈とそれを証明する例について話す。それはブラウン大学と世界中の私の教え子に共通する悩みだ。ロードアイランド州プロビデンスから中国の鄭州、パレスチナのラマラ、ジャマイカのキングストン、どこであれ、ボブ・ライスのような活動を知ると、学生たちの姿勢は目に見えて変わる。彼らは乗り出すように話を聞き、リソースの不足が利点になることを知って目を輝かすのだ。

中国で私の「起業プロセス」の講義をしたとき、少ないリソースの恩恵についての話のあとで、デイヴィッドという学生が、既存のものより便利で安価なフィットネス施設のアイデアを考えた。彼はジムを開きたがっていたが、一般的な施設を開くのに、手ごろな価格で借りられるスペースがなくて躊躇していた。「それまでフィットネス・ジムというと、ウォルマートのような巨大な店内に高価なマシンがずらりと並び、開業時間が限られたものでした。ぼくらが考えたのは、二四時間営業のセブン・イレブンのようなコンビニタイプのジムです。面積はたった三〇〇～四〇〇平方メートル、立地がよくて、アプリで制御できるスマート・マシンを導入して、低価格で超便利なサービスを提供します」。デイヴィッドのジムには長期会員と短期会員があり、アプリを使って一時間単位で料金を支払うこともできる。アプリを使えばパーソナル・トレーナーやグループ・レッスンの登録もできるし、スマート・デバイスはドアの開閉や照明システムも管理できるので、真夜中に従業員がジムにいる必要はない。デイヴィッドは限られた空間にジムをつくるこのやり方を〝4AMフィットネス〟と名づけた。彼はこのジムは、NBAのスターであるコービー・ブライアントからインスピレーションを得たと言う。デイヴィッドによれば「彼はリーグで一番熱心にトレーニングすることで知られている」からだ。

少ないリソースは創造性を高め、自制心を養い、これまで試されたことや当たり前だった範囲を超えることを考えさせてくれる。ここまでで、リソース不足を心配して起業の道へ進むことをためらうべきではないと、はっきり伝えられたと思う。

豊富なリソースの重荷

自由とは、失うものはもう何もないということだ。

――クリス・クリストファーソン『ミー&ボビー・マギー』

すでに知っていると思っていることを学ぶことはできない。

――古代ギリシャのストア派の哲学者　エピクテトス

少ないリソースが利点になるということを裏返せば、豊富なリソースが重荷になるということでもある。リソースを守ろうとするあまり、チャンスが目の前に来てもリスクを負うことをためらってしまう。またリソースを豊富に持つと自信過剰になり、競争上の新たな脅威に狙われやすく、イノベーションの必要性に無頓着となる。もしあなたがルークやニールのようなタイプなら、目の前に立ちはだかる、豊富なリソースという重荷を負っている業界大手企業に対抗するチャンスを見出すだろう。あなたが大手企業の人間なら、このデメリットは危険の徴候で、対処が必要になるかもしれない。

前述のR&Rの話を読む前に、まず流行があって旬が短い業界で、ゲーム販売のチャンスをフルに活用できるのは、次のうちどちらか考えてみてほしい。一つは、組織内にその仕事の専門家もいない従業員一人のスタートアップ企業。もう一つは、何万人も社員がいて何億ドルもの資産を持つ、世界的なおもちゃ会社。私なら大手おもちゃ会社と答えただろうし、あなたが合理的な考えを持っているなら、やはり同じ答えになるだろう。しかし老舗の世界的な企業、そしてそこの優秀なマネジャーたちは、豊富なリソースを抱えて失うものが多すぎるために、新しいゲーム販売のチャンスに賭けるのをためらうことが多い。

起業家というのは、独特なリスク／報酬特性を持つことがわかってきた。R&Rを創業したボブ・ライスと、大手おもちゃ会社の製品開発副社長を比較してみよう。副社長のキャリアにおいて、ゲーム開発のチャンスに賭ける利点（会社から見てではなく）は何だろう？　賞賛か、よくて昇進、あるいはちょっとしたボーナス。大手企業では、チャンスをつかんで大成功しても、社員が大きな褒賞（自社株など）を与えられることはほとんどない。では失敗したときのデメリットは何か。最悪なケースは失業である。

次にボブについて考えてみよう。彼と外部チームでつくったゲームが大ヒットすれば、無限の利益を得られる可能性がある。ただそんなレベルの成功どころか、成功そのものが保証されているわけではない。しかし利益の一部を外部のパートナーと分かち合ったとしても、やはり無限の可能性がある。つまり大手おもちゃ会社の副社長とは対照的に、ボブは自分が起こしたベンチャーが成功すれば、大きな利益を得られる可能性があるのだ。

ではボブにとってのデメリットは何だろう？　彼は自分の資金を投資していない。家を取られる心配はない。クレジットカードの与信限度を超えたわけでもない。この新しいベンチャーのための資本やリソースは、ボブが外部の投資家一人と、さまざまな外部パートナーから集めたものだ。このベンチャーが失敗した場合、価値を失う可能性のある大きなリソースといえば、彼の社会資本、つまり長年にわたり培ってきた評判、仕事や個人的な人間関係である。それらがあったおかげで、ゲーム設計の専門家に依頼して新しい製品をつくり、信用調査を行ない、売掛金を回収することができたのだ。しかし製品開発担当の副社長のリスクとリターンに比べれば、ボブの条件のほうが魅力的に思える。無限大の利益を得る可能性がある一方、大惨事に至る可能性はない。

大手おもちゃ企業の副社長	ボブ・ライス
考えられる利益	無限の利益
●昇進 ●賞賛 ●ボーナス	●無限の可能性があるので その何割かでも、可能性は無限
最悪の結果	損失はそれほど大きくない
●職を失う	●投資ゼロ ●クレジットカードによる借金ゼロ ●家は担保にされていない ●社会的リソースに打撃

この報酬とリスクのバランスを前提にしたとき、大企業の副社長は何をするべきだろうか。この新しいゲーム販売のチャンスが目の前に飛び込んできたら、どのように対処するだろうか。豊富なリソースに頼って、リスクを減らそうとするかもしれない。チームを使ってもっと市場調査を行なう。法務部に特許の状況を詳細に調べさせ、誰かの知的所有権を侵害していないことをダブルチェックする。リソースを投じた製造プロセスで、完璧な製品ができることをトリプルチェックする。自分と自社が動かせるリソースを守るための、合理的な決定をすべて行なう。大手おもちゃ企業の株主として、安心して支持できる決定をすべて行なう。しかしこれらはすべて、新たなチャンスを逃す可能性のある行動だ。

しかしがっかりすることはない。こうした障害に直面している大会社のマネジャーにも希望はある。大手企業のマネジャーでも、ボブ・ライスのように「発見・解決・拡大」プロセスを実践することはできる。あなたがそのような立場にいるなら、この三つのステップを進めるうちに、人類学的なアプローチによって、あなたの会社の既存の製品が解決していない問題、あるいは過信や傲慢さから見逃している新たな問題が本当にあることに気づくはずだ。これから紹介する考え方のガイドラインに沿って行動すれば、豊富なリソースという負担を乗り越え、それらの問題を解決することができる。やがてその新しい解決策を拡張するときがきたら、あなたのリソースをアントレプレナーとして有利に使う方法を学ぶことができる。

ここでもう一つ、ある分野のトップ企業の例を紹介したい。リソースが潤沢だったために過信し、新たなライバルたちに狙われ、新しいチャンスを求める必要性を深刻にとらえなかったケースである。トニー・リッダーが一族の名字を冠した新聞社ナイト・リッダーのＣＥＯに任命されたとき、同社はその分野では成功している企業だった。新聞はインターネット以前の時代には「参入障壁が高い」と言われた業界の一つであり、新しい新聞社が既存の企業と競合するには、越えなければならない高い壁があった。この場合の参入障壁とは、印刷機などの初期費用の高さと、熱心な読者に支えられた発行部数である。それによって近い将来まで、既存の大企業には利益が保証されているように思えた。

その後まもなくインターネットが登場し、強固だった参入障壁が崩れ始めた。インターネットに新規参入する企業は、印刷機や流通に多額の費用をかける必要はなかった。またターゲットを絞ったコンテンツを提供することで、ナイト・リッダーの最も収益性の高い広告チャネルと競合し、その大規模な発行部数の価値を低下させていった。

当時はまだナイト・リッダーのほうが有利に思えた。何しろ資金も乏しく経験もない、ひと握りの無名のスタートアップとは違って、数十億ドルの資産を所有していたのだ。何千人もの経験豊富な営業担当者、ピューリッツァー賞を受賞したジャーナリスト、編集者、デザイナー、写真家。そして何十年も同社の新聞を読み続けている固定読者層があった。

では何が問題だったのか。販売や編集のチームなどの豊富なリソースと、うまくいっているインフラを備えていたナイト・リッダーは、既存のビジネス・モデルを破壊せずに、この新しいインターネットのチャンスを追求しようとした。新たに参入したライバル会社（グーグルやヤフーのようなスタートアップ）には、守るべきレガシーがなかった。そこにはインターネットビジネスに求められる新しいやり方を阻むコスト構造、有形資産、販売プロセス、編集の慣習もなかった。

ナイト・リッダー社がレガシーとなってしまった事業に注力しようとしていたことが、新しいミッションに示されている。それは「〝オンラインの新聞〟を生み出す」というものだ。同社をとりあげたハーバード・ビジネス・スクールのケーススタディでのトニー・リッダーの言葉に、そのすべてが詰まっている。「当社のインターネット事業は、実際にはニュースルーム出身の編集者たちによって運営されていて、彼らはこの事業を新聞に近いものとみなしていた[17]」。グーグル、ヤフー、そしてリソースに限りがあった新規参入のスタートアップ企業は、自分たちのミッションをこんな古臭い言葉で説明することはなかった。彼らは豊富なリソースを持つ大手企業にはない方法で、この新しいチャンスを自由に追求できた。そのためスタートアップ企業は、個人に合わせたより魅力的なコンテンツの公開と配信の方法を考案し、ターゲットを絞ったより収益性の高い広告プラットフォームを開発することができた。

その少し前にナイト・リッダー社が、電話回線を通じてスクリーンにニュースを配信するビュートロンという製品に多大な資金を投じていたことも裏目に出た[18]。ナイト・リッダー社の幹部は新しいインターネットが失敗したビュートロンのベンチャー事業に気持ち悪いほど似ていると感じた。さらに悪いことに、彼らはビュートロンが五〇〇〇万ドルの損失を出したことを忘れていなかった。この失敗の屈辱がまだ記憶に新しいのに、なぜこんなに似ている新しい機会を追求しようと思うだろう。

私たちは自分はトニー・リッダーや彼のチームより賢いと考えたがる。結果を知っている立場から、インターネットは粗悪なビュートロンとはまったく違うことを理解できたはずだと思うかもしれない。われわれなら以前の失敗から学んだはず、豊富なリソースを障害にせず、新聞事業のレガシーにとらわれず、新しいインターネットの可能性をすぐ理解できたはずだと。過去のことを振り返るとき、インターネットのない世界を知らなければ、そう考えたくなるのもしかたないだろう。

本当の問題は、私たちがそのとき異なる決定をしたかどうかではない。確固たるリソースと、革新的な二一世紀のテクノロジーが目前に迫っている不確定な状況の中、私たちがどのように行動するかがより重要な問題なのである。あなたが大手企業にいるとして、インターネットに匹敵するものがビジネスに与える脅威に気づくことができるだろうか。あるいは豊富なリソースを守ることを優先し、その脅威を見逃してしまうだろうか。豊富なリソースを過信して、イノベーションや起業家らしくリソースを使うチャンスを逃すだろうか。私が本書で教えるプロセスを用いれば、古い会社にいても新しいベンチャー事業を目指すことができる。古いビジネス・モデルにしがみついていた新聞社と、新しいモデルをつくりだしたグーグルやヤフーとの違いは、ここから生まれる。これからそれを説明していく。

> 人は何ごとも多いほうがいいと思いがちなため、リソースは少ないほうが有利だと言っても、何かにしがみつき、むやみに欲しがり、ためこもうとする。

アントレプレナーシップの定義

そもそもアントレプレナーシップとはいったい何なのだろうか。私が考える定義は、さまざまな経験と幅広い学問領域から借りてきている。

アントレプレナーシップとは

○問題を解決するための
○構造化されたプロセスであり
○いま自分でどのくらいのリソースを動かせるかとは関係ない

○問題を解決するための［これはアントレプレナーシップの経験＋リベラル・アーツ＋エンジニアリングの教えから］
○構造的なプロセス［エンジニアリングの教えから］
○いま自分でどのくらいのリソースを動かせるかとは関係ない［ハーバード・ビジネス・スクールの古典的な定義(19)］

これを知ると、ちょっとかじってみたくなるのではないだろうか。

この定義について語ると、世界中のどこであっても、聴衆は最初は驚きの表情を浮かべるが、やがて力強くうなずく姿が見られる。アントレプレナーシップとは問題解決の方法であり、その問題とは、満たされていないニーズであるという説明は、これから社会に出る学生、経験豊富な起業家、大きな組織にいる起業を志す人々にとって、とても腑に落ちやすい考え方である。問題解決と満たされていないニーズへの対応が起業の中心である。スティーブ・ジョブズのパソコン、オプラ・ウィンフリーが発信するさまざまなメディア・プロダクト、イーロン・マスクの電気自動車、チャールズ・シュワブの個人投資プラットフォーム、ジェフ・ベゾスの安価で便利な書籍（現在は他のすべての商品）販売など。アントレプレナーシップの基本は問題解決への熱意であると考えれば、目的を見失わず、次に何をすればいいか明確になり、それを目指す意欲を高める。リソースが少ないという条件のもとで問題を解決することもその助けとなる。ボブ・ライスは少ないリソースの恩恵を受ける一方、トニー・リッダーの場合は豊富なリソースが足枷となった。構造化された「発見・解決・拡大」起業プロセスを知れば、起業の基本原則から生まれた三つのステップを学び、習得し、応用できるようになる。アントレプレナーシップは精神として学べるものではないし、私は精神を教えられないということは、頭に入れておいてほしい。しかし「発見・解決・拡大」起業プロセスに共に取り組んでいくうちに、この構造が理解できるようになるだろう。

第二部　「発見・解決・拡大」起業プロセス

私が初めてベン・チェスラーに会ったとき、彼は確固とした自分を持つ勉強熱心なブラウン大学の学生で、すでに食品廃棄の問題に関心を向けていた。何百万人もの人々が飢えに苦しんでいるのに、アメリカでは食料の四〇パーセント以上が廃棄されている事実を、彼は看過することができなかった。天然資源保護協議会（Natural Resources Defense Council）はこれを「アメリカ人が食料品を買いに行き、店を出るときは五つの袋を持っていたのに、二つを駐車場に落とし、そのままにしておくようなものだ。ふつうじゃないと思うだろうが、それが毎日起こっている」と表現している。[1] ベンはそれだけの量の食品を廃棄するのはどう考えてもおかしいと感じた。またそれが地球温暖化の大きな原因となっているという調査結果もあった。しかし彼はこの深刻な問題の原因をより細かく診断する方法や、問題解決のため、自分の情熱とエネルギーをどこに向けたらいいのかわからなかった。私の講座では、問題を一つ特定し、大規模（年間売上一億ドル規模）な解決策を提案することをすべての学生に課している。ベンの場合、熱意と自信に不足はなかったが、どうすればこの未解決の問題から画期的な解決策を生み出せるかわからなかったため、彼のチームはもっとシンプルでありふれた問題に取り組むことにした。

この講座が終了した三年後、ベンがブラウン大学の講座で議論した問題に、「発見・解決・拡大」

起業プロセスのスキルを応用し、フードロスの削減を目指すスタートアップ企業を共同創業していることを知った。ベンの会社であるインパーフェクト・フーズ社は、次のように自分たちの仕事を説明している。

インパーフェクトは〝不細工な〟農産物の行先を見つけてフードロスを減らそうとする会社です［満たされていないニーズ］。農家から直接仕入れ、スーパーよりも三〇パーセント低い価格でお客様のもとに届けます［サステナビリティ・モデル］。農産物の定期購入ボックスは、価格も手ごろ、手間いらず、カスタマイズ可能、健康的、そしておいしい［価値提案］。しかしインパーフェクト社の自慢はこのボックスだけではありません。〝不細工な〟食物を食べることは、もっと持続可能で効果的な食糧システムの構築を助けることです。食品廃棄との闘いを支援することになるのです。農家が収穫したものから最大限の利益を得られるようにする一方、荒れ地、化石燃料や水の使用量を減らすことができるのです。さらに健康的な食品を入手しやすくなります。従業員はやりがいのある仕事ができます。形の悪いリンゴや曲がったニンジンを食べるたびに、私たちの世界をよりよいものにする手伝いをすることになるのです。

ここに「発見・解決・拡大」起業プロセスの基本的な三つのステップ、満たされていないニーズ、価値提案、サステナビリティ・モデルが含まれていることに気づいただろうか。

彼と電話で話したときまず驚いたのは、ベンが立ち上げたインパーフェクト・フーズが、ベンチャー・キャピタルから資金調達中で、シリーズBラウンドを完了したばかりだということだった。何に驚いたかといえば、シリーズB（BはBuild。ビジネスが軌道に乗った段階）とは、調達額が一〇〇〇万ドル以上のことが多い（彼の場合は三〇〇〇万ドル）からだ。大学卒業後わずか三年で、シリーズBを三〇〇〇万ドルで完了させたということは、彼とインパーフェクト・フーズ社が迅速に行動している証拠である。

インパーフェクト社のシリーズBの資金調達は、重要な意味を持っていた。これはスタートアップ企業が解決すべき問題を見つけ、その問題への小さな解決策を生み出し、ベンとチームが持っているリソース以上の、長期にわたって影響力を持つモデルをつくり上げたときに調達する資金だからだ。それができるのは、起業家が大きなことを考えていることの証明である。このケースでも、よいことを成功につなげるアプローチが示されている。

少し探りを入れてみると、インパーフェクト社がすでに、私が学生たちに課したビジネスプランでの、五年後の最低収益額の目標額をすでにクリアしていることを、ベンは明らかにした。「ダニー、詳しい数字は出せないけれど、講義で設定された収益目標は三年ですでに越えたとだけ言っておきます」とベンは説明した。つまりインパーフェクト・フーズ社は、三年足らずで収益が一億ドルを突破したということだ。ベンチャー・キャピタルが支援する企業で、収益が一億ドルを達成するのはごくわずかであり、ましてやベンたちはほんの数年で達成したのだから、きわめて稀な例と言える。(2)

ベンはリベラル・アーツ専攻の学生で、私の講義を受講する前は他に起業のための勉強をしたことがなく、新しいベンチャーを始める能力はないと感じていたと力説していた。いまでは「発見・解決・拡大」起業プロセスの三つのステップすべて、特に最初のステップ——ボトムアップ・リサーチを用いて、満たされていないニーズを見つけて、確認する——が、問題解決法の指針となっている。「発見・解決・拡大」起業プロセスについて、彼は私に次のように語ってくれた。

ベン・チェスラー、インパーフェクト・フーズについて語る

インパーフェクト社を立ち上げようとしたとき、食品廃棄が環境問題であることはわかってい

ましたが、それが顧客や農家の問題でもあることを、どうすれば実証できるかわかっていませんでした。どう始めたらいいか確信が持てなかったので、起業プロセスで学んだことを、そのまま実行して、農家に足を運んだんです。農産物を分類する巨大な施設に立ち、リンゴやサクランボが高速で流れてきて、形、大きさ、色によって分類され、ずらりと並んだ箱に入れられるのを見ていました。何トンもの果物がフォークリフトで運ばれるのを見て、私が「あの箱には何が入っているんですか?」と尋ねると、「スーパーの規格に合わない果物だよ」という答えが返ってきたのを覚えています。ここに解決すべき問題があると、私たちは気づきました。

問題が見つかったからには、解決策を考えることにしました。工場長から、廃棄される大量の農産物について話を聞いたあと、私たちはそれらを無料でもらえないか聞いてみました。「それはできないね。でも安く売ることはできるよ」。この新しい知識を武器に、私たちは農家にとって実際の価値を提供するシステムを設計しようと思いました。事前の顧客調査で、〝不細工な〟農産物でも、スーパーよりも三〇パーセント安ければ買ってもらえることがわかっていました。計算してみると、顧客のニーズに応えつつ、農家にも実際の価値を提供できることが明らかになったのです。そしてインパーフェクト・プロデュースが誕生しました。これは〝不細工な〟野菜や果物を、スーパーよりも三〇パーセント安い価格で、農家から家まで直送するオンライン食品店です。

その事業が軌道に乗り始めるとすぐ、それを拡大する方法を考えなければならないこと、しかも迅速に行なわなければならないことに気づきました。私たちの事業はオンライン食品販売で、それは一般的にわりと利益率が低く、資本集約的なので「シリーズA」ラウンドでの資金調達が必要であることはわかっていました。最初、私たちは乗り気ではありませんでした。会社における自分たちの持ち分が少なくなり、好きなようにできなくなると思ったからです。二つ目のポイントは私たちにとってとても重要でした。そもそもこの会社を立ち上げた理由の一つは、環境問題を解決することだったからです。何度も議論を重ね、私たちは資金調達をするのが一番いいと決断しました。より大きなパイの一ピースを所有するほうが好ましいという判断です。そしてミッションを共有できるという面から、ハワード・シュルツが創設した投資会社マヴェロンに出資を依頼し、リード・インベスターになってもらいました。この最初の資金調達が、インパーフェクトにとって、とても役に立ったのです。

電話での話をそろそろ切り上げようとしたとき、ベンはシリーズBで調達した資金を何に使うか明らかにした。「僕らの会社にはすでに一一の配送センターがあり、今年じゅうには全国で三〇まで増やす予定です。現在、従業員は一〇〇〇人を超え、優秀な人材が見つかればすぐにでも採用するつもりなんです」。現在、インパーフェクト社は二五以上の市場に、数十万人の顧客を持ち、六万八〇〇〇トンを超える食料を救済してきた。またこれまで一〇〇を超えるフードバンクや非営利団体に何百トンもの食料を寄付し、二〇〇人以上の生産者を支援し、曲がったキュウリや標準より小さいリンゴでも、生産したものすべてに適正な価格で販売できるようにしている。(3)

ベンはそれまで起業やビジネスの経験がないリベラル・アーツ専攻の学生だったが、世の中をよくしたいという熱意に満ちていた。このプロセスを学ぶことで力を得る起業家の手本のような例だ。あなたがたはそれぞれ違う動機を持ち、違う場所から出発するだろう。長年未解決のままの問題に不満を抱えているかもしれないし、すでに自分で解決したい問題についてははっきり意識しているかもしれない。あるいはよくわかってはいないが、刺激的で主体的で華やかに見える、起業家のライフスタイルに惹かれているのかもしれない。もしあなたが大手企業で仕事をしているのなら、組織の改革を進めたり、顧客、クライアント、その他の関係者の問題解決を支援したりできるプロセスを身につけたいと考えているかもしれない。

ただ、私の教え子すべてが、講義を受ける前からベンのような確固とした意志を持っているとか、それがなければこのプロセスに進めないとか思わないでほしい。そのためもう一つ、エマ・バトラーの例をあげておこう。エマは消極的起業家とでも呼ぶような例である。彼女は私の講座を受講した親しい友人の何人かに勧められて授業に加わった。初日、彼女は緊張のあまり震えていた。それはなぜか？　視覚芸術とフランス語を専攻していた彼女は、アントレプレナーシップの講義に出てもどこにも居場所はないように感じていたのだ。しかし彼女はすぐ、その直感は間違っていたとわかった。

私の講座でこのプロセスを習得したエマは、現在、障害を持つ女性のためのアダプティブ・ウェアを扱うインティメイトリー（Intimately）社を創設し、CEOを務めている。エマがこのターゲット層を意識していたのは、母親が筋骨格系の痛みをともなう線維筋痛症を患っていたためだ。私がボトムアップ・リサーチの重要性（これから第三章で学ぶ）について教えたあと、エマはさまざまな障害を持つ、二五〇人以上の女性たちから話を聞き、服を着ようとするとき経験する、さまざまな困難を見つけてその存在を確認した。

それから二年がたち、エマが起こした会社は成長し、資金調達を行ない、国際的なピッチコンテストで何度か優勝し、ブランドとサプライチェーンを確立し、《フォーブス》《グラマー》《アントレプレナー》といった雑誌でとりあげられるまでになった。

そこに行き着くまでの過程について、もう少し詳しく話してほしいとエマに頼んだところ、彼女は講義での経験について、私が知っている以上のことを、以下のように語ってくれた。

エマ・バトラーがインティメイトリーを始めたとき

ダニーの講座を受けていたとき、他の学生たちと一緒に、大手消費者ブランドがZ世代の顧客を独特の方法で獲得できる、AR（拡張現実）アプリを作りました。講義のプロジェクトの課題に取り組んでいるとき、それが何であれ、家に帰ると、今度はインティメイトリーのために、同じ課題に取り組みました。スタディ・グループで財務モデルをつくれば、その夜、寮の部屋ではインティメイトリーの財務モデルをつくりました。つまりすべての課題に、二回取り組んだんです。アプリのビジネスプランを書くときは、インティメイトリーのビジネスプランも書きました。財務モデルやビジネス・モデルの意味を知っていたクラスの他の人たちより、覚えなければいけないことが多かったのですが（私はそれらが何かまったく知りませんでしたから）私は読んでは直しながら、何度も課題に取り組むことで理解できるようになったのです。そしてようやく、私も他の人に追いついて、ビジネスプラン全体とピッチの作成を行なえるようになり、最終的にAを獲得できたのです。

ダニーの講義で特に印象に残ったものが二つありました。一つはアーリーステージでの、ボトムアップ・リサーチです。授業のために、私たちが取り組んでいたAR／VR（仮想現実）アプリについて調査を始めたとき、私は興味を持っていたアダプティブ・アパレルについて、より深く考えるようになりました。事例的なデータとしては、母の経験がありました。けれども障害は本当に多様で、診断によって異なることもあります。そこで障害者の衣料事情を理解するために、さまざまな障害を持つ女性たちと話をする必要がありました。製品の服を見せたり、フィードバックを求めたり、フォーカス・グループの調査をしました。それで障害を持つ女性がどのように服を着ているのか、またすべての障害に共通することについて、全体的に把握することができたのです。

ボトムアップ・リサーチの結果、障害者が服を着るときには、二つの重大な困難があることがわかりました。

○ボタン、ファスナー、カギホックなど、締めたり留めたりする部分を改善する必要がある。現代は月に人を送ることができるのに、なぜ障害を持つ女性はいまだボタンを留めるのに苦労したり、引っかかりやすいマジックテープを使ったりしなければならないのか。

○動きやすくするため、衣服の開く部分のつくりを見直す必要がある。たとえば、ズボンをはくときに前かがみになって片足ずつ通すのではなく（車いすの人や足が麻痺している人には不可能）、脇を開けて横開きにすれば、かがむ必要はなくなる。

これがわかって、私たちは最初の問題に取り組むために、工業デザインの専門家で、新しいファスナーを開発できる人、さらに着方を変えるために、服の構造を理解するチームのメンバーをさがすことになりました。最初に雇う必要があるのは、この二つの領域でのスーパースター二人であるという前提で、プロダクト・チームをつくりました。

初期のボトムアップ・リサーチでの交流を活用し、障害を持つ女性としてせっせと買い物をするうちに、障害を持つ人の買物と発見のプロセスを学びました。ある人が、たとえば交通事故で脊髄を損傷したとすると、その人は病院へ行きます。そこでは医師、作業療法士、理学療法士が、患者に障害者としての新しい生活について知る手助けをしてくれます。車椅子のブランド、車椅子対応のどのワゴン車、最適なサポートグループ、そしてアダプティブ・ウェアも紹介してくれます。障害を持つ買い物客は、次に買う服を選ぶために《Ｖｏｇｕｅ》を読むわけではありません。作業療法士や他の障害者の友人に、便利な商品について尋ねるのです。それでインティメイトリーは作業療法士や理学療法士、そしてクリストファー・リーブ財団のような全米の障害者団体と、戦略的パートナーシップを結んでいるのです。彼女たちと話をしなければ、障害者のコミュニティにどのようにアクセスすればいいかわからなかったでしょう。すばらしい製品をつくれたとしても、人類学者のように、彼女たちがどこでどのように買い物をするかの調査をしなければ、マーケットを見逃していたでしょう。

また彼女たちの声に耳を傾けることで、彼女たちを正しく理解できたことも重要でした。それがわかっていれば、世界に六億人いる、衣服の着脱に影響する障害を持つ女性たちのマーケットに参入できると思いました。十分な福祉サービスを受けられず、社会的に疎外されている人々のために何かをつくろうとしたとき、彼女たちにとって重要で、役に立つ解決策を提示しなければなりませんでした。私はこのような人々を利用して〝感動ポルノ〟を生み出す社会起業家にはなりたくありませんでした。満たされていないニーズを掘り起こして、それを解決したかったのです。

忘れられない講義の二番目は、ランズケープ・エクササイズ（この詳細については本書でのちに詳しく説明する）でした。ダニーは私たちに、本当に大きく、長期的にものごとを考えるよう言いました。二〇五〇年まで見通して、自分たちが見たい世界を思い描き、そこからさかのぼって必要なものをつくるというものです。私たちのクラスのグループはこの課題に取り組み、二〇五〇年までに自分たちの会社がどうなっていてほしいか考えました。けれども私はずっと、自分の会社のことを考えていました。当時、私はインティメイトリーを、障害を持つ女性のためのブラジャーと下着の、オンライン販売会社にしようと考えていました。六八〇〇万ドルを調達したサードラブ（ThirdLove）や、ＰＶＨ（フィリップス・バン・ヒューゼン）に買収されたトゥルー&カンパニー（クラスのチームメイトの一人が働いていた）など、他のランジェリー会社にも注目していました。しかし二〇五〇年の世界がどうなっていてほしいか考えたとき、私はファッション業界全体の文化が変わっていってほしいのだと気づきました。

私が見つけた問題がどのように発展していくのか、二〇五〇年に障害者コミュニティがどうなっていってほしいのか考えました。私は授業のノートに「障害を持つアメリカ大統領の誕生」とか「障害を持つ世界的なスーパーモデル」とか「障害者の高い雇用率」とかいったフレーズを書いていました。障害者である大統領、障害者の高い雇用率が実現すれば、仕事に行くときに着る、体に合った服が必要になるでしょう。その人たちにも、服装の選択肢があるべきです。ビジネスウェアからカジュアル、プレッピー、ボホシック〔ボヘミアンやヒッピー風〕など。私だけでは、障害者の服装を選べるような、何千種類もの服をつくることはできません。私にできることは、自分の技術をライセンスにして、大手ブランドと協力してアダプティブ・ウェアのラインを提供することでした。私たちは協力して、ファッション業界に組織的な変化をもたらすことができたのです。

また私は二〇五〇年に、自分の個人としての生活がどうなっているかも考えました。もし障害のある娘や息子がいたら、どんな世界に住んでほしいと思うだろう？　教育、キャリア、ファッション、何であれ、障害のない人と同じ選択肢や機会があってもいいはずです。

もし障害を持つ娘がいたら、障害を持たない女性とは買い物のしかたが違うと思ってほしくありません。すべての大手有名ブランドに、アダプティブな服の選択肢がほしいです。それから数年がたった現在、インティメイトリーはＢ２Ｂ（企業間）ブランドへと転換し、アダプティブ・アパレル技術や特許を大企業にライセンス供与しています。未来の娘に、あらゆる服装の選択肢を提供したいと思っています。

このプロセスの構成要素、私が語るストーリー、そして私が使う語彙さえも、起業家やスタートアップ・ベンチャーの世界のものが多いのは認めざるをえない。またここまででおわかりのように、他のさまざまな環境からも、多くの例をとりあげている。しかし私は〝企業のイノベーション〟に焦点を当てた書籍やその他の資料と同じようなものを書くのではなく、典型的なスタートアップを超えて「発見・解決・拡大」起業プロセスを活用するためのフック〔消費者の関心を引くもの〕を提供する。フックと言ったのは、このプロセスに細かい部分までぴったり沿っているわけではなくても、前に名前をあげた神経科学者のクリス・ムーアのような、意外性のある例を説明しているからだ。彼はこのプロセスが、画期的な研究を支えていたことに気づいていた。

大手組織でのワークショップを通じてこのプロセスを教えてきた経験から、彼らにも起業に燃える気持ちを取り戻す方法を知りたいという、強い希望があることを知った。会社の社員や幹部たちは、起業で成功して成り上がった人々が、自分たちの地位を奪ってしまうのではないかと不安を感じている。この新しい競争相手に対抗できる強みを手にしたいと思っているのだ。そしてスタートアップ企業のように戦う方法を、進んで学ぼうとしている。本書とこのプロセスは、それを実践する役に立つ。またイントロダクションで述べたように、このようにアントレプレナーシップの意味を広くとらえることは、投資家にとって、競争相手が気づいてさえいないようなチャンスを見つけるのにも役に立つ。

ここまでに出てきたさまざまな分野で、広い意味での起業家志望者に、このプロセスを教えられたことは、私の職業人生で最もやりがいのあることだった。私はそれをここで成し遂げようとし、そのためには従来のスタートアップの物語と、他の分野でのスタートアップの話の、ちょうどよいバランスを見つける必要があった。しかしどこで仕事をしていようと、この本に出てくる話すべてとその教訓について、読んで考えるよう勧める。ほとんどの人はキャリアを積んでいく中で、いろいろな組織でいろいろな役割を担う。「発見・解決・拡大」起業プロセスを、違う状況で応用する能力を備えれば、どんな場面でも他に抜きんでるための力となるだろう。

私がビジネスと教育のキャリアを通じて学んだ最も重要な教訓の一つは、成功するには、どんな分野の起業家も、自分が解決しようとしている問題に関心を持つ必要があるということだ。これはとても重大なことなので、第四章の三つのセクション、「ドライブより熱意」「熱意より目的」「学生たちへの説教」の節で、詳しく説明する。そのセクションでは、〝生きがい〟という日本語の概念を紹介している。これは四つの特に重要な要素を組み合わせ、意義深い生活をおくるためのアプローチだ。その四つとは、**あなたの得意なことは何か、好きなことは何か、世の中のニーズ**に注目する、そして**何で金を稼ぐか**である。そのセクションでは、起業家プロセスのすべての条件をクリアしていたのに失敗した起業家の話が書いてある。それは結局のところ、金銭面での可能性にしか目を向けなかったからだ。

プロセスを学ぼうとしているいま、ここで〝生きがい〟を持ち出したのはなぜか。それは起業が問題解決のための構造化されたプロセスなら、あなたがたは自分が活動したい領域と、なぜそれが重要なのかについて、少なくとも漠然とした考えを持っているはずだからだ。ベンほど確固たるアイデアでなくてもいい。あそこまで考えているとしたら、少し肩の力を抜いたほうが、思い込みで興味深いチャンスを逃さないですむかもしれないと助言するかもしれない。しかしあなたがたに、何の目的もなくただ古い問題をさがしまわってほしくもないのだ。

もし自分が何に力を注ぎたいのか思いつかないなら、第四章「生きがい」の部分を先に読んでほしい。あるいはわずかな時間を割いて、**自分の得意なこと**、**好きなこと**、関心が持てそうな**世の中のニーズ**全般のテーマを書き出してみよう。たとえばベンにとって、ニーズを見つけるきっかけとなった一般的なニーズは食品廃棄の問題だった。エマにとっては、母親が着替えるときに苦労していたことだった。一般的な問題のカテゴリーを知ることが、プロセスの最初の「発見」作業において、満たされていない特定のニーズを見つけ、確認する助けとなる。イントロダクションで名前をあげた他の起業家のケースの中で、この準備段階で目指すべきレベルと私が考えるのは、グウェン・ムゴディとパトリック・モイニハンが注目した教育障壁、キャスパーの創業者ルークとニールの興味を引いた流通の断絶、そしてエル・バトランとダン・ストイアンがエジプトとバーレーンが抱える緊急課題ととらえていた経済発展といった問題である。

これから一人で起業する人もいれば、すでにチームでこのプロセスに取り組んでいる人もいるだろう。第七章では成功する起業家チームをつくるための指針や、そのために避けなければいけない失敗まで、多くのことを語っている。簡単に言ってしまうと、成功する起業家チームの何より重要な特性は〝多様性〟である。とりあえずすでにチームで仕事をしている人は、「発見・解決・拡大」三つのステップの部分を一緒に読むことをお勧めする。一人で仕事をしているなら、いずれこのプロセスを興味のある分野に活用するようになったら、チームをつくることを想定しておいてほしい。

最後に、私は構造化されたプロセスについて教えようとしているが、細かい部分まで指導するつもりはない。柔軟さを残しておくほうが、「発見・解決・拡大」の段階を踏むことで、起業家のタイプによって違う方法で問題解決を行なえるようになる。そもそもソフトウェアのスタートアップから研究所まで、それぞれ違う状況に、このプロセスの細かいところまでまったく同じやり方で対処できるわけがない。

前述したように、私のアントレプレナーシップの定義にはエンジニアリングの要素が含まれているので、このプロセスについての簡単な紹介を、NASAの化学エンジニアであった私の父の話で締めくくろうと思う。私がまだ幼かったころ、近所で友達と自転車に乗っていたとき、チェーンがはずれてしまったことに気づいた。父に直すのを手伝ってほしいと頼むと、彼はNASAのエンジニアらしく、この問題に取り組んでくれた。金物屋顔負けの工具を引っ張り出すと、家の前のドライブウェーいっぱいに並べ、チェーンを歯車に戻す作業に取りかかった。八歳の私には永遠とも思える時間が過ぎて、ようやく自転車が動くようになった。

数日後にまたチェーンがはずれたとき、私は再びあの、緩めて回して締めるという、細かな手順に従う作業をするのかとうんざりした。しかし前に父の細かい作業を見ていた友人のマイケルが、私の自転車をつかんでひっくり返し、チェーンを歯車に押し込んだ。そして数秒後に私たちはまた道に戻っていた。私は父を愛し尊敬しているし、細部にまでこだわるのが父の魅力であり、家族が愛してやまないところではある。しかし私はこの起業プロセスをこと細かに指図したいわけではない。父のように、一つ一つの工程をきっちり手順通りに行なうやり方が合う人もいるだろう。また、私が提示する考え方の指針を応用して、マイケルが私にしてくれたように「自分で自転車をなおす」人もいるだろう。もし細かい手順すべてを正確に行なう必要があるときは、私はその旨を説明する。

第三章　ステップ１　発見：満たされていないニーズを見つけて確認する

本当の大航海とは、新しい土地をさがすことではなく、新しい見方をすることにある。
——マルセル・プルースト

世界は人々の見方によって変わり、人が現実を見るやり方を一ミリでも変えれば、あなたが世界を変えることができる。

——ジェームズ・ボールドウィン

このプロセスをどう始めるか

本書のテーマであるこの起業プロセスを始めるときの、最初のステップは何だろう？　どのように始めればいいのだろう？　アントレプレナーシップが問題解決のための構造化されたプロセスなら、どこで問題解決のチャンスを見つけ、その問題の存在をどう確認すればいいのだろう。前述したように、自分が気になっていることに通じる、大まかなターゲット領域（たとえばヘルスケア、教育、栄養など）を、頭の中で決めておくことが重要だ。そしてハーバード・ビジネス・スクールのビル・サールマンの次の言葉を心に留めておくといいだろう。「チャンスはどこにでもある。ビジネス上のすべての問題。すべての危機。不満を持つすべての顧客。顧客ではないすべての人。状況の変化すべて。すべての不可能。逆境はすべてチャンスなのだ」。それは本当だが、こう唱えていればチャンスが現われるという、魔法の呪文でないことをビルは知っている。そしてたとえチャンスが現われ、あなたがそれに気づいたとしても、追いかける価値があるかどうか、どうすればわかるだろうか。これらは、起業家がいざ始めようとするときに直面する、最も難しい問題である。私たちはこうした問題に目を向けながら、プロセスの第一段階へと進む。それが「発見：満たされていないニーズを見つけて確認する」である。

トップダウン・リサーチ

私が世界中で出会う起業家の大半は、まずトップダウン・リサーチを行なうと言う。自分の選んだ業界の規模や成長スピードについて、誰かがまとめてくれた二次調査をさがす。そして論理的に区分けする方法をさがす。たとえばドッグ・フード、キャット・フード、イグアナの餌、馬の餌、というように。彼らはすでに存在する競争に目を向けている。

この種の調査は必要だが、決して十分ではない。そして起業を志す人がそこでやめてしまうと有害でさえある。〝専門家〟が行なってまとめてくれた二次調査があれば他に何もいらないと考える。成功する起業家はクリエイティブな推論を行なえるものだが、他人の調査で満足する人にはそれができない。この間違いは高くつく。

トップダウン・リサーチは、私たちの思考を制限する。それは既存の市場における活動を測定するもので、いまあるものを教えてくれるだけだ。あってもおかしくないもの、あるべきものはわからない。公的なソースから発信され、誰もが入手できるため、競争上の優位性をもたらしてはくれない。

もしキャスパー社のルークとニールが、マットレス業界に関するトップダウン・リサーチの統計的な情報だけに頼っていたら、何がわかっただろうか。その世界市場が三〇〇億ドル規模であること。毎年二パーセントの成長を続けていること。昔ながらの販売・流通方法を完成させた、リソースの豊富な少数の大手企業が圧倒的に優位であること。これらはすべて、既存のマットレス会社や、マットレスの起業を志す人たちでさえ入手できる情報だ。しかしこれだけでは、睡眠関連やマットレス購入時の満たされていないニーズについて、新たな創造につながる見識を得ることはできなかっただろう。まだ誰も気づいていないアイデアを見つけるには、他のものが必要だったのだ。

サー・ケンジントンズ調味料会社を共同創設し、一億四〇〇〇万ドルでユニリーバに売却した、スコット・ノートンを思い出してみよう。もしスコットが、世界のケチャップ市場は四一億五〇〇〇万ドルで、年間三・八パーセントの成長率を示し、マットレス業界よりもさらに強固な、少数の大企業とハインツというトップ企業に支配されている業界という、トップダウンの統計データのみに頼っていたら、どんな結論を出しただろうか。繰り返すが、ウェブ上で数秒のうちに見つかる、こうした調査だけでは、消費者が直面する問題について、スコットが画期的なアイデアを思いつくことはなかったはずだ。ハインツ、コナグラ、デルモンテなど、ケチャップ業界の大手企業はすべて、これと同じデータどころか、はるかに多くのデータを持っている。だからスコットが自分だけのアイデアを得るには、やはり他のものが必要だった。トップダウン・リサーチでは「発見・解決・拡大」起業プロセスの最初の段階で競争的優位性を得られないならば、それを与えてくれるものは何なのだろうか。

ボトムアップ・リサーチ

私が人々に何が欲しいか尋ねていたら、きっともっと速い馬が欲しいと言っただろう。
――ヘンリー・フォード

ボトムアップ・リサーチとは、直接的な情報収集を優先して二次的な分析を避け、消費者やサプライチェーン全体を観察し、消費者の声に耳を傾ける手法である。消費者が直面している問題を知るには、消費者が必要だと言う以上のものがいる。それによって消費者が実際に求めているものが明らかになる。ヘンリー・フォードが述べているように、消費者が欲しがっているものが、本当に求めているものとは違うことはよくある。そのときの経験が消費者の視野を狭めるためだ。ボトムアップ・リサーチの手法は、私たち自身がこのプロセスに持ち込んでしまうバイアスを抑えられるようにもなる。

満たされていない、強力で、永続的なニーズ

まず、「満たされていない」ニーズの意味をはっきりさせておこう。ここで〝満たされていない〟とは、まったく満たされていない場合もあれば、部分的に満たされている場合もある。言い換えると、私たちは完全には満たされていないニーズをさがしている。起業家らしい性質の一つに「もしこうでなかったら？」と考える能力がある。このあとの例で説明するが、起業家は部分的に満たされたところでよしとせず、どうすればさらによくなるか想像しなければならない。多くの人にとって満たされているように見えても、見方を変えることで、満たされていない部分に気づく。

ではどのようなニーズをさがすべきなのか考えてみよう。すべてのニーズが同じなわけではなく、起業家としての成功につながる可能性が高いニーズというものがある。ここでは強い、永続的なニーズについてとりあげる。

なぜ強いニーズなのか？　ベテランのベンチャー・キャピタリストであるソーン・スパークマンは、ベンチャー企業への投資を検討する際、〝髪の毛に火がついたときのニーズ〟に応えてくれる企業を見つけたいと言う。「髪に火がついたら、それを消すためバケツ一杯の水が欲しいと思うだろう」。ほとんどの投資家がそうであるように、ソーンも投資するなら、顧客がどうしても解決してほしいと思う問題に取り組むベンチャーにしたいと考えている。顧客が苦労して稼いだ金をどこで使うか、その選択肢はいろいろあるが、もし強いニーズのある問題に取り組んでくれる企業があるなら、そこに出資しようという気持ちが高まるはずだ。エンジェル投資家として成功し、私たちの起業家センターの客員起業家（EIR）の一人でもあるロレイン・ペンドルトンも「ビタミン剤よりもアスピリンを販売するスタートアップ企業に投資したい」と、違う比喩を使ってこの点を強調している。

ではなぜ永続的なニーズが必要なのか？　私たちが全精力を「発見・解決・拡大」起業プロセスに注ぎ込むなら、短期的あるいは流行に沿ったニーズではなく、長期的な可能性を持つニーズを追求するべきではないか。そう考えると、アスピリンよりビタミン剤のほうが長期的なニーズが見込めるかもしれない。いちばんいいのは、頭痛も抑えるビタミン剤なのだろう。

これは絶対的なルールなのだろうか。弱いニーズや不足しているものを狙ったスタートアップは成功しにくいのだろうか。言うまでもなく、それは可能だし、ニーズがほとんどないものをつくって成〝成功〟をおさめた例は、誰でもあげることができるだろう。ペットロケットを覚えているだろうか。キャベツ畑人形は？　ポケモンGOは？　ボブ・ライスが立ち上げたゲームのスタートアップは、短期的なチャンスを逃さず大きな利益をあげた例だ。しかし一般論として、私はこの「発見・解決・拡大」起業プロセスの最初の段階では、強力で永続的なニーズをさがすのが賢明だと言っておく。

二〇〇九年、私は人類学者のリナ・フルゼッティとともに〝文化的アントレプレナーシップ〟という テーマで、夏期講座で教えることを依頼された。だが私は文化的アントレプレナーシップがどういう意味なのか知らず、実はリナも知らなかったことがわかった。私たちが知恵を出し合ってどう教えるか考えている間、私はリナから、人類学の重要な要素として民族誌学《エスノグラフィー》と呼ばれる、一種のボトムアップ・リサーチがあることを知った。民族誌学の調査方法、研究デザイン、トレーニング、そして評価法は、人類学者にとって、自分たちの居住地で自然に行動する人々に、行動を変えさせるような介入をすることなく、観察したり耳を傾けたりする役に立つ。そしてヘンリー・フォードの言葉のように、彼らが何を望んでいるかを尋ねることもしない。

心を合わせる

まず顧客体験から始め、さかのぼってテクノロジーに行き着かなくてはならない。テクノロジーから始めて、それをどこで売るか考えることはできない。

――スティーブ・ジョブズ

ボトムアップ・リサーチをひとことで説明するなら、それは共感である。英語では、他の人の靴をはいてみるという表現がある。共感とは、その誰かの靴を品定めすることだろうか？ 「君の靴はまさに二〇一六年ものだな！」と告げるべきなのだろうか？ そして新しくてもっといい靴を、その人に売り込み《ピッチ》するべきなのだろうか。そうではない。このプロセスの最初のステージ、満たされていないニーズをさがしているとき、努めて避けなければならないのは、批判すること、そして次のステップについて結論を急ぎすぎることだ。

共感について違う比喩を用いる文化もある。数年前、日本の教員のグループに教えていたとき、日本では共感を「心を合わせる」と表現すると説明してくれた。これはこのプロセスの最初のステップで行なおうとしていることを伝える、すばらしい方法ではないだろうか。私たちは誰かが感じていることを感じとろうとし、人類学者のように人々が自然に行なっている行動を（その行動を変えることなく）観察し、耳を傾ける。それは満たされていないニーズを見つけて確認する、そして解決しようとしている問題をさがし、特定する方法なのだ。

なぜ私は、観察して耳を傾けることを強調し、売り込みしないよう注意するのか。率直に言うと、アントレプレナーシップを学ぶと、問題解決を目指すあまり熱くなってしまうことがある。私たちは、たとえこのプロセスの最初の段階でも、自分のアイデアや解決策を売り込みたいという衝動に抗うのがいかに難しいか知っている。誰かが抱えている問題の解決策を思いついたと感じたとき、なぜそれを口にしてはいけないのか。それはこのプロセスの最初の段階では、解決策もなければ、製品やサービスもない。あいまいで形になっていない、具体性がまったくないアイデアを思いついただけだからだ。つまり実際に売り込めるものが何もないのだ。せいぜいまだ使い道の見つかっていないアイデアがあるだけで、それは無鉄砲なやり方であり、結局は高くつく。「発見・解決・拡大」起業プロセスの価値は、成功の基本は運であるとは考えないことだ。このプロセスはあくまで、成功の確率を高めるものだ。

特にテクノロジーの専門家が陥りがちな罠が、何の役に立つのかわからない解決策を出してくることだ。グーグルグラスやスマホと連動する電動歯ブラシを思い浮かべてみよう。これらは何の問題を解決しようとしたのだろう？　開発者は満たされていないニーズを理解した上で、これらをつくったのだろうか。とりわけ技術者は、満たされていないニーズを見つけて確認するという、最初の重要なステップを急ぎすぎ、〝テクノロジー推進〟の罠に陥る傾向がある。一人で仕事をしているにしろ、大手の組織、あるいは研究所の一員であるにしろ、あなたがテクノロジー重視で起業を目指しているのなら、人類学者のようなふるまいと、他人に共感する力を身につけることが強みになる。気持ちはわかるが、自分の開発したテクノロジーが重要な問題を解決すると、すぐさま決めつけたくなる誘惑に負けないことだ。

驚くかもしれないが、アップルの初期のマーケティング哲学で最も重視されていたのは、最先端のテクノロジーやデザイン性ではなく、共感、つまり顧客の感情との親密な結びつきだった。「私たちは他のどの会社よりも、顧客のニーズを本当に理解するつもりだ」と、アップルの哲学は力強く明言していた。もしこれが、自分の発明を顧客に押しつける優秀なデザイナーであるという、スティーブ・ジョブズの一般的なイメージと違うと感じるなら、ジョブズが共感をもって顧客の声を聞いて学ぶことができる人物だと知れば、さらに驚くだろう。「我々が顧客のニーズ、感情、動機について、いくらでも話すことができれば、適切な対応がとれて、彼らが望むものを与えることができるのだ[1]」

ステップ3の**拡大：サステナビリティ・モデルをつくる**では、人類学で用いられるボトムアップ・リサーチで身につけた、共感についての洞察をさらに活用する。共感はブランド・キャンペーンを成功させる土台を形成するものでもあるのだ。また投資家や出資してくれそうな人に売り込みをかけるときも、信頼感を与えることができる。

ここでこの貴重なボトムアップ・リサーチのスキルを長年教え、起業家がこのアプローチをとるときに犯しがちな失敗のパターンを見てきた経験から、さらにいくつかの注意点をお伝えしたい。アンケートやフォーカス・グループの話ではなく、聞いたら驚くような注意点が一つあるのだ。それは率直なフィードバックを求めても、ニーズを明確にはできない、ということだ。

アンケートやフォーカス・グループはなし

サーベイ・モンキーのようなオンラインのツールを使えば、簡単かつ安価にアンケートを実施できるため、私の教え子やワークショップの参加者は、ボトムアップ・リサーチでアンケートに頼ることが多い。しかしアンケートは、自分の居住地で自然にふるまっている人々を、観察したり声を聞いたりするのに向いた方法ではない。それらは事前にまとめられた質問に、コンピュータの画面上で答えるようになっている。それは誰かが私たちに注目してほしいと思っていることに目を向けさせるというバイアスがかかる。そのためアンケートの作成者が何を求めているかを推測し、喜ぶような回答をしようとしてしまうのだ。

要するに、アンケートは対話の方法としては作為的で不自然なのだ。アンケートの答えには、自然に生きている人の姿はない。アンケートでは相手の力説したいこともわからず、仕草も見られず、怒りや不安を聞き出すこともできない。『ひらめきへの四つのステップ（Four Steps to the Epiphany）』の著者スティーブ・ブランクは「アンケートでは目の瞳孔が開くのを見ることはできない」と表現している。アンケート調査のプロセスには、人類学も共感もない。この最初の段階で統計学的な結論を出している調査結果をよく目にする。「回答者の八七パーセントが……」などというのを聞くと、私がＰ＆Ｇで受けたリサーチ・トレーニングで「定性的調査は定量的調査のずっと前に行なうものだ」という強烈な警告を思い出して、身が縮む思いがする。Ｐ＆Ｇでさえ、定量的な調査を行なうのは、製品開発プロセスのかなり先で、新製品が発売されてから数年後のことだった。満たされていないニーズを見つけて確認するときは、簡便さと見た目の効率に頼りそうになるのをこらえることだ。アンケートは必要ない。

アンケートに関する問題と同じだが、フォーカス・グループでも、人々が自然に生活している姿は見られない。フォーカス・グループでは、誰かが考えた質問に答えていくが、参加者はどのような結論が求められているか推測し、相手を喜ばせようとし、話し合いも一人か二人の参加者が中心となってグループの意見を左右するという、不自然なものになる。簡単に言うと、フォーカス・グループというものは、参加者に作為的なふるまいを強いるもので、人々がどのような生活をおくっているか、行なう側が人類学者のように観察し耳を傾ける助けにはならない。だからやはり早い段階ではフォーカス・グループも避けるべきなのだ。

フィードバックもなし

いまプロセスのどこまで進んでいるか、ここで思い出しておこう。私たちは人類学者のように、共感をもって満たされていないニーズを見つけて確認しようとしている。それらに対する解決策はまだ何もできていない。とはいえ、この最初の段階でさえ、頭の中では製品に関するさまざまなアイデアが浮かんでいるかもしれない。それは当然である。問題は、そのアイデアについてのフィードバックをすぐさま求める起業家がいることだ。アンケートやフォーカス・グループと同じで、最初の段階でまだ煮詰まっていないアイデアについてのフィードバックを求めると、本来なら私たちが解決すべき問題を明らかにするための相互作用が、偏ったり混乱したりしてしまう。自分が見たり聞いたりしたことの意味を明確にしたいと思うかもしれないが、この段階でまだ完成にはほど遠い製品についてのアイデアへのフィードバックを求めることとは違う。最初の段階で売り込みはするなと述べたが、フィードバックを求めることも、同じく避けるべきなのである。

もし満たされていないニーズをつかもうと、観察し耳を傾けるべきときに、頭に浮かんだ製品のアイデアについてフィードバックを求めたいという気持ちに抗えなくなったら、何が起こるか想像してみてほしい。ほとんどの場合、極端な二つの反応が返ってくる可能性が高い。その思いつきのアイデアが好きか、あるいは嫌いかだ。初期段階で思いついたアイデアについてフィードバックを求める場合、たいていは友人や家族、その他自分のことをよく知っている人に尋ねる。そういう人たちは私たちの熱意に忖度し、水を差すのは避けようとする。そのアイデアはひどいと正直に言ったところで、いいことは何もない。相手の気持ちを傷つけるだけなのだ。

一方、初期の段階で生まれたアイデアの種に、そんなものはだめだという人がいたら、なぜそんなことを言うのだろうか。おそらく売り込まれていると感じ、身構えてしまっているのだろう。初期段階で思いついたアイデアは、せいぜいアイデアの種に過ぎないので、フィードバックを求めるのは早すぎるのだ。だからそれはやめて、満たされていないニーズを見つけることに集中しよう。

よく見ることは思うより難しい

何より難しいのは、目の前にあるものを見ることだ。

——ヨハン・ヴォルフガング・フォン・ゲーテ

証人であれ。審判ではなく。

——仏教の教え

大切なのは、何に目を向けるかではなく、そこに何を見るかである。

——ヘンリー・デイヴィッド・ソロー

ボトムアップ・リサーチはどのくらい難しいものなのだろうか？　私が言えるのは、観察するのは人であるということだ。簡単なことのように聞こえるだろう。とはいえ私の経験では、言うは易く行なうは難し、である。ものごとをよく見ることは、実を言えば、あなたが考えているより難しい。それを証明してみよう。

少し時間をとって、何人かの集団がバスケットボールをパスする、この短い動画を見てみよう。集団の半分は白いシャツ、もう半分は黒いシャツを着ている。あなたがやることは簡単だ。白いシャツを着ている人たちが、何回パスをするか数えてほしい。動画はとても短く、あっという間に終わってしまうので、心の準備をしておこう(2)。

パスは何回だっただろうか。正解できただろうか？　これを読んでいる人たちは、きっと正解しているだろう。

しかし同時に、ゴリラに気づかなかった人が多いはずだ。受賞歴を持つ実験心理学者であり認知科学者であるダニエル・シモンズの研究によると、平均すると半分の人がゴリラを見逃すという。私も初めてこの動画を見たときは気づかなかった。実を言えば、こんなのインチキだと悪態をついた。なぜこんなことが起こるのか。私の視野のまん前を歩いていくゴリラに、なぜ気づかなかったのか。そう、よく見るということは、思うより難しいのだ。私が事前に何に注目するか指定していたので、そのバイアスで見逃すはずがないものに気づかないという現象が起こった。私たちは誰もがバイアスを持っているが、自分が何をさがしているかわかっているとき、本当だと思いたいことを確かめようとするとき、特にバイアスが強くなる。前に起業家として私たちは、あるはずの問題の解決策を口に出したくてうずうずしていると述べた。偏った熱意のために「ゴリラを見逃した」ということは考えられるだろうか？　実はこの現象には、れっきとした科学的な名称がある。「非注意性盲目」というのだ。

もう一つ例をあげよう。ハーバード・メディカル・スクールの注意研究者のトラフトン・ドルーは、免許を持つ放射線科医に肺組織のスライドを見せ、がん細胞の有無を調べてほしいと頼んだ[3]。この科の医師はこうした組織のスライドを一日じゅう見ている専門家だ。メディカルスクールで数年、そしてその後のトレーニング期間で、その方法を学んだ。ここにスライドへのリンクがあるので、少し時間をとり、何かふつうでないことに気づくかどうか確かめてほしい。

さて、右上の隅を見てほしい。ゴリラが見えるだろうか？　驚くなかれ、免許を持つ放射線科医師の八三パーセントが気づかなかった。ＮＰＲ（全国公共ラジオ）がドルーの結論を記事にしている。「これは放射線科医が、怒っている大きなゴリラに、たまたま目を留めなかったということではない。問題は脳がその人がしていることをどう組み立てているかということだ。彼らはがんの結節をさがしていた。ゴリラをさがしていたわけではない。『そこに目は向けるのだが、さがしているものが違ったため、それがゴリラであることに気づかなかった』とドルーは言う。言い換えると、私たちが考えていること、言い換えると意識を向けていることが、まわりの世界をどんどんフィルターにかけ、文字通り、私たちが見るものをつくりあげるのだ[4]」。豊富なリソースの重荷を思い出してほしい。私たちがある分野の専門家とすると、経験が豊富であるほど、バイアスなしにものごとを見ることが、思った以上に困難になるわけだ。

フランスの生物学者ルイ・パスツールはボトムアップ・リサーチについて考えたことはなかったかもしれないが、観察の重要性と、その心構えをしておくことの重要性を理解して、次のように述べている。「観察という分野では、心構えができているほうがチャンスを引き寄せる」。観察は思った以上に難しいということを知ることも、心構えの一つである。

知りすぎていることが、あとで考えれば当たり前のことを見逃す原因となる。

「わかったぞ！」ではなく、「うーん、何かおかしい」

SF作家で生化学教授のアイザック・アシモフはかつて「科学で最も心躍る言葉、新しい発見の前触れとなる言葉は『わかったぞ！《ユーレカ》』ではなく、むしろ『うーん……何かおかしいな』である」と言った。「発見・解決・拡大」起業プロセスの最初の重要なステップで、あなたはこれについて、予想していたのとは違う形で感じたかもしれない。ちょうどアントレプレナーシップへの構造化されたアプローチが、アントレプレナーシップとは正しい〝精神〟を発揮することであるというバイアスを取り除くように、ボトムアップ・リサーチによって、成功する起業家は伝説の科学者のように、ひらめきの瞬間に重要なアイデアが降りてくるという俗説が間違いであることが示される。私はアイデアが降りてくるところなど見たことがない。むしろアシモフの科学的な体験と同じで、アントレプレナーシップにおいて、満たされていないニーズを見つけるのに必要なのは、自分の視界を横切るゴリラに気づき、そこに注意を向けることだ。そうやって観察することに、どんな意味があるか、そのときはわからないかもしれない。しかし注意深く見て、「うーん……何かおかしい」と感じる瞬間を逃さないことだ。そうすれば、何かをつかんでいることがわかるだろう。そのとき満たされていないニーズの徴候に気づいている可能性が高いのだ。

スティーヴン・ジョンソンは、著書『よいアイデアはどこから来るか（Where Good Ideas Come

From)』の中で〝ゆっくりとした直感〟という概念について書いている。小さな直感のぶつかり合いに加え、大きなアイデアが現われるまでに時間がかかることが多い。それはアシモフの言う「うーん……何かおかしい」と感じることから始まる。それが時間をかけて大きなアイデアとなり、それ自体の力で、そして他のものとぶつかりあいながら進化していく[5]。

ボトムアップ・リサーチに投資する

ロケット打ち上げの始まりは、話し合って気の利いた答えを出すことではない。正しい問いを見つけるという困難な作業から始まるのだ。

——デレク・トンプソン『Google Xと最先端の創造性の科学(Google X and the Science of Radical Creativity)』[6]

アルバート・アインシュタインは、「もし私が問題を解くのに一時間与えられ、それに自分の命がかかっているとしたら、私は最初の五五分を、適切な問いを決めるために費やすだろう。適切な問いがわかれば、五分とかからず問題を解くことができる」と述べている。アインシュタインのこの見解は「発見・解決・拡大」起業プロセスにおける、最初のステップがきわめて重要なことを明確にし、なぜここで多くの時間と労力をつぎ込むべきかを伝えている。この最初のステップを駆け足で通り抜け、製品を市場に出したくなる気持ちはわかる。しかしアインシュタインと同じく、一時間考えるなら、五五分は満たされていないニーズを見つけて確認することに費やすべきなのだ。その最初のステップがうまくいけば、次の確固とした価値提案の決定作業はスムーズに進むはずである。満たされていないニーズを確認できなければ、時間を浪費しているのだ。運に恵まれるよう祈ることだ。

ボトムアップ・リサーチが重要であることの証明

数年前、スタートアップ企業が失敗する理由に関する調査を目にした。一番多い理由は何だと思うだろうか。資金不足、チームの不和、競争、規制の問題……どれもそれらしい理由である。しかし実際のナンバーワンは「顧客を顧みない」、二番目は「市場のニーズがない」だった。[7] にわかには信じがたい。まずなにより優秀な起業家が顧客を無視するなど考えにくい。顧客の言うことを受け入れられない場合もあるが、無視するなど、起業家として成功するためには悪手ではないのか。これについては後ほど詳しく説明しよう。市場のニーズがないことについては、これこそボトムアップ・リサーチの必要性を裏付けるものだ。もし成功の可能性を高めたいのなら、ボトムアップ・リサーチは、これら二つの理由によるスタートアップの失敗を予防する最善の策である。

読者のみなさんには、私の話を聞いて、前もって時間をかけ、満たされていないニーズを発見し確認することが重要であると納得してもらいたい。そのためには解決したい問題を、はっきりさせることから始めよう。そうでなければ、使い道のない解決策をつくるだけになってしまう。私はこれまで何百もの講義やワークショップを開催してきた経験から、ストーリーはこうした考えを強化し、あなたがたの記憶に刻み込む役に立つと確信している。私の最初のころの課程やワークショップの卒業生たちに再会すると、何年も前に話したボトムアップ・リサーチの話を今でも話しているかと、笑顔で聞いてくる。私がボトムアップ・リサーチを勧めた理由を正確に覚えていなくても、ケーススタディの細部やニュアンスは覚えてくれているのだ。

タイド

私はあなたの言うことを信じない。あなたがすることを見ているからだ。
――ジェームズ・ボールドウィン

私の学生たちが特に好きな話は、これまで多くの違った場面で目にしてきたもので、私はそれをP&Gの言い伝えだと思っている。この話は、誰もが一度は使ったことがある人気の洗剤ブランド、タイドの製品チームに関わるものだ。これから話す出来事が起きた当時、タイドは紙箱に入った粉末状の洗剤だった。それはおよそ三〇年間変わっておらず、ブランドの責任者はタイドを買っていく消費者が、そのパッケージをどう思っているのか知りたがった。ボトムアップ・アプローチの専門家である彼らは、消費者が自分なりのストーリーを語れるよう、自由回答形式の質問をした。また回答の幅を狭める可能性があるため、選択式のアンケートは実施しなかった。私が現在「(ダニー・)ウォーシェイのリトマス試験」と呼んでいる方式に従ったのだ。彼らは少なくとも八〇パーセントは聞くことに徹した。調査の結果、消費者はボール紙箱のパッケージに満足していることがわかった。

しかしタイドのチームは、それを額面通りに受け取ることはしなかった。少なくとも八〇パーセントは聞くことに徹したということは、話したのは二〇パーセント以下、ゼロの可能性もある、ということは完全な観察である。そこで彼らは同じ消費者の何人かに許可を得て、彼らの家に行ってタイドを使う様子を観察させてもらった。その人の自宅で、いつもやっているとおりに。つまりタイドのブランド・チームは、人類学者のような行動をしたのだ。このP&Gの言い伝えによれば、タイドのパッケージに不満はないと言い、チームを自宅に招いたある女性は、箱を取り出してカウンターに置き、引き出しを開いて鋭いナイフを取り出すと、箱に突き刺し、小さな穴を開けて、計量カップに洗剤のパウダーを流し込んだのだ。それを見ていたブランド・チームはギョッとした。箱の側面を突き刺すなんて、いったいこの女性は何をやっているんだ？　本人も少し困惑しているようだった。「私は三〇年間、この方法で製品を使用してきました。そして特に不満はなかったんです」

この言い伝えによると、このときのひらめきによってパッケージが変わっただけでなく、まったく新しい〝リキッドタイド〟という製品が開発された。しかしそれは、おとぎ話のように一夜にして実現したわけではない。何回にもわたる確認のための調査と、大がかりな製品開発、検査、マーケティングが必要だった。私たちにとって重要なのはボトムアップ・リサーチ、つまり人々の自然な行動を観察し、耳を傾けることで、満たされていないニーズを見つけ、それを確認することからすべてが始まったということだ。

この話を何度も聞いている私の三人の子どもたちは、私がこの話をするときに身を乗り出すことを指摘しては、からかってくる。しかしたとえこれが言い伝えの部分があるとしても、私がこの話を大好きなのは、「発見・解決・拡大」起業プロセスの最初のステップをマスターしようとする人にとって、重要な教訓がいくつも含まれているからだ。

第一に、タイドのブランド・チームが、この満たされていないニーズを発見したのは、タイドが発売されて三〇年後だったことだ。三〇年！　ボトムアップ・リサーチが価値を発揮するのは、新しいベンチャー事業の初期段階だけではない。製品やサービスが存在する限り、ずっと価値を生み出してくれる。P&Gはボトムアップ・リサーチを続けている。あなたもそうするべきなのだ。

第二に、タイドのブランド・チームは、「よく聞く」という驚異的な仕事を成し遂げた。しかしただ消費者に質問し、彼らの言うことを聞くだけでは十分ではない。満たされていないニーズを発見するためには、タイドの消費者のふだんの生活の場を、人類学者のように観察することが必要だった。

第三に、そして最も重要なことは、消費者自身が問題に気づいていなかったことだ。そして問題を認識するのは消費者の責任ではない。またその問題を解決するのも消費者の責任ではない。スティーブ・ジョブズはこう言っている。「顧客が望むものを与えよ、という人もいる。しかしそれは私のやり方ではない。我々の仕事は、人が欲しがるものを、欲しくなる前に見つけることだ[8]」

ドーン

同じP&Gの言い伝えによると、ドーンという食器用液体洗剤のブランド・チームも、消費者がその製品をどのように使っているか調べようとしたとき、同じ手法を使ったという。つまり消費者の声を聞き、さらに消費者の家庭での様子を観察したのだ。するとかなりの数の人が、想定外の使い方をしていることに気づいた。ドーンの食器用洗剤を……果物や野菜を洗うのに使っていたのだ。ラベルには、その目的のために使えるというようなことは、まったく書かれていなかった。ドーンのブランド・チームのメンバーは、自分たちの製品について、また食器洗いについて、世界中の誰よりもよく知っていた。しかしこのような使い方をする人がいるとは知らなかった。この満たされていないニーズを見つけるには、作為的な方法ではなく、ふだんの生活の場で使っている消費者を観察する必要があったのだ。

食器洗いの専門家たちは、こうした消費者を無視する可能性はあった。「うちの食器用洗剤を、ブロッコリーを洗うのに使うなんて、おかしな人がいるのか？」と。彼らは目の前を歩いているゴリラを見落としてもおかしくなかった。しかし彼らは気がついた。当時その気づきをどうするべきかわからなかったが、それに注目し、あるトレンドに気づいた。それがP&Gの新しいブランド、フィットの開発につながった。それは果物や野菜を洗うためにつくられた洗剤だ。

プレママ——P&Gになることはない

このような調査を行なうのは大企業だけではない。私のブラウン大学の課程での、あるチームのケースを考えてみよう。この課程では学生がチームを組み、「発見・解決・拡大」起業プロセスのすべての段階を実践し、学期末にはベンチャー・キャピタル投資家にピッチも行なう。ある年の講座が始まったばかりのとき、学生四人が私に近づいてきて、課題に行き詰まっていると言う。彼らは栄養分野の製品をつくりたいと思っていたが、解決すべき問題が見つからずに困っているということだった。

私はもっとボトムアップ・リサーチをするよう彼らに勧め、近くのホールフーズ・マーケットの栄養剤の陳列棚のところで買物客を観察し、自由回答式の質問をいくつかして、その人の体験を自分の言葉で話してもらうよう提案した。数時間後、彼らは私のところに戻って来て、観察したことを興奮気味に話してくれた。「何かを見つけたと思います」と、彼らはまくしたてた。「数時間、栄養剤が置いてあるところで客を観察すると、妊婦がビタミンの瓶を棚から取るというパターンに気づいたんです」

四人とも、そこにいた女性たちは不機嫌で、イライラして、気が立っているように見えたと話した。彼女たちはホールフーズに妊婦用ビタミン剤を買いに来ていた。それは妊娠した女性、そして妊娠しようとしている女性が、子どもの健康のために摂取しなければならないものだと、四人の青年たちは知った。彼女たちは、ビタミン剤は粒が大きく飲むのに苦労する、味が悪い、つわりが悪化する、便秘になる、自分が妊娠していることがまわりにすぐわかってしまうといった不満を打ち明けた。

学生四人は男だったので、妊婦用ビタミン剤を買うことはない。しかしこのチームは、買物客をよ

く観察し、簡単な自由回答式の質問に対する回答に、共感をもって耳を傾け、満たされていないニーズを見つけ、確認するという、完璧な仕事をした。私は彼らに、マニー・スターンという製品開発の専門家を紹介した。彼の助けにより、粉末状のビタミンを目立たず持ち歩け、好きな飲み物に入れられる、小さな袋入りの製品が生まれた。形は変わっても栄養価は錠剤の製品と同じなうえ、飲みやすく、味もよく、つわりがひどくなったり便秘になったりしない。

時は過ぎ、彼らが発ち上げたベンチャー企業プレママは、ロードアイランド・ビジネス・コンペティションで優勝した。現在では一〇〇〇万ドル以上をエンジェル投資家とベンチャー・キャピタルから調達しており、同社の妊婦向けの製品は大手企業の製品よりも売れている。その後、チームを多角化し、さらにボトムアップ・リサーチを行なって、同じ状況にある女性消費者の満たされていないニーズをさらに見つけて確認し、新たなカテゴリーの栄養補助食品をいくつか発売した。

「発見・解決・拡大」起業プロセスの次のステップに進む前に、このボトムアップ・リサーチの手法を用いるにあたって、さらに二つの提案をさせてほしい。一つ目は、今回紹介した三つの例は、消費者向けの製品が中心だったが、サービス業やＢ２Ｂのベンチャー事業にも、同じ手法を用いることができる。また以下で神経科学者のクリス・ムーアが語るように、ビジネス以外の状況にも適用できるのだ。

南アフリカのシャンプー　完璧を求めすぎると商品がつくれない

私の父が自転車のチェーンを直すときの話で訴えようとしたことだが、あるプロセスに、細かいところまで正確に従う必要はない。むしろそうしたくてもできない場合がある。ボトムアップ・リサーチの一般的な考え方を、幅広く応用できることについて強調するため、私が南アフリカのパーソナルケア製品会社からこのトレーニングを依頼されたときの話を簡単に紹介しよう。私は満たされていないニーズを見つけ、確認するよう促し、いまここで紹介したボトムアップの手法について伝えた。彼らはとても興味を持ってくれた。同社のシャンプーのブランド担当者の女性が手を挙げて、早く試してみたいと、私やその部屋にいた全員に言った。ただ一つだけ問題があった。消費者が裸でシャワーを浴びているとき、製品を使うところを観察するのは難しい。それはもっともだと認めざるをえない。しかし私たちはその問題をワークショップの課題として検討することにした。数分後、別の女性が手を挙げて「私たちは若いお母さんが生まれたばかりの赤ちゃんの髪を洗うのに使うシャンプーのブランドを扱っているのですが、その中に使っているところを見せてくれる人がいるのではないかと思います」と言った。もともと考えていたこととは違うが、とにかくやってみようということで、全員の意見が一致した。

予想通り、何人かの母親から許しを得られ、重要な消費者情報をいくつも得ることができた。たとえば話を聞かせてくれた家族の中には、シャンプーで洗面台や浴室の床まで洗う人がいることがわかった。ここではボトムアップ・リサーチで見つけたこの現象を、彼らがどう活用したか教えることはしない。あなたならどう使うか、考えてみてほしい。

この例での重要な点は、完璧でないボトムアップ・リサーチでも、やってみることの価値が実際に示されていることだ。完璧さを求めすぎないこと。この南アフリカのシャンプーの例のように、ボトムアップ・リサーチを完璧に行なうことはできなくても、〝不完全な〟方法でやってみることだ。製品、サービス、B2C（企業から消費者）、B2B、どのような状況でも、以下のような基本的なボトムアップの原則を忘れないでほしい。

○人類学の視点、そして共感をもって、人が自然の状態でどう行動するかを観察する。

○簡単な自由回答式の質問への答えに耳を傾ける。
○言葉による聞き取りだけの、回答が「はい」「いいえ」に限られる選択回答式の質問は避ける。
○この最初のステップで、満たされていないニーズを見つけ、確認しようとするとき、頭に浮かんでいる思いつきのアイデアを売り込んだり、フィードバックを求めたりしたくなる気持ちは抑えよう。

〝完璧〟かどうかにかかわらず、消費者を観察して耳を傾けるだけでなく、サプライチェーン全体に視野を広げよう。供給業者、製造業者、流通業者、競合他社など、あなたが関心を向ける場所におけるあらゆる接点で、満たされていないニーズを発見し、確認する貴重な機会を得られる。

面倒が起こるのは知らないからではない。知らないのに、自分は知っていると思い込むからだ。
——マーク・トウェイン
（映画『マネー・ショート 華麗なる大逆転』に引用）

このボトムアップ・リサーチの手法を起業を志す人たちに伝えると、いら立ちをあらわにし、あきれたような顔をすることが多い。

「ああ、そうだろうともさ。でもそんなこともうやってるよ」と言いたいのだろう。あるいは「ええ、でも心配ご無用。僕はカンが当たる数少ない起業家です。それに自分は顧客のニーズを確実に理解しています」。それでもここは私の顔を立てて、ボトムアップ・リサーチをするよう頼む。

私はこんな風に伝える。こう想像してほしい。「現地に行ってボトムアップ・リサーチを重ねたところで、自分が見たり聞いたりしたことを、すでに一〇〇パーセント理解していたと気づくだけかもしれない。それでも時間の無駄ではない。いまより自信が持てるし、自分のベンチャー事業に加わってほしい人に伝えられる話が増える」と。すると何が起こるか。胡散臭げな顔をしていた人たちが私のところへ戻ってきて、自分たちが間違っていたと、こと細かに話してくれる。根底にあるニーズへの彼らの理解が八〇パーセントは正しいとしても、二〇パーセントは間違っているのだ。このパーセンテージが成功するベンチャーと失敗するベンチャーを分ける。成功はとらえがたいものを鋭敏に察知する洞察力にある。この最初のステップをすでに習得しているという自信があっても、ここは私の助言に従って、説明したやり方でボトムアップ・リサーチを行なってほしい。

たとえばプレママのケースでも、ボトムアップ・リサーチによって、新しい妊婦向けのビタミン剤という、満たされていないニーズが明らかになった。それでもダンと彼のチームは最初のひらめきで立ち止まることはなかった。プレママの最初の商品は、出産前に必要な栄養素を配合した、ボトル入りの飲料だった。さらにボトムアップ・リサーチを重ねたところ、不便なうえに妊娠していることがひと目でわかるため、ターゲットとする消費者がボトルを持ち歩きたがらないことが明らかになった。またスーパーマーケットの店長に話を聞いて、割れやすく重いボトルに液体が入った商品に関する、製造、出荷、在庫管理、物流上の問題もわかった。これら追加のボトムアップ・リサーチで得られた見識により、企画は大きく方向転換し、粉末をスティック状の袋に入れた、はるかに便利な商品が開発された。プレママはその特許を取得して販売を開始し、事業を拡大した。

ビジネスを超えたところにある満たされていないニーズ

前に「発見・解決・拡大」起業プロセスはイデオロギーではなく方法論であり、ビジネスだけでなく幅広い分野に応用できる理由をもっと説明すると約束した。ブラウン大学に新しくできたネルソン・センター・フォー・アントレプレナーシップの代表に就任した初日、私はブラウン大学カーニー脳科学研究所の所長であるダイアン・リプスコムのオフィスを訪れた。私は協力の話をしたいと思っていたのだが、アントレプレナーシップのための新しいセンターと、神経科学研究グループで、何を生み出せるか、はっきりとした考えがあったわけではない。しかし学際的な思考はブラウン大学の文化の特徴であり、カーニー研究所の〝チョコレート〟と、私たちの〝ピーナッツバター〟を組み合わせると、何か引力を持つものができるのではないかと思ったのだ。ダイアンもまた柔軟な思考の持ち主で、少し会話を交わしただけで、強力でどちらにも関連する、満たされていないニーズが浮かび上がってきた。最も強烈だったのは、研究のアイデアが現実の世界で使われるようになるまで、平均して一七年かかるということだった[9]。そしていつの間にか、カーニーの脳研究者向けに、ボトムアップ・リサーチのワークショップを開催することで同意していた。

そこの科学研究者たちは、人類学的で共感的なアプローチを受け入れ、タイド、ドーン、プレママのストーリーを楽しんでいた。しかし率直に言おう。ワークショップの参加者がどんなに楽しそうに見えたとしても、重要なのは、彼らが学んだことをどのように応用し、それがどんな影響力を持つかである。私がそれに気づいたのは、その最初の出会いからずいぶんたってからだ。

そのワークショップからしばらくして、世界的な脳研究者であるクリス・ムーアからメールをもらった。そのおかげで「発見・解決・拡大」起業プロセスには、私が考えていた以上の可能性があることに気づくことができた。クリスはこう書いていた。「本当にすばらしいセミナーだった。科学との関わりで重要なのが、科学者は創造的なアイデアがあれば〝科学的手法〟の使い方を知っているが、その前段階である、創造的なアイデアをどう手に入れるかについては、驚くことに、まったくトレーニングを受けることがない」。私がもっと詳しく教えてほしいと頼むと、彼はこう説明してくれた。科学者は仮説を立てて、科学的手法で検討し、正しくないか決める。しかしその仮説がいずれ臨床的に大きな影響を生み出せるか、実現までの一七年を短縮できるか、事前にじゅうぶんな調査を行なわない。「ダニー、君のボトムアップ・リサーチで、僕らはそもそも何を検証すべきか決めるとき、急いでしまう傾向があるとわかった。それにアントレプレナーシップのワークショップがそれを理解する助けになるなんて想像もしていなかったが、いずれ君のトレーニングは我々の脳研究の方法を変え、もっと短期間で重要な進歩が臨床の場にもたらされるようになるだろう」。なんと！　このとき私は、単によりよいビジネスを始めるための構造的アプローチにとどまらず、もっと大きなものを考案したのだと気づいた。

何百人もの起業家プロセスの卒業生が、政府、医療、非営利団体、大企業、軍隊、芸術、新興企業、クリスのような研究所など、さまざまな状況でこの三つのステップを活用している。どのような分野であっても、どのような難題に直面していても、ボトムアップ・リサーチはその解決に向けた最初の一歩として使うことができる。「発見・解決・拡大」起業プロセスはイデオロギーではなく方法論であることを忘れないでほしい。

読者のみなさんがボトムアップ・リサーチを使い、重要な問題を見つけ出すことを願っている。しかし不便なボトル入り妊婦向けビタミン剤から、飲みやすくて味のよい、女性向けの栄養補助食品まで到達するには、どうすればいいのだろう。それについては、この先を読んでほしい。

第四章　ステップ２　解決：価値提案を決定する——考え方のガイドライン

価値提案《バリュー・プロポジション》とは何か

「発見・解決・拡大」起業プロセスの最初のステップは、自分が解決しようとする問題を見つけることで、これから説明する第二のステップは、その解決に着手することである。実験室、教室、空いている寝室やガレージ、社会事業促進プログラム、工房（メイカースペース）、企業のイノベーションスペースといった小さな規模で、解決策をさぐり試行錯誤を始める。このセクションでは価値提案の意味を学び、画期的な解決策を生み出す、創造的な考え方を身につけ、いくつかの貴重なイノベーション・ツールの使い方を学習し、頭を整理するための三つの質問に答え、構造的な価値提案エクササイズを行ない、最適な価値提案の例から学ぶ。これらのスキルを生まれながらにして持っている人はいない。しかし誰もが習得できるものだ。それが**解決：価値提案を決定する**ことである。

価値提案という言葉は、間違って使われていることも多い。経験豊富な起業家にこの言葉をどう使うか尋ねると、うまく説明できず、ただ潜在的消費者に提供する価値のようなものという、漠然とした考えにとどまっている。その価値を伝えることが、いかに重要かをわかっていないことが多いのだ。

ブラウン大学の同僚であるアンガス・キンゴンの定義に倣うと、価値提案とは「顧客のニーズと、あなたがつくった製品やサービスを使うことのベネフィット（利益）を経済用語で結びつける表現」である。傍点を付した言葉の意味を考え、自分たちがそれを理解できているか確認しよう。

まず、いまやおなじみのはずの、ニーズについて。私が前に述べたこと、そして「発見・解決・拡大」起業プロセスの最初のステップのテーマを思い出してほしい。満たされていないニーズを見つけ、それを確認すること。しかも昔からあるどんなニーズでもいいわけではなく、強力で永続的なニーズである。

二つ目はベネフィットである。これは顧客に対して、彼らのニーズに対応するため、あなたが提供を保証するものだ。『ジャンプ・スタート・ユア・ビジネス・ブレイン』[1]の著者ダグ・ホールは、保証されたベネフィットはわかりやすいものであるべきだと強調している。つまり将来の顧客にとって明確であり、顧客自身がそれを理解するのに努力する必要がないということだ。ダグはまた、そうしたわかりやすいベネフィットに加え、自分たちがそうしたベネフィットを提供して問題を解決すると信頼していい理由を、未来の顧客に伝える必要があると強調している。

そして三つ目になるが、たとえ私たちがわかりやすいベネフィットを保証し、それを提供することを潜在的な顧客が信頼してくれるとしても、同じことを保証する他者と劇的に違っている必要があると、ダグは釘をさしている。これら三つの、ダグに言わせると〝マーケティング物理的法則〟は、どんなスタートアップの成功にも不可欠なものだ。実際にスタートアップが失速しているのに気づいたら、これらの基本を見直せば、少なくとも弱点が一つ明らかになるだろう。

わかりやすい、信頼性が高い、他と劇的に違っている、それらに加え、特色《フィーチャー》とベネフィットを区別することが重要だ。フィーチャーはあなたが何を保証しているかを説明する。基礎となる技術や、その技術を支える原理に関連する場合もある。しかし消費者は、たとえどんなにクールであっても、フィーチャーを理由に製品を買うことはない。たとえばアップルは、最新のチップが搭載されているからといって、顧客が最新のラップトップを買うわけではないことを知っている。それを買う理由はベネフィットのため、仕事をより効率的かつ確実にできるようになるからだ。

人工知能がさまざまな業種で普及するにつれ、推進派はそのフィーチャーの〝クールな要素〟を力説することが多い。そのためベンチャー・キャピタル投資家のロシオ・ウーは起業家に対して、ＡＩのフィーチャーで顧客の気を引こうという誘惑に抗い、ＡＩが提供するベネフィットに注目するよう呼びかけている。「顧客は技術そのものを求めているわけではありません。彼らが求めているのは、問題を解決するためのソリューションです。自社のサービスや製品を「ヘルスケアのためのＡＩ」や「販売のためのＡＩ」と位置づけるのは、あまりに具体性に欠けます……ビジネスリーダーが知りたいのは、あなたが自分たちの問題やチャンスをよく理解し、ソリューションが自分たちの状況に合わせてつくられているかどうかです。人工知能はよりよいソリューションを可能にするものであるべきです(2)」

フィーチャーが機能を重視し、あなたの製品が何をできるかという大きな問いに答えるものである一方、ベネフィットはあなたの製品やサービスが、どのような形で顧客のニーズに応えるかを重視するものだ。つまりベネフィットはなぜという問いに答えるものなのだ。なぜそれが重要なのか、なぜその製品を買うべきなのかを訴えるものだ。フィーチャー（何）とベネフィット（なぜ）の違いについて、私が気に入っている説明は、元ハーバード・ビジネス・スクールのマーケティング教授で、《ハーバード・ビジネス・レビュー》の編集者であるテッド・レヴィットによる「人々は四分の一インチのドリルを買いたいのではなく、四分の一インチの穴を買いたいのだ」という表現である。ベネフィットは、強力で永続的な基本的ニーズに応えることで、潜在的顧客に行動を起こさせる。心を動かすことで、顧客の問題を解決するのだ。あなたの解決策がどのようにして顧客の行動だけでなく感情も変えることができるのか説明できるなら、ベネフィットに近づいているということだ。

私とすべての学生が見ている刺激的なTEDの講演や、著書『WHYから始めよ！　インスパイア型リーダーはここが違う』[3]（栗木さつき訳　日本経済新聞出版）の中で、サイモン・シネックは次のような力強い言葉を書いている。「人々はあなたが何をしたかを買うのではなく、なぜそれをしたかを買うのだ」。シネックはビジネスだけでなく、さまざまな分野から例をあげている。ライト兄弟、スティーブ・ジョブズ、スティーブ・ウォズニアック、マーティン・ルーサー・キング・ジュニア。「彼らの目標は他の人と変わらなかった。そしてそのシステムやプロセスをまねるのは簡単だった……しかし彼らは選び抜かれたリーダー集団の一人であり、きわめて特別なことを行なう。私たちの意欲を高めてくれるのだ」。ベネフィットはなぜという問いに答えるもので、なぜから始まり、それを強調するとき、私たちの意欲は高まる。私たちは表面的な特徴や機能、つまり何の根底にある、基本的な心理的欲求を知らなければならない。

最後に、あなたの製品やサービスが、どのような心理学的属性の、どのような人口層にベネフィットをもたらすか、明確に説明しよう。ここで私がよく目にする間違いは、顧客としてのターゲット像を正確にとらえていないことだ。これがステップ3の問題となる。サステナブルなモデルを構築するためには、限られたリソースを活用して市場を絞り込み、ブランドを構築し、顧客を獲得する。この早い段階でも、ターゲットではない顧客の見極めを始める必要があるということになる。

いまのところは、発見して確認した問題の解決策について、三つの基本的な問いに照らして考える必要があると頭に留めておいてほしい。

なぜ：ベネフィット
何：フィーチャー
誰：あなたの製品やサービスでベネフィットを得る人

画期的な価値提案を考案するための考え方のガイドライン

「発見・解決・拡大」起業プロセスの最初のステップ「発見：満たされていないニーズを見つけて確認する」で、私は〝何〟に意識を集中するよう求めた。人類学者のようにふるまって観察し、共感をもって行動するということは、ものごとをありのままに見るということだ。これが難しいのは、自分のバイアスを正すのが困難だからだ。ものごとをありのままに見るのは、あなたが思っているより難しい。

この次のステップ「解決：価値提案を考案する」では、ものごとが〝どうなりうるか〟を見るよう求める。これも違う意味で難しい。まず頭の中をストレッチしておかないと、視野が狭くなって、考える力が制限されてしまう。王立芸術協会の友人であるスコット・バーナムが、この現象について『ディス・クッド（This Could）』というすばらしい本を書いている。[4] スコットはこの種の頭のストレッチがもたらす影響を実証する、古典的な実験についてまとめている。ハーバード大学の心理学者エレン・ランガーと同僚のアリソン・パイパーは、条件つき思考と呼ぶものの影響を示す実験を行なった。二つの被検者グループが課題を行なうのだが、使うのは鉛筆で、間違ったことを書くようにつくられている。一方のグループには輪ゴムが渡され「これは輪ゴムです」と告げられる。間違いを訂正するように言われたとき、輪ゴムが消しゴムとしても使えることに気づいたのは、そのグループでは三パーセントだった。もう一方のグループには輪ゴムを渡したとき「これは輪ゴムとしても使えます」と告げられる。[5] そのグループでは、輪ゴムでも間違いを消せると気づいた人が四〇パーセントにのぼった。

このようにそれが何かではなく何になりうるかを聞くだけで、二番目のグループの人々の頭の中がストレッチされ、輪ゴムの違う使い方に気づくことができた。価値提案（ステップ1で発見した問題に対する解決策）を決定するステップを開始するときは、「それが何か」から「それが何になりうるか」へと、考え方を変える必要がある。

ボブ・ジョンストンとダグ・ベイト（ストラテジー・イノベーション・グループの創設者であり『パワー・オブ・ストラテジー・イノベーション』の著者）は、私のよき友人であり、定期的に共同で教える仕事もしている。この二人は数多くの企業や組織を、イノベーションのプロへと変貌させる手助けをしてきた。彼らは華々しいキャリアを通じて、価値提案を決定するうえでのガイドラインをいくつか提示していた。これらのガイドラインを、特定の価値提案問題を解決する技術に飛び込む前の、精神的なウォームアップと考えてほしい。

これらのウォームアップを始めるにあたり、第二次世界大戦時の創造性研究の専門家、ルース・ノラーの洞察を考えてみよう[6]。熟練した数学者であるルースは、数式C＝fa（KIE）という形で助言を伝えている。創造性（C）は、知識（K）、想像力（I）、評価（E）の相互作用によって生み出されるという意味だ。私たちの目的にとって、ここで最も重要なことは、この式に触媒として不可欠なのが、心構え（a）であることをノラーが強調していることだ。彼女は、適切な心構えがなければ、知識、想像力、評価のいかなる要素も、創造的な成果へと導くことはないと考えた[7]。つまり新しいアイデアの可能性を、受け入れようとする気持ちが必要なのだ。

発散させてから収束させる

よいアイデアを思いつくための一番いい方法は、たくさんのアイデアを出すことだ。

同じ穴を深く掘っても、違う場所に穴は掘れない。

——エドワード・デボノ　水平思考と創造性の専門家

——ライナス・ポーリング　二度のノーベル賞受賞者

よくあることだが、あらゆる創造的なプロセスの初期段階で、私たちは結論に飛びついてしまう。〝プロセス〟をあれこれいじる時間はないと感じ、〝製品〟をどうしても手に入れたいと思うのかもしれない。〝正解〟がわかっているのだから、まっすぐそこに向かえばいいと感じるかもしれない。仲間や上司の前で、適切な範囲を超えるアイデアを押し通すのは恥ずかしいと感じるかもしれない。スタートアップの起業家に共通する性質で特に多いのが自信過剰であり、(8)それが結論に飛びつく傾向に拍車をかける。この他にも、私たちが創造的なプロセスの中で、あまりにも早い段階で焦点を絞りすぎる理由や弁解は、いくつも思いつくだろう。

私がここでこれらの警告を書き連ねているのは、価値提案を考えている間は、こうした流れを避けてほしいからだ。ボブ・ジョンストンとダグ・ベイトは、これらの自然な性質に抵抗し、発散させてから収束させるよう述べている。つまり最初は幅広く、大きくとらえるということだ。できるだけ広い視野で考え、すべてのアイデアをそのまま盛り込み、あとでどれが最良の選択肢なのかを見きわめるようにするのだ。

発散とは、現実的な制限にとらわれず、判断や評価、批判をせずにアイデアを生み出すという意味だ。ペンシルベニア大学ウォートン・スクールの組織心理学者のアダム・グラントは、さらに具体的な言葉で「あなたの最初の二〇個のアイデアは、次の一五個に比べて創造性で劣る。創造性を最大限に発揮したいなら、二〇〇のアイデアを提示して初めて、新しさの最高点に達することができる」。

要するに、あまりにも早く収束させると見逃してしまう、思いがけず画期的な解決策が、発散することで浮かび上がってくるということだ。

問題を解決しようと意気込みすぎると、いくつかの選択肢のポートフォリオをつくらずに、早い段階で一つの解決策に収束してしまう。

リスク軽減のためアイデアのポートフォリオをつくる

発散の具体的な方法の一つは、潜在的なチャンスのポートフォリオを作成することだ。それによって繰り返しテストすることができる。やはりこのプロセスの初期段階では、どのアイデアを追求するべきか、確実なところはわからない。反復的なプロセスを用いることで、私たちはテストし、学習し、調整する中で、成功の可能性が最も高いアイデアを見つけ出すことができる。しかしその途中で、いくつかのアイデアの致命的な欠陥が見つかることもある。ジェラルド・ヒルズとロバート・シンの研究によると、アイデアの数は、アイデアの創出や機会の認識において、最も重要な要素の一つである。彼らの研究によると、会社を立ち上げたばかりの起業家で、最終的な選択をするまでに一～五個のアイデアを生み出したという答えが八二パーセントを超えたという。[9][10] プロセスの次のステップまで、いくつものアイデアを持ち続けるのは、「収束前に発散」の実践的な部分だ。発見した問題の解決策を生み出すというプロセスに着手するときは、一つのアイデアに固執するのではなく、いくつもの選択肢を受け入れる心構えを忘れてはいけない。

実現できそうなアイデアを画期的なものにするより、画期的なアイデアを実現可能なものに

数年前にボブ・ジョンストンが、私のクラスでこの言葉を発したとき、私は雷に打たれたような衝撃を受けた。それまでこんなふうに考えたことはなかった。自分がある大きな組織の会議に出席していると想像してほしい。勇気を振り絞って案を出したら、誰か（みんな）が非難の声をあげ、それがいかに非現実的かという大合唱になる。「しかし予算的に、そんなことをする余裕はない」「どの部署にも合わない」「いまのうちの技術でそこまでのことをするのは無理だ」と。スタートアップの起業家も、こうしたためらいを口にする。「それほどの資金調達はできない」「その解決策はまだできていない」「うちのチームには、そのやり方を知っている人がいない」など。前述したように、成功したスタートアップが新しいものをどんどん採り入れているように見える理由の一つは、自分たちの現在の能力について柔軟な見方ができるからである。

価値提案を考えるこの段階で、か弱い生まれたてのアイデアを、実現可能かどうかの尺度で評価するという、大きな誘惑に耐えられるだろうか。なぜそんなことを言うのか？　うまくいくはずないと思えるアイデアは切り捨てる方が効率的ではないのか？　イエスでもありノーでもある。イエスというのは、たしかに切り捨てた方が効率的に思えるかもしれないが、このプロセスのこの部分で重視すべきは効率性ではない。切り詰めたり、修正したり、丸ごと削除したりしなければならないときは、その後に来るだろう。またある時点で、予算と技術の制約を考える必要が出てくるかもしれない。しかしこの創造的なプロセスの、この早い段階では、実現可能かどうかという尺度での評価は避けることが重要である。そうした常識的と考えられている風潮に抵抗することで、チームの誰もが自分のアイデアを、安心して発表できるようになる。

ワイルドカードのアイデアを捨てない

実現可能性にこだわる風潮に逆らえと言われても、もしあなたがふつうの人なら、やはりどうしてもこだわってしまう。そのためボブとダグが私のクラスに来てくれるとき、彼らは学生たちに、アイデアのリストに少なくとも一つ、〝ワイルドカード〟を必ず入れるよう求めている。非現実的すぎる、あるいは誰も実行しようとは思わないアイデアだ。これを強制すると、彼らはクライアントに「非合法、不道徳、あるいはクビにされる」アイデアのリストをつくるよう頼むようになる。

教室で出た多彩なアイデアの中からいくつか例をあげると、日焼けを防ぐ薬、マリファナの呼気検知器、ドローンによる種まき、空気を通じて個人や家電製品の充電ができるパワールーター、ガラスを砂に戻して海岸浸食を防ぐ装置、エアコン機能もつけた窓、道徳的な女性向けポルノ（学生たちチームは最後の二つをプロジェクトとして進め、その学期最高のベンチャー事業となった）などがあった。常軌を逸したワイルドカードのアイデアは、実現可能かどうかという私たちのフィルターをはずしてくれる。笑いを誘い、私たちの創造的な意欲を刺激する。多くの場合、こうしたばかばかしいアイデアが、私たちが予想もしなかった形で実を結ぶ。

ボブとダグはこのワイルドカードの概念を、よく知られたイノベーションのストーリーを通して人々に伝えている。以前、イノベーション・コンサルタントのグループが、ゼネラルフーズ社のキャンディ部門のチームが新しいアイデアを生み出そうとする手助けをしていた。製品ラインを一新するための新しいアイデアが必要だったのだ。しかしこれまでのようなガイダンスに沿って、発散して実現可能性より革新性を重視するよう指導したにもかかわらず、そのチームは斬新なアイデアを生み出せずにいた。コンサルタントがワイルドカードのアイデアをいくつか入れるよう告げると、誰かが、

「おしゃべりをするキャンディはどうですか？」とふと言った。この言葉に全員が笑った。「おしゃべりするキャンディなんて聞いたことがない」

数秒の沈黙の後、食品技術者の一人がこう言った。「あの、おしゃべりさせる技術はないけど、砂糖と二酸化炭素を使って、口の中で弾けてパチパチと音をさせるものならつくれるんじゃないかな」。お察しのとおり、これがポップロックというキャンディの開発につながり、それが長年にわたり市場をにぎわすことになった。

アントレプレナーシップを妨げる力を知る

「発見・解決・拡大」起業プロセスを、古くて大きな組織に導入しようとするときは、妨げとなる三つの力に、特に気をつける必要がある。それらの力はアイデアを収束に向かわせ、実現が難しそうなアイデアを排除し、チャンスを広げて思いもよらぬ可能性につながるワイルドカードのアイデアを受け入れる意欲を抑え込む。

小規模なスタートアップ企業も、関係ないと思わず、話を聞いておいてほしい。この考えは誰にも当てはまるものだ。ここで私が注意を促すのは、どのような状況であれ、それらの力が、あなたが推し進める起業プロセスを阻害しないようにするためだ。

企業内重力（コーポレート・グラヴィティ）

一つ目の力は、ボブとダグが言うところの「企業内重力《コーポレート・グラヴィティ》」である。彼らは著書『パワー・オブ・ストラテジー・イノベーション』で次のように書いている。「ＮＡＳＡのロケットが新しい惑星に到達するのに、地球の重力場を突き抜ける必要があるように、［アントレプレナーシップの］チームは、新しいチャンスを見つけるために、〝企業内重力〟を逃れなければならない」。企業内重力とは「社員が現在のビジネス・モデルから大きく離れることを防ごうとする目に見えない力」としている。言い換えると「それは我々のやり方ではない」という考えだ。企業内重力は、企業と市場の両方が、新しいやり方を阻むようになっていることについて、暗黙の前提が反映されている。そこで生まれるのは変化であって変革ではない[12]。重力なしで生きられる人はいない。ただしこの価値提案の作成プロセスに着手するとき、この重力に創造性を縛られないようにしてほしい。

企業近視（コーポレート・マイオピア）

それに関連する企業の行き詰まりの原因に、ボブとダグが「企業近視《コーポレート・マイオピア》」と呼ぶものがある。これは「今日のビジネスの緊急性のほうが、ビジネスの将来よりも重要とみなされ、近視眼的になっている状態」である[13]。大手の組織のリーダーは、基本的な責任を二つ負っている。砦を守ることと、将来をつくり上げることだ。大手組織の責任者ならご存じだと思うが、その両方を行なうのはとても難しい。

既存の事業を維持しようとする傾向も、豊富なリソースが足枷になることを示す好例である。長く続いている事業を持つ企業は、最初は新規参入企業に対して優位に立てると考えるかもしれない。しかしそのような会社は企業近視を経験していて、その事業を維持する、あるいは「砦を守る」ために労力と資源を注がなくてはならない。「豊富なリソースの重荷」の節でとりあげたナイト・リッダー社は、成功した新聞社という立場を越えて、インターネットがもたらす新しい機会をつかむのに苦しんだ。競合するグーグルやその他の新興企業には、維持すべきレガシー事業も、守るべき市場も、支えるべき砦もない。彼らは未来の創造に、少ないリソースすべてを注ぎこめる。現在の事業を守ることに汲々として、将来を創造することにまで目が向かない状態に陥らないよう気をつけよう。

企業免疫システム

大手の組織でアントレプレナーシップを妨げる三つ目の力は、ボブとダグが企業免疫システムと呼ぶものだ。これは「事業全体の安定性を脅かすものを〝撃退〟するために、現在の企業システムやプロセスが果たしている役割」である。企業内重力における暗黙の前提とは違って、企業免疫システムは、インセンティブ報酬や、投資基準額へのリターンなど、明白なシステムやプロセスである。企業免疫システムは組織を脅かすものを撃退するが、一方で、組織を向上させる可能性のあるものも撃退することがある[14]。

ダグが私に話してくれたのは、ある有名な市販薬のメーカーの例である。その会社では売上が毎年伸び悩んでいて、成長率を上げるために新しい製品のアイデアを必要としていた。ボブとダグはその会社に協力し、ビジネスを成長させるための新しい製品をいくつか思いついたが、どれも開発には至らなかった。同社は新製品の発売が会社の収益性、ひいては株価に短期的にでも影響を与えることを恐れたのだ。つまり決算が堅調であることと、それを危険にさらしたくないという姿勢（たとえ長期的に見れば、新しい製品（ブランド）の収益成長率のほうが高くても）が免疫システム反応を生み出し、新製品が日の目を見る機会を奪ったと言える。このプロジェクトをきっかけに、ボブとダグは企業免疫システムという概念をつくったのだ。

もう一つの例は、新製品の開発を嫌がる製造責任者に関わる話だった。その理由は、新しい製品をつくるとなると、他の製品の生産を止め、装置をリセットし、前よりも生産規模を小さくしなければならない。それでその分野の年間の生産性目標が変わることになり、さらにボーナスに影響する。これもまた、企業の効率性と予測可能性を確保するための数値的な目標が、新製品の導入を阻む状況である。

企業免疫システムは価値があるために、三つの力の中で一番たちが悪い。実のところ、そのようなシステムやプロセスの多くは、大手組織の存続に不可欠なものである。この組織的な免疫システムというのはもちろん、私たちが生きるために不可欠な、生物学的免疫システムに基づくメタファーである。免疫システムがなければ細菌やウイルスに感染し、そのシステムが防いでくれなければ、私たちは死んでしまう。しかし私たち自身の免疫システムでも不具合が起きたり、暴走したり、攻撃的になりすぎたりすることがある。自分自身の臓器を病原体とみなして、攻撃することさえある。このような自己免疫系の性質がたちが悪いのは、自分の生存がかかっているため、排除することができないことだ。同様に組織の免疫システムが攻撃的になりすぎると、排除すると生き残れないというだけにとどまらない。クレイトン・クリステンセンは、著書『イノベーションのジレンマ』の中で、これを違う言い方で表現している。

マネジメントのジレンマの一つは、その性質上、プロセスが確立しているため、従業員が常に一貫した方法で業務を遂行できるようになっていることだ。一貫性を確保するために、プロセスは変化しないように、変えなければならない場合は、厳しく管理された手続きを経なければならないようになっている。つまり組織が価値を生み出すメカニズムそのものが、本質的に変化と相反するのだ。(15)

ある意味では便利ではあるものの、企業免疫システムや、クレイトン・クリステンセンの言う「プロセス」は、「発見・解決・拡大」起業プロセスの最初のステップで、私たちが多くの時間と労力を費やして明らかにした問題に対する解決策についてじっくり考える力を阻害するものだ。

私たちは「企業免疫システム」に頼りすぎている。これは実際の脅威だけでなく、既存の経営手法に対抗する、貴重なイノベーションも排除してしまう。

アパリグラハ：豊富なリソースと距離を置く

私たちは、自分に必要だと思っているほど多くを必要としていない。

――マヤ・アンジェロウ

我々がショーでやるトリックは、事前にやると考えていたものではない。私に呼びかけてくるトリックなのだ。

――テラー（ペン＆テラー）

私たちは日々たくさんの贈り物を受け取っているけれど、それは私たちがずっと持っているためではない。贈り物は動いていてこそ生命を宿すのだ、私たちが分かち合う呼気と吸気のように。

――ロビン・ウォール・キマラー『植物と叡智の守り人』[16]（三木直子訳　築地書館）

ある朝、日曜ヨガのクラスに入っていくと、師匠であるシャナがサンスクリット語のアパリグラハという言葉をボードに書いていた。これはヨガの五つの戒めの一つで、所有しないことや執着しないことの重要性を訴えるものだ。シャナは常に、しがみついたり、欲しがったり、集めたりしたい気持ちが強くなる一二月の休暇のシーズンに、執着しないよう注意することが多かった。アパリグラハはいま持っているだけで十分であり、他人が持っているものは自分には必要ないと自覚するための精神修養である。私が起業家としてアパリグラハを実現するための実践的な方法を尋ねたとき、シャナは以下のことを勧めてくれた。

○自分の呼吸に意識を向ける。吸って吐くという単純な行為から、吸う充足と、それにしがみつく必要はないことを学ぶ。吸っているとこれ以上はできないというところまで来るので、再び吸うための空間をつくるために、吐き出す（手放す）必要がある。新しいものは、その次にやってくるのだ。言い換えると、人生とは満たしては空にすることの繰り返しであり、呼吸はそのためにうってつけの比喩である。自分が観察したこと、経験したことを記録する。

○身の回りに置いている物体に目を向ける。それらはあなたを自由で軽やかな気持ちにさせているだろうか。それともしがみつかれて、重く束縛されているように感じるだろうか。あなたがしがみついているものは、あなたにしがみついていることを忘れずに。一つのものにこだわりすぎると、メンテナンスの問題が生まれ、結局とらわれてしまう。喜びと愛着の違いを経験しよう。

○人や場所、物に対して、一定の充足感や快適さを与えてくれるという期待を勝手に持っていることを認識する。そのような期待が自らを制約し、しばしば不満を抱かせることに気づこう。

○体に筋肉があるように、心にも〝筋肉〟があることを私たちは忘れている。私たちは〝持ち続ける〟ための筋肉を求めすぎている。いま必要なのは、〝手放す〟ための筋肉を強化することだ。心の調子を整えるためには、この筋肉をもっと頻繁に使うことだ。まず小さなことで練習して、より大きなことが起こったときに備える。感情、思考、信念、習慣、物体など、何かに執着していることを自覚し、〝手放す〟ための筋肉を鍛えるトレーニングをしよう。

オプラ・ウィンフリーが言うように、「呼吸する。手放す。そして、この瞬間こそ、あなたが確実に持っている唯一のものであることを思い出す」のである。

このようなアパリグラハのメンタル・エクササイズをすることで、リソースをあまり持たない起業家も、それで十分であるという自信が持て、むしろリソースが豊富すぎるよりも好ましいとさえ思えるようになる。アパリグラハは、本書の冒頭で取り上げたアントレプレナーシップの定義の最後のいま自分で動かせるリソースは問わないを受け入れる助けとなる。

もし豊富なリソースを持っているなら、それを足枷にしないためにはどうすればいいのだろうか。アパリグラハの教えは、アントレプレナーシップを発揮するためにはリソースを捨てなければならないと考えるのではなく、豊かなリソースが自分にとって妨げとならないようにしてくれる。

アントレプレナーシップの最後の部分を思い出してほしい。アパリグラハは、私たち起業家がいま動かせるリソースが多かろうと少なかろうと、気にすることなく行動できるようにしてくれる。

アパリグラハはまた、何ごとにも永遠はないことを強調する。執着しないという仏教の原則のように、アパリグラハで、現在の状況の先を見られるようになる。あるやり方がしだいに習慣化していることを忘れ、それがどのようなものか想像できるようになる。それはアントレプレナーシップとは慣例を変え、ルールを壊して新しいものをつくることであると認めている。ヨガや瞑想でよくやることだが、デボラ・アデルは『ヤマ・ニヤマ　ヨガの10の教え』で、アパリグラハのメタファーとして呼吸に言及している。「呼吸と同じで、長くやりすぎれば、私たちを養うはずのものが毒になりうる。アパリグラハは私たちを誘い、神聖な動きを練習し、その瞬間と完全に親しみ触れることを経験し、その後、それらを手放して次を迎えられるようにしてくれる」[17]

ビジネス・スクールを卒業してすぐ、私は二人のクラスメートとアラスカに二週間滞在した。一週間は人里離れたカッパー・リバーでラフティングを、もう一週間はブラックストーン湾でシーカヤックをして過ごした。これらの体験で難しかったのは、文字通り川や湾の流れに身を任せること、そして天候、動物、道具、食料など、途中で直面する避けられない問題に対処することだった。

私たちのガイドのケヴィンは賢明で物静かな人物で、そのふるまいは、何でも知っていると思い込んでいる生意気な三人のＭＢＡホルダーに影響を与えた。あるときケヴィンは、私たちがいかに、自分たちの計画や、道具、食料、ボートをよい状態にしておくことにこだわっているか指摘した。彼のそのときの助言は「長靴を濡らして、昼飯の上に座れ。そうすれば、もう心配することは何もない」だった。私はそのときその言葉をとても気に入り、いまでもそれは変わらない。それはいま所持しているものに執着し、守ろうとすることの代償についての、本質を突いた言葉だったからだ。彼は昼飯と長靴を水中に放り込めと言ったのではなく、心配や執着を乗り越えて、旅を楽しめと言っていたのだ。「発見・解決・拡大」起業プロセスでは、私は所有しているリソースは何であれ捨てろとは言っていない。しかしケヴィンの言葉に従って、それに思考を支配されないようにする方法を見つけるよう提案している。

ネイティブ・アメリカンの植物学者で『植物と叡智の守り人』の著者であるロビン・ウォール・キマラーが言うとおり[18]「欠乏と充足、それは経済の特性であるばかりでなく、考え方や気持ちの属性でもあるのだ」。

有効期限

⚠の部分で強調してきたように「発見・解決・拡大」起業プロセスの重要なテーマは、妨げになる認知バイアスを乗り越えるのを助けることであり、私は本書全体を通して、ずっとそのための注意を促していく。ボトムアップ・リサーチは、誰もが人間関係に持ち込む偏見を減らす役に立つ。プロセスの早い段階での売り込みや、フィードバックの要求は控えるといった注意は、あせって思いつきの製品アイデアに飛びついてしまう私たちの性質を見越してのことだ。アパリグラハは、執着したり貪欲になったり、豊富なリソースをためこもうとする人間の性質を乗り越えるのに役立つ考え方だ。しかし一方で、理解しにくいものでもある。特に経験豊富なヨガ行者にとっても難しく、一生をかけて習得するものだ。

こうした自然な傾向を認め乗り越える方法を、きちんと制度化しなければならないときもある。マサチューセッツ州ニーダムにあるオーリン工科大学は、一九九七年に設立されたとき、工学教育の改革と、他の有名な工科大との差別化に乗り出した。そのプロセスを開始した当初は、学生の満たされていないニーズをすべて発見できるわけではないと認め、規模拡大のためにリソースを投入する前に、価値提案を繰り返す必要があることを認識していた。現在、オーリン工科大は革新的な工学カリキュラムで有名で、はっきりとした学科を置かず、学際的で、設計とイノベーションを重視している。その教育法は、チームを基盤としたプロジェクトに力を入れている。

開校直後から二〇〇〇年代初頭の成功に溺れることなく、数年ごとに教員たちが集まり、カリキュラムの一部を検討し、場合によっては一からつくり直した。オーリンはカリキュラムの進化を、偶然や、将来の指導者の優れた見識に任せるようなことはしなかった。またその指導者たちに、豊富なリソースを持たないかのようにふるまわせる精神論を強いたりもしなかった。教員たちはオーリンが、時間とともに蓄積されるリソースがあれば、必ず生じる重力、近視、免疫システムという力を乗り越えることは望まなかった。製造会社と同じように、オーリン工科大学はそれぞれのプログラムをどのくらい続けるか、制限を設けた。つまり有効期限を設定したのだ。オーリンのこの厳格な規律のせいで多くのリソースが消滅したため、まったく新しいものがつくれるようになった。大学はリソースが欠乏しているかのような行動をせざるをえなくなったのだ。つまり再び満たされていない、あるいは部分的にしか満たされていないニーズを見つけ、確認し、価値提案をつくるプロセスを再開したのだ。私は、このやり方のおかげで、オーリンのリーダーたちが新たな視点を持てたと言いたい。

ドライブより熱意

私は特別な才能は持たない。ただ強烈な好奇心があるだけだ。

――アルバート・アインシュタイン

あなたがどれだけ親身になってくれるかわかるまでは、あなたにどれだけ知識があろうと誰も気にかけない。

――テディ・ルーズヴェルト

成功する起業家は、自分のやっていることが好きで、起業家としてのアイデンティティに大きな喜びを感じていることが多い[19]。まれに、自分が情熱を注げないことで、起業をしようとする人もいるが、そういう人は失敗する。アントレプレナーシップは簡単ではないのだ。あなたは世界を変えようと、前から人々に難題を突きつけ、惑わし、苦しませてきた問題を解決しようとする。危険を冒し、先頭に立って道を切り開こうとする、それは難しいことだ。ここで公開している内容は学術的な信頼性は高いが、「発見・解決・拡大」起業プロセスは、学術的あるいは知的な活動にはなりえない。感情がなければ、たとえ形だけでもこのプロセスを完遂することはできない。研究所、メイカースペース、社会事業のアクセラレーター、病院、軍事基地、博物館、政府機関、大企業、その他、問題解決を目指すあらゆる状況で、成功するための重大な要素は熱意である。

　私がそれを理解したのは、消費者向け健康・自然製品の業界専門のベンチャー・キャピタリストだったときのことだ。何百というビジネスプランに目を通し、何十人もの起業家に会ったが、誰もが起業のミッションへの熱意にあふれていた。その人の性格タイプによって表現は違っていたが、強烈な熱意があるからこそ、彼らの前に立ちはだかる避けがたい障害を乗り越え、避け、飛び越え、あるいはくぐり抜けられるのだと感じた。がんを治す天然物質を発見したと確信し、ＦＤＡの承認を受けるという煩雑なことをものともしない人の中には、医学の訓練を受けた人もいれば、受けていない人もたくさんいた。長生きのための食事療法を、商品化しようとする人もいた。六〇歳だったが三〇歳くらいにしか見えない人たちで、自分たちがその食事療法の効果の生きた証人となるべく決意していた。そしてこの業界の外部から、天然製品の業界、時代遅れになっていた小売りや流通インフラストラクチャに、自分のスキルを売り込もうと狙っているテクノロジー専門家がどんどん増えていた。そのような懸命な起業家の熱意だけで、投資を決めるわけではないのだが、やはり熱意は必要なのだ。そして投資家として、そう考えるのは私だけではない。ＨＢＳのジョン・ジャチモビッチは、ピッチで熱意を示した起業家のほうが、多くの出資オファーがあるだけでなく、ちょっとした違いで大きな影響があると結論づけている。「熱意の表現の標準偏差が一増えるだけで、その起業家が資金を受け取る可能性は四〇・四パーセントも高くなる[20][21]」

私自身の投資経験では、出会った起業家のほとんどが熱意にあふれていたので、例外のほうが目立っていた。ある有望な起業志望者は、とても立派な経歴を持っていた。エリート大学とビジネス・スクールに通い、コンサルティング会社で市場分析の方法を学んだ。彼はスーパーの食料品のすべての自然食品カテゴリーに、手の込んだトップダウンの分析を行ない、イタリア産自然食品に、満たされていないニーズがあるという結論を引き出した。まだベンチャー・キャピタルの経験が浅かった私は、正直言って、彼の経歴と、まるでビジネス・スクールのケーススタディのように、成長率やら利益率やら製造やら販売戦略やらといった、統計用語を駆使する能力に目をくらまされていた。彼は、すべての条件をクリアしていた。さらにシリコンバレーのベテラン、ランディ・コミサーがドライブと呼ぶ、「やらずにはいられない、あるいはやらなければならないと感じさせて、人々を駆り立てる力」を持っていた。

しかし会議が進むにつれて、別のことが明らかになってきた。たしかに彼のスプレッドシートやチャートには、〝ホッケースティック〟と呼ばれる急上昇する収益予想パターンが示されていた。製造分析では、どんなMBAの学生も笑顔になる利益率を示していた。また業界の専門家の言葉を引用して、特殊な食品市場の成長率が驚異的であると訴えた。しかし彼は頭で会話していて、話の中心は金銭的なことばかりで、彼の心はどこにもなかった。たしかに彼はこの業界のダイナミズムを理解することには長けているようだった。しかしこのチャンスをどうしてもものにしたいと思っているようには感じなかった。また、これをやれば世界がよくなるという主張もなかった。言い換えれば、彼には「抗えない何かに向かわせる」熱意がなかったのだ[22]。自分自身の起業経験を振り返り、目の前の難題を乗り越えることがいかに困難であることが多いか思い出し、彼への出資を見送った。

これは、最初から途方もない情熱を感じなければ、そのプロジェクトを断念すべきだと言っているわけではない。むしろ「発見・解決・拡大」起業プロセスの実践が、隠れた情熱をあらわにして、それを表に出す助けになることもある。どうしても解決したいと思う問題を見つけ、それを実現するための価値提案をつくり、持続可能なモデルを思い描いて開発する。これらのステップすべてが、静かな情熱を反映すると同時に、その情熱を表現し増幅させるための、意義深い方法を提示してくれる。

先ほど紹介した妊婦向けビタミンのスタートアップ、プレママの創業者ダン・アジズに特に目を引かれたのは、医療上のニーズがある人を助けたいという熱意を感じたからだ。プレママへの最大の出資者の一人は、出資を決意したのはダンがいるからで、困難にぶつかっても〝壁を突き破る〟ほどの情熱を持っているからだと言っている。プレママは、その熱意の発見と表現の二つで完成したよい例である。ボトムアップ・リサーチでホールフーズ・マーケットへ行き、妊娠した女性の満たされていないニーズを発見、確認したことが、ダンと彼のスタートアップのチームの中に隠れていた情熱をあらわにしたが、それはもともと直感にすぎないものだったかもしれない。プレママを立ち上げ、規模を拡大し、絶えず価値提案とサステナビリティ・モデルを追求していく中で、その情熱の幅、深さ、影響が及ぶ範囲がさらにはっきりした。それが媒体となり、ダンは情熱を育み、その後もより大きなスケールで表現できるようになった。

合理性と情熱の完璧なバランスを測ったり実現したりするのは、簡単とは限らない。エヴァ・デ・モルが《ハーバード・ビジネス・レビュー》の「成功するスタートアップ・チームをつくるには」というタイトルの記事で書いていることだが、チームが共有する起業家的な情熱を内包するバランスが、優れた業績をあげる起業チームの基盤なのだ。

チームのメンバーの経験（ハードスキル）と、情熱やビジョン（ソフトスキル）のバランスについては、優れたチームが存続するためのスイートスポットがある。チームのメンバーがきわめて優秀で経験豊富であっても、会社のビジョンと合わないために、その知識を共有する気になら

（Wayfinder の厚意により転載）

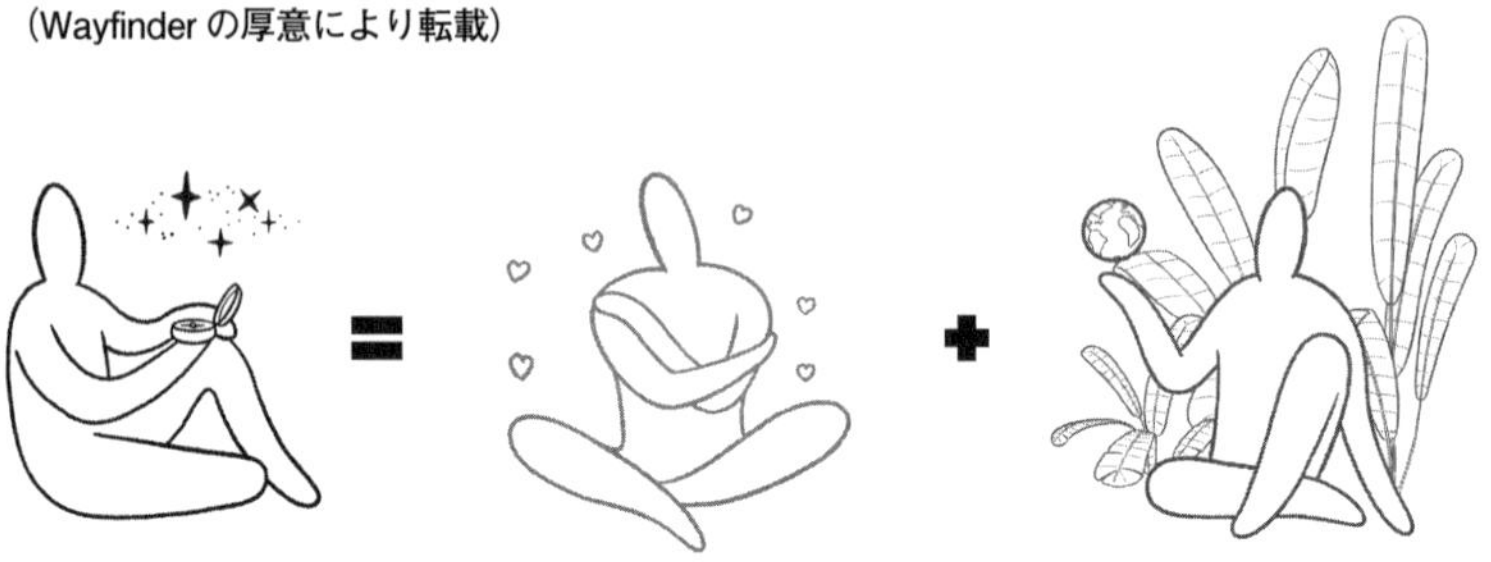

ないとしたら、彼らの知識はビジネスにとって無意味である。むしろ熱意やビジョンの違いは、チームのパフォーマンスを低下させる[23]。

熱意より目的[24]

目的を持って歩いているとき、運命と衝突する。
――ベルティス・ベリー　社会学者・作家、講師・教育者

簡単だと感じられる仕事や職業を見つけたら、自分と世界にとって最高である。幸運にもその場所にいられたら、それが成功というものだ。

――チネデュ・エチェルオ　シリアル・アントレプレナー、ホップストップ創業者

モチベーションに火をつけるには何よりも熱意が必要で、それはまた純粋なドライブよりも好ましいのだが、ここでいくつか注意をしておきたい。第一に、熱意はポジティブな感情だが、ある重大な研究では、あまりにも熱意が強すぎると、起業家の進歩を妨げる可能性が示唆されている。メリッサ・カードンと調査協力者たちは、「起業家の熱意の性質と経験（The

Nature and Experience of Entrepreneurial Passion)」という記事で「ポジティブすぎたり強烈すぎたりする熱意は、起業家の創造的な問題解決を制限しかねない……なぜなら起業家が、他の選択肢をさがすことに抵抗を持ち、それが強烈でポジティブな経験を薄め、混乱させるのを恐れるからだ[25]」。

第二に、投資家はピッチ（プレゼンテーション）のとき熱意を示す起業家を支持する可能性が高く、見せかけの熱意は見抜かれてしまう。投資家は、創業者が本物の熱意を見せるベンチャー事業に出資する傾向があり、そこで嘘をつく起業家が、出資を受ける可能性は低くなる[26]。

第三に、起業家としてのモチベーションを維持するのに、熱意よりも重要なのは目的である。熱意だけでは、回復力や、志が高く長期的な目標を達成するための不屈の精神は育まれない。熱意は感情の状態であり、感情の状態とはその性質上、変わりやすくはかないものだ。一方、目的とは満たされている感覚と、熱意やその他の重要な要素を含む心の状態を言う。熱意そのものは自己中心的で、何かに対する感じ方であるが、目的は自分にとって意義があり、他者にとっても重要である目標が、重なったものだ。

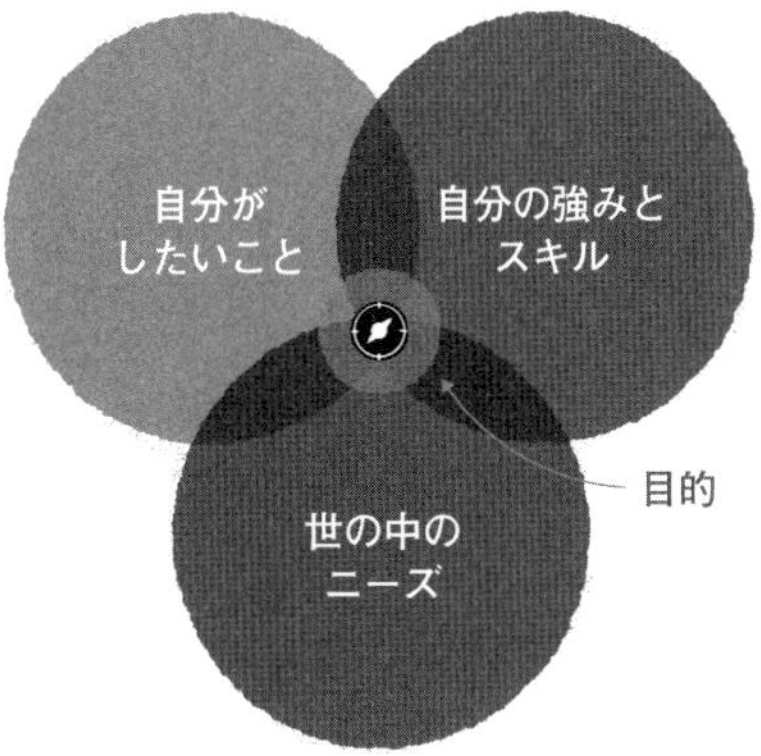

（Wayfinderの厚意により転載）

熱意だけの状態からその先へと広げていく一つの方法は、目的を自分にとって意義深いこと、そして世界にとって重要なことの両方を追求するものとして規定することだ。

たしかに、何を追求するにしても、自分にとって重要なことを反映させるのは重要だが、まわりの世界に与える影響も考慮する必要がある。

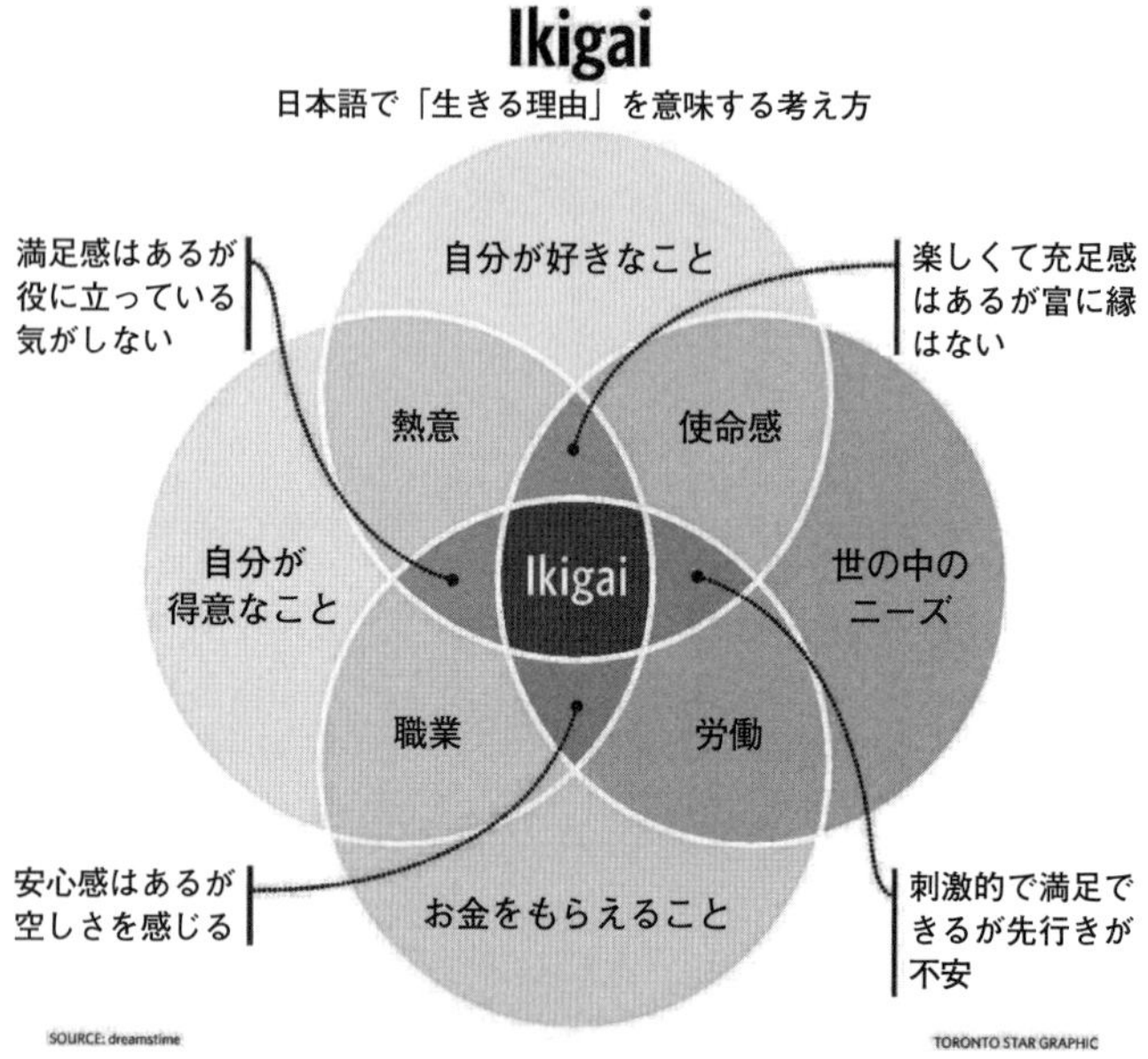

具体的に言うと、目的とは**自分の得意なことと好きなこと**、さらに**世の中のニーズ**が重なる部分である。この〝ニーズ〟という言葉に気づいただろうか。そう、ニーズは「発見・解決・拡大」起業プロセスと重要な関係にある。目的は自分の好きなこと、得意なことへの熱意を、ニーズへの対応へと向かわせ、そちらに集中されるものだ。多くの起業家にとって、もう一つ別の重要な関係は**何で報酬を得るか**である。先に述べたように、日本語の生きがいとは、意義深い生活をおくるための昔からある考え方でこれら四つの大切な要素の調和を重視している。次の図は、そのスイートスポットを示したものだ。

　プレママのダン・アジズについて改めて考えてみると、彼のチームが世界の重要なニーズを見つけ、それを確認したとき、なぜ妊婦特有の医療ニーズを満たすことが、ダンにとって大きな意義を持つことになったのだろうか。なぜプレママが熱意の表われにとどまらず、目的のレベルにまで達したのだろうか。ダンの過去に、彼を突き動かす何かがあったのだろうか。ティーンエージャーのとき彼はカナダにいて、ホッケーがとてもうまく、いずれナショナル・ホッケー・リーグでプレーするのは確実と思われていた。ある夏の晴れた暑い日、友人の別荘でウェイクボードをしていると、ロープが首にからまり、モーターボートに荒っぽく引きずられる形になった。ダンは顔を水につけたまま動けなくなってしまった。幸いなことに、近くにいた人が彼の顔を上げさせて、呼吸を確保させた。ダンは駆けつけた救急車に病院に運ばれて救命措置を受け、命を取りとめて回復した。もうホッケーのような接触スポーツはできなくなったが、ボート競技でブラウン大学チームの漕ぎ手となり、全国大会で勝利した。

　ダンはスポーツを通して〝壁を突き破る〟タイプの生々しいドライブを身につけていたのだ。新しいことを始めようとする熱意がアントレプレナーシップへのこだわりを引き出し、それが彼のアイデンティティの重要な部分を占めるようになった。死と隣り合わせの体験をしたダンの中で、医療問題への強い共感と、それを解決するという目的が大きくなっていった。起業のきっかけが熱意とすれば、その関心を持続させているのが、妊婦が直面する医療問題の解決という目的なのだ。

　目的は熱意を高めてある方向へと向かわせると同時に、私たちの健康にも影響を与える。人生に目的のある成人は、心理的な幸福感、充実感、希望、回復力、人生の満足度が高いという報告がある。さらに目的を持つ人は長生きで、心臓発作、アルツハイマー病、脳卒中の発生率が有意に低いことがわかっている。[27][28]

　また目的はストレスの多いライフスタイルから生じるネガティブな感情から、起業家を守ってくれることもある。[29]カリフォルニア大学サンフランシスコ校の研究員で、起業家でもあるブレイク・ガーフェインは、調査結果をまとめて、次のような指摘をしている。「少なくとも一部の起業家は、大きなプレッシャーやストレスからくる、健康への悪影響から守られているように思える。これは目的のある起業家たちが持つ、高いレベルの主体性に由来する可能性が高い」

起業家につきもののストレスはともかく、アントレプレナーシップとは、目的に不可欠の要素である、ニーズに対処するプロセスである。目的があると人が元気になり、ストレスが軽減し、長生きできるのであれば、それは私たち自身と、起業を通じて影響を与えることのできる世界にとって、アントレプレナーシップは価値あるものであることを裏づける証拠である。

『ランディ・コミサー　あるバーチャルCEOからの手紙』（石川学訳　ダイヤモンド社）では、人生の計画を先延ばしするべきではないと主張されている(30)。たとえば、「私はしばらくあのコンサルティングの仕事をして、まとまった額の資金を貯める。そして数年したら、人生の目的を追求する」と決意する人がいるとしよう。このような人の多くは、ランディが言うところのドライブはあっても熱意に欠け、当然ながら、その間に何をするのかという目的意識もない。さらに悪いことに、その多くが、自分が幸せになり、世の中に貢献できることに立ち戻ることさえできない。

起業に踏み切った人でも、金銭的な結果しか考えないと、人生の計画を先延ばしし続けることになるかもしれない。あのイタリア産自然食品の分野で起業を目指した若者は、食品事業で財を成すという方向に、必要なドミノをすべて並べていた。彼に欠けていたのは、なぜそれが自分にとって重要なのか、そして強力で永続的なニーズを満たすことによって、なぜそれが重要になるのか、という思考だった。

学生たちへの説教

重要な仕事ができますように。

――グロリア・アンサルデュア(31)

君らの時間は限られているのだから、誰か他の人の人生を生きて時間を無駄にするな。
――スティーブ・ジョブズ(32)

ブラウン大学のどの授業でも、私は学生たちが〝説教《ラント》〟と呼ぶようになった話をしている。私は本来、人に説教するような人間ではないのだが、アントレプレナーシップのクラスの学生たちが、レミングの群れのようにまっすぐウォール街やコンサルティング会社へ向かったあげく、幸福感や熱意、目的が見つからないと嘆いているのを見て、この流れを変えるために何かしなければいけないと思った。毎学期、銀行やコンサルティング会社の面接について、学生が助言を求めに来ると、ここぞとばかりに説教を行なう。

私はまず、ブラウン大学でアントレプレナーシップを学ぼうという学生たちは、入学したときは世界でも有数の進取の気性に富む一八歳の若者たちだが、その後の四年間でなぜか、ブラウン大学の卒業生が進む道は、コンサルティングと銀行の二つしかないと思い込むようになることを示すグラフを、ボードに描く。

このような傾向に私は困惑していた。何しろこうした学生のほぼすべてが、受講希望書類の自己PRには、起業家になりたいと書いていたからだ。しかし就職活動の時期になると、その多くがコンサルティングや銀行業は、いずれ起業するためのよいトレーニングになると言いわけして、〝人生計画を先延ばし〟するのだ。私は彼らに、そこは起業に必要なスキルを学ぶ場ではないと宣言する。起業を志すなら、多様なチームをまとめ、製品やサービスを生み出し、ブランドを築き、販売し、資金を調達するといったスキルを習得する必要がある。他のことはともかく、こうした起業家のためのスキルは、コンサルティングや銀行業務では学べない。

学生によっては、粘り強く説得する必要がある。ときにはスポーツにたとえることもある。君がボストン・レッドソックスでショートとして先発メンバーになりたがっていると想像してほしい。その準備として、ボストン・レッドソックス傘下のトリプルAマイナーリーグのチームが試合をする球場で売店を運営すると私に言う。「売店?」と私は反射的に答える。「メジャーリーグのショートになるには、ホームランを打つ、ダブルプレーを取る、盗塁のとき二塁をカバーするといった腕を磨くべきだろう」。すると学生は「違います」と答える。「あなたはわかってない。僕は野球ファンにホットドッグやソーダ、プレッツェルを提供し、野球の専門用語を使いまくり、野球選手のそばにいるつもりです」。銀行やコンサルティングから頭が離れない学生たちは、起業家のそばにいて、起業家特有の専門用語を使いまくるだろう。しかし彼らは起業家のゲームに参加したり、他の環境で起業家としてのスキルに磨きをかけたりすることはない。

これまで論じてきたように、あらゆる状況におけるアントレプレナーシップ——いま自分が動かせるリソースとは関係なく、重要な問題を解決すること——は、こうしたスキルを高める一つの方法である。この本を読んだあと、あなたは起業して、そうした道に進むかもしれない。またベンチャー事業に参加して、自分の力を発揮しつつ、そこから学ぶという可能性もある。たとえばベンチャー・フォー・アメリカ(VFA)は、ブラウン大学の卒業生で元大統領候補のアンドリュー・ヤンが始めたすばらしい組織であり、志ある若者にトレーニングの場を与え、起業家を歓迎して価値を高めようとしている一二を超える都市のどこかに志望者を送り込んでいる。VFAのフェローは、他の現役フェローの集団と、VFA卒業生の貴重なネットワークの一部となる。彼らは継続的に、指導と専門的な能力開発トレーニングを受け、その成果を地域のスタートアップや、コミュニティの機関に還元する。

ジェフリー・ブッシュガンの『スタートアップの世界に参入する　ぴったりの仕事を見つけるための基本的ガイド(Entering StartUpLand: An Essential Guide to Finding the Right Job)』[33]は、スタートアップの世界で仕事を見つけるための優れたガイドである。そこであなたは何か意義深いことで貢献することが可能で、起業家としての重要で価値のある経験を積める。また既存の大手企業や組織で起業家としてのスキルを学ぶことも考えられる。大切なのは、自分自身がスタートアップを立ち上げるとき必要なことを学ぶ機会を提供してくれる場所を見つけることだ。言っておくが、私がいわゆるボトムアップ・リサーチの基礎を学んだのはＰ＆Ｇだった。製品マネジメント、あるいはプロジェクト・マネジメントの業務は、ある問題に対する解決策を詳しく調べ、予算や締め切りを守るトレーニングとなる。あなたが人を雇い、管理し、解雇までする環境にいるのは、自分自身のスタートアップでそれを行なう必要が出てくる前に、どうすればいいかを学ぶトレーニングとなる。こうして学んだことを、いずれ自分の仕事でもやることになるはずだ。体系的なトレーニングをさせてくれる組織をさがそう。トレーニングそのものに価値があることも多く、それがあなたの学びを助けることが最優先であるというシグナルでもある。

よいニュースは、私の〝説教〟のおかげで、多くの学生がコンサルティング会社や投資銀行の誘惑の声に負けず、もっと適した仕事が他にあるのではないかと視野を広げていることだ。銀行やコンサルティング会社に就職したものの、幻滅して戻ってくる学生がいると、私は『ランディ・コミサーあるバーチャルＣＥＯからの手紙』に立ち戻るよう勧める。彼らは講義の最終日に、その本を読んでくるよう言われていた。コミサーは人生の計画を先延ばしにすることの危険性をはっきりと述べている。どれほど熱心に働いても、幸福感や達成感を得られない、少なくとも長期的なビジョンを前に進められない、そして自分の価値観を傷つける方法で売り渡したように感じる。

スタンフォード大学の心理学教授、ビル・デーモンが言うように「現在、大きくなりつつある問題は、実はストレスではない。意義を見出せないことだ」。自分のためになることをしよう。それはランディ・コミサーの本を読むことである。

第五章　ステップ2　解決：価値提案を決定する——そのためのテクニック

〝何か〟だけでなく〝何が可能か〟を考えられるようになったところで「ステップ2　解決：価値提案を決定する」のさらに奥へと進んでいこう。すでに述べたように、このステップは「何」「誰」そして最も重要な「なぜ」という問いに答えるところから始まる。「始まる」と言ったのは、プロセスのこの部分はまっすぐ進まない傾向があるからだ。ステップ1で特定した問題を、二つ以上の角度からアプローチする必要があるため、何度も同じことを繰り返さなくてはならない。そのためこの章では、解決策を編み出し、価値提案の三つの問いに答えるのを助ける、いくつもの違ったテクニックを紹介していく。私の父が自転車のチェーンを修理してくれた話を思い起こせば、これらのテクニックの一つ一つを極め、自分が置かれた状況に細かく当てはめて活用したいと思うかもしれない。あるいは一つのテクニックの要点を把握して、すばやく済ませたいと思うかもしれない。

これから紹介するテクニックの第一は、ジオグラフィック・フォロワーになること。これを聞いて驚く人もいるかもしれないが、何かをゼロから発明する必要はない。むしろ誰かが他の場所で考案したものを土台にして、自分がいる状況に合わせてつくり直してかまわない。第二は、「発見・解決・拡大」起業プロセスの利点がその構造にあるように、体系的創造的思考（ＳＩＴ）は私たちの創造的な思考を構造化し、ある意味、いくつかの共通するパターンに絞り込んでくれる。第三に、ノミナル

・グループ・テクニックは、ブレーンストーミングに代わる構造化されたテクニックである。第四に、オープン・イノベーションは、他人の知識を活用して、トリビア・ゲームのベンチャー企業を成功させた、ボブ・ライスのやり方を基礎とするものだ。そして最後に、「恋に落ちるのではなく、好きになる」という言葉は、失敗しても早めに見切りをつけ大きな損失を防ぐ助けとなる。

ジオグラフィック・フォロワー

未来はすでにここにある――ただ平等に分配されていない。

――ウィリアム・ギブスン　ＳＦ作家

世界中が昔ながらの大きなパーティーをしている間に、数人のアウトサイダーと変人たちが……経済の中心にある巨大な嘘を見抜き、他のカモが思いもよらないことをやることで見抜いていた。……彼らは見たのである。

――『マネー・ショート　華麗なる大逆転』プロローグ

起業を目指す人々、特にテック業界の人の多くは、ゼロから何かを発明しなければ、本物の起業ではないと信じている。しかし成功するスタートアップ事業の多くが、他の場所で同じような問題に取り組んだ、先行者の知見や成功を利用していることがわかっている。

第二章で紹介したゲームクリエイターのボブ・ライスはトリビア・ゲームで財を成したが、このジャンルを発明したわけではない。むしろ彼はカナダでトリビアル・パスートが流行しだしたのを見て、そのコンセプトをアメリカ市場に持ち込もうと考えたのだ。ボブは仕事を続けている間ずっと、カナダからアメリカへのコンセプトの移動についての鋭いパターン認識力を高めていた。そして市場がはるかに大きいアメリカでは、同じ製品が一〇倍も売れることも知っていた。ボブのベンチャー事業は、研究室や工房ではなく、カナダで製品のコンセプトに注目するという経験から生まれた。ボブが講座に来てくれたとき、自ら「これはスクラブルのボードにある単語の最初と最後に文字を追加して、その分のポイントを稼ぐようなものです。他人の成功の秘訣に乗っかるのは恥ずかしいことではありません」と話していた。

だからといって、差別化された価値提案、つまり競合他社とはまったく異なる価値提案を作成しなくていいというわけではない。ボブ・ライスと彼のチームが開発したトリビア・ゲームは、先駆けのトリビアル・パスートに触発されたものだが、そのフォーマットも遊び方も異なっていた。ボブは自分でつくったゲームを改良し、製造可能性や販売方法まで向上させた。彼は《TVガイド》と提携して、その知名度と一七〇〇万人という定期購読者を取り込もうと、「TVガイドのTVゲーム」と命名した。カナダの状況をじっと見ていたことが、そもそもボブが価値提案を作成する重要なカギとなった。

私は何年も前から、北京大学の留学生がブラウン大学を訪れる際に、その一行を受け入れているが、R&Rというトリビア・ゲームの会社の話をするとき、起業家がゼロから何かを発明する必要はないという考え方を聞くと、彼らはひどく驚く。彼らは「発見・解決・拡大」起業プロセスを熱心に学ぼうとするが、その多くはエンジニアリング専攻の同僚たちと同じバイアスを持っている。つまり最初のステップは何かを発明することだと考えているのだ。R&Rについての話で、もしボブ・ライスがトリビア・ゲームのコンセプトを発明しなかったというのなら本当は何をしたのかと聞かれると、それほど複雑なことはしなかったと、私は言っている。彼はチャンスを逃さないよう目を光らせていたのだと。そして私は中国人の留学生にも同じことをするように勧めている。アメリカにいる間、ずっとブラウン大学のキャンパスにいるのではなく、街へ出てプロビデンス・プレイス・モールやホールフーズ・マーケットを訪れ、ボブがしたのと同じことをするべし。チャンスを見逃さないよう目を光らせるのだ。

彼らは北京にないもの、故国に持ち帰れるコンセプトをさがす。また北京にはあるがアメリカにはないものもあり、それをアメリカで再現できるかもしれないことにも気づく。当然だが、私は誰かのコンセプトを盗んだり、その知的財産を侵害したりせよと言っているわけではない。人気のあるものを他の場所でも利用できるトレンドとして注目せよと言っているのだ。ようするに、新しい目で見る必要があるということだ。

簡単そうに思えるだろう。しかしボトムアップ・リサーチと同じように、この方法で観察することには、新しい筋肉を鍛えることが含まれている。カナダでトリビアル・パスートの人気が高まっていることを見ていたのは、ボブ・ライスだけではない。何千人もの消費者がすでにそのボードゲームを買っていたのだ。ボブはこの業界での経験をもとに、この初期のトレンドに気づいて、このゲームのコンセプトをアメリカ市場に持ち込めば一〇倍売れる可能性を見出し、またそれを実現するために少ないリソースをどう活用すべきか知っていた。

このような、他の場所でのトレンドに注目するという考え方は、価値提案をつくるための正当な方法の一つである。これこそが**ジオグラフィック・フォロワー**なのだ。まねることでビジネス・モデルを発見、改良するため、そのモデルを適切な場所で再現するのに必要な要素を抜き出し、知識移転を習慣化する能力を高め、いったん再現できたらそのモデルを運用し続ける。[1] 自分に技術的な才能がないと悩んでいる人でも、これを知ることでアントレプレナーシップについて、また特に価値提案をつくることについて、全体として違う考え方ができるようになるかもしれない。

技術的な才能を持っている人でも、この考え方を知るといいことがある。その才能を使ってゼロから何かを発明しなければならないというバイアスから解放されるということだ。このような起業家の例として、ブラウン大学の化学者クリストフ・ローズ・ペトラックがいる。彼は研究室で数多くの画期的な発見を成し遂げた。その彼が丸一日の起業家プロセスのワークショップに参加し、自分の研究を起業に結びつける方法を学びたいと、私に言ってきた。彼にとって最大の発見は、R&Rの議論のこの発想の転換だった。クリストフが気づいたように「画期的な新発見をしなくても起業家になれる。既存のコンセプトを別の目的に使うことが成功につながる」のだ。これでクリストフは、自分が発明していない技術で、違う使い方ができるものに目を向けるようになった。たとえば従来のX線より、はるかに優れた画質で、詳細な画像が映せる位相コントラストX線イメージングは、何十年も前から多くの物理学や化学の研究室で一般的な技術となっていた。クリストフは新たなスタートアップ、リサーチ・インスツルメンツ・コーポレーションで、この画像技術を違う方向から見て、医療や製造といった、新しい分野へ応用するようになった。

デイビッド・エプスタインは著書『RANGE（レンジ）　知識の「幅」が最強の武器になる』（東方雅美訳　日経BP）の中で、次のような指摘をしている。「外国で仕事をしたことのある科学者は……そうでない科学者より、科学界に大きな影響を与える可能性が高い。このトレンドを調査した経済学者たちは、複数の場所を経験した人は、〝先物取引〟の機会、つまりある市場にあったアイデアを、それがもっと希少で価値が高くなる別の市場に持ち込むチャンスを持っていることが、理由の一つであることを示唆している(2)」

体系的創造的思考

「あなたは私たちの人生をソネットにたとえているのですか？　形式は厳格に決まっているけれ

ど、その中に自由があると？」

「そうです」とミセス・ワッツィットは言った。「形式は与えられているけれど、詩は自分で書かなければいけない。何を言うかは完全にあなた次第よ」

――マデレイン・レングル『ア・リンクル・イン・タイム』(3)

タイド、ドーン、プレママのボトムアップ・リサーチの例で見たように、起業家は自分が解決しようとしている問題が、既存の製品やサービスから集めた発見に由来していると気づくことがある。何十年も、洗濯用洗剤の箱の側面をナイフで刺して穴を空けていた女性は、問題は服の洗濯ではなく、箱の機能にあることを示してくれた。食器用洗剤で果物や野菜を洗っている人がいること、それは既存の製品では対応できないことがわかった。ダン・アジズとプレママの創業者たちが発見したのは、妊娠した女性は胎児に必須の栄養素を与えなければならないという事実ではなく、現在の妊婦用向けビタミン剤の供給メカニズムに欠陥があることだった。既存の製品やサービスの見直しは、価値提案を生み出す強い力となる。

その際に障害となるのは、二〇世紀初頭にドイツの心理学者カール・ダンカーが固定観念と呼んだものだ。これは問題解決の助けとして、ある物をそれまでとは違う用途に使うことへの認知バイアスや心理的抵抗感である(4)。彼が行なった有名なロウソク実験では、被験者に画鋲がはいっている箱、ろうそく、マッチを渡し、火のついたろうそくを壁に固定するよう指示した。ただしそのとき、ろうが下のテーブルにたれてはいけない。たいていの人はろうそくを壁に鋲で留めようとしたり、溶けたろうで壁にくっつけようとしたりして失敗する。ここでのポイントは、箱を鋲の入れ物として使うのではなく、火を灯したキャンドルをそこに立て、箱を壁に鋲で留めるということだった。重要なのは固定観念を捨て、箱について鋲をいれる容器以外の用途を考えることだった。

体系的創造的思考（ＳＩＴ）の方法論は、まさにそれを行なうための取り組みである。それは私たちの固定観念を見つけてそれを壊し、新しい価値を築く、あるいは従来の価値を、新しい有益なやり方で伝える助けとなる。「発見・解決・拡大」起業プロセスと同じように、ＳＩＴは直感に反しているように思えるかもしれない。私たちの創造的思考を構造化し、少数のありがちな創造の型に絞り込むことを求めるものだからだ。ジェイコブ・ゴールデンバーグ、ロニ・ホロウィッツ、アムノン・レバフ、デイヴィッド・マズルスキーは、二五年にわたる研究と、さまざまなタイプの起業家チームとの幅広い創造プロセスの経験に基づき、ほとんどのイノベーションに当てはまる、反復的なパターンを観察し発見した。彼らは創造チームのプロセスを、これらの共通パターンに従って構造化し、訓練することで、画期的なアイデアが生まれ、成功がもたらされることに気づいた。以下はアムノンの言葉である。

ＳＩＴの方法論とイノベーション・ツールキットの中心には重大な考えがある。創意に富んだ解決策には共通のパターンがある、というものだ。創意に富んだ解決策は何が違うのか、ではなくむしろ、何か共通点があるのではないかということに目を向けることで、ＳＩＴの核となる五つの思考ツールが開発された[5][6]。

ＳＩＴの構造的かつ創造的な手法における五つの思考ツールとは、減らす、増やす、分割する、タスクの統合、属性の関連づけと定義されている。

私が〝解決〟のステージにＳＩＴを含める理由の一つは、ゴールデンバーグとマズルスキーの研究によって、きわめて革新的な製品の二つのグループに、非対称性があることが確認されたからだ。最終的に成功した製品では、これら五つのＳＩＴのパターンのいずれかで説明できる割合が高く、うまくいかなかった製品では、これらで説明できない割合が高かったのだ。[7] もし大投資家がこれら五つのＳＩＴテンプレートに合致した製品やサービスを提供する企業に資金をつぎ込んだら、どれほどのものを得られるか想像してほしい。もしあなたが大きな組織に所属しているなら、どの新製品やサービスが内部リソースを割くに値するか判断する力を、ＳＩＴで養うことができるだろう。もしスタートアップ企業にいるのなら、より成功の可能性が高い製品やサービスを発明、改良する力がつく。

『インサイドボックス　究極の創造的思考法』（池村千秋訳　文藝春秋）の共著者でドリュー・ボイドは私に、とても重要なことを説明してくれた。これは設計のテクニックではないということだ。ＳＩＴは独創性のテクニックであり、そのツールは私たちの固定観念を捨てさせ、特定した問題を解決するのを助けるものだ。ＳＩＴはひらめきと利益を生み出すものだ。固定観念を打ち破れば、新しい製品やサービスの設計にもっと集中できるようになる。

> あるもの（物体、アイデア、サービス）をそれまでとは違う用途に使うことへの認知バイアスや心理的抵抗感を固定観念というが、それにとらわれると、問題の解決策を見つける能力が阻害される。

減らす

最初のツールである「減らす」には、既存の製品やサービスから基本的な要素を取り除くことや、既存の要素をアレンジして新たに便利な使い方を見つけることが含まれる。「部品や属性を加えて製品を改良しようとするのではなく、特に好ましいもの、あるいは不可欠とさえ思われる部分を取り除くのだ」。ボブ・ジョンストンが、このプロセスの初期段階では実現可能性を厳しく問わないよう戒めているように、ここでドリュー・ボイドは、この新しい製品やサービスの利点にだけ目を向け、どう使うかは考えないよう戒めている。たとえばハイチェアの脚をはずせば、持ち運びしやすい小さな椅子になり、テーブルに取りつけられるという利点があることに気づく。[8]銀行の窓口係をなくすとATMが出現する。めがねのフレームをなくすとコンタクトレンズになる。レオナルド・ダ・ヴィンチはこのことを理解して、次のような言葉を残している。「詩人が完璧なものを生み出せたと知るのは、加えるものがなくなったときではなく、取り去るものがなくなったときである」

減らすことから始める理由は、ここも直感が私たちを惑わせる領域だからだ。組織行動学の専門家であるガブリエル・アダムズとバージニア大学の彼女の同僚が八つの実験を通して、次のことを実証した。私たちは往々にして何かを加えて製品を複雑化してしまう傾向があるが、むしろ減らしたほうがよりシンプルで優れた解決策を生み出すことが多い。[9][10]

私がこれを書いているのは新型コロナ禍で、ある種の「減らすこと」を経験しているさいちゅうだ。パンデミックが起こる直前、ブラウン大学は教職員を対象に、オンライン授業についてのアンケート調査を行なっていた。それによるとオンライン授業に前向きな回答は二〇パーセントに満たなかった。ところがほんの数カ月後、何の事前通告もなしに、一〇〇パーセントがオンライン授業をしていた。パンデミックのおかげで、ブラウン大学のキャンパスという、ほんの数週間前には不可欠と思われた物理的なインフラを、全員が使えなくなってしまった。そのためズームのようなオンライン・プラットフォームを活用して講義を行ない、私たちのセンターのビデオを提供する以外に選択肢がなくなってしまったのだ。

一部の人々にとって、準備の時間がほとんどない中で、これはとても困難な状況だった。しかし物理的な場所の制約がなくなったことで、これまでとは異なる、ある意味で、より効果的な方法で授業を行なえるようになったと感じる人もいる。オンライン機能によって、アンケートやグループ分け、遠隔地からの参加が可能になった。減らすことはアパリグラハと同じように、ありえないと思えるほど少ないリソースを活用して、ためこもうとする傾向を抑えるための実践方法と思われるかもしれない。

⚠ 創造的なプロセスで、私たちは何かをつけ加えて、製品をより複雑にしてしまう。むしろ減らしたほうが、よりシンプルで優れた解決策を生み出すことが多い。(11)

増やす

ＳＩＴが発見した広く行なわれているイノベーションのパターンは、前述の「減らす」の逆を行なう。既存の製品やサービスのある部分をコピーして、それを質的に変えるのだが、最初は意味をなさないことが多い。このツールの二つのキーワードは、「より多く」と「違い」である。製品の中にすでにある部分（一つでもそれ以上でも）の数を増やして、それまでと違うものを生む何らかのパラメーターに従って変更する。ごみをリサイクルするものとしないものに分別できるダブルダストボックスは、この「増やす」の例である。すでにある部分（ボックス）と同じものを増やして変更し、より便利で新しいものにしたのだ。もう一つの例は、ジレットの両刃カミソリである。ＳＩＴの定義によれば、剃る面を一つ増やすのに、刃をもう一枚つけるのでは十分でない。既存の刃を両側につけて、違う角度にセットし、もう一方でさらに深く剃れるようにするのだ。[12]

分割する

広く行なわれているイノベーションのパターンの第三は、製品やサービスの構成要素を切り分け、アレンジを変えて新しいバージョンをつくることだ。ドリューが指摘しているが、人は自然にこうした分割を行なっているので、このテクニックはごく当たり前に感じる。机に引き出し、引き出しの中にハンギング・フォルダと、細かくわけていく。プリンタとインクカートリッジを分け、カートリッジをさらにブラック、イエロー、マゼンタに分ける。この分割というツールを使うことで、違う構造を考えざるをえなくなる。それは製品やサービス全体のレベルであったり、個々の要素のレベルであったりする。リモコンはチャンネル変更、音量調整、デバイス選択を、より便利で持ち運びが簡単な装置に移行する、〝機能の分割〟の例である。搭乗手続き、手荷物検査、搭乗券発行を、乗客が自宅でできるようにした航空会社は、分割の一形態を経験している。[13]製品を構成要素に分割することで、それを新たに再構築する自由が生まれる。そして状況に応じて作業を行なう自由度が増すのだ。昔のハイファイはスピーカーとターンテーブルが一つのキャビネットに収められていたが、スピーカー、チューナー、CDやカセットテープ・プレーヤーがモジュール式になり、ユーザーはサウンドシステムを自分好みにカスタマイズできるようになった。[14]私が好きなのはドリューがあげたドローンの例で、二つの異なるアプローチの分割をあげている。まず機体とパイロットを切り離しているという意味で、場所の分割、そしてフライトが事前にプログラミングされ、実行はずっとあとになることが多いという意味で時間の分割だ。分割を行なう場合、最初は理由を考えずにアレンジして、あとでそうするメリットは何か考えることだ。

タスクの統合

既存のリソース（製品やサービスの構成要素、あるいは身近にある何か）に新たな作業をさせることが、ＳＩＴチームが見つけた四番目のイノベーションのパターンである。トーマス・エジソンは、門を改造して近くの給水ポンプにつなぎ、誰かが門を開けたり閉めたりすると、水を汲み上げられるようにした。これはリソースが限られている環境でよく見られ、人々はタスク統合のアプローチを使って、何かの最後の一片まで使い切ろうとする。たとえばベドウィンはラクダを輸送や通貨として用い、乳を搾り、皮をテント、日よけ、風よけにする、糞は燃やして燃料にするなど、さまざまなタスクに使っている。リソースが豊富な国ほど、個々のタスクに一つのリソースを使う傾向がある。たとえば日焼け防止の機能を加えた化粧水は、タスクの統合の一例である。また前述した食器用洗剤の例も、消費者が野菜や果物を洗うために使用した場合、タスク統合の一形態と考えられるかもしれない。

ドリューはタスクの統合を、バンドリング（スイス・アーミー・ナイフのように、もともと分かれている道具をただ一つにまとめたもの）や、違う用途に使うこととは考えないよう釘を刺している。別の作業を加えることで、新たな製品やサービスの価値が高まらなくてはならない。

属性の関連づけ

降雨量に応じて速度を変えるワイパーは、一般的なイノベーションのパターンの五番目、「属性の関連づけ」に沿った製品の一例である。他のＳＩＴのパターンのように、製品やサービスの構成要素に注目するのではなく、製品や構成要素の中で変化しうる性質（例：色、サイズ、素材、機能）に関わる。製品の属性の間に、通常は存在しない新しい関係をつくったり、存在している関係を修正あるいは解消したりすることで、革新的な思考を刺激することができる。一方が変化すると、もう一方も変化する。これらの製品やサービスの二つの内部属性、あるいは変速式のワイパーの例のように、内部属性と環境の属性である場合に可能である。両方の属性が環境（たとえば時間と天候）に関わるものだと、人がコントロールできないのでうまくいかない。

ごくふつうのメガネを考えてみよう。レンズの色と外部の明るさにはもともと依存的な関係はない。レンズの色（内部属性）と日光（環境属性）の間に依存的関係を生み出すと、日が当たると色が変わる調光レンズを思いつく。それがあれば日差しが強い日に使うメガネを買わずにすむ。[15] ハッピーアワーはサービスの例だ。飲み物の価格（内部属性）が、時間（環境属性）が変化すると安くなる。最近のスマートで調節可能な製品（たとえば車のシートや他の装備を調節する異なるキーレスリモコン）は、属性依存のよい例だ。

ＳＩＴは少し俳句に似ている。俳句はすべて三行で構成され、最初の一行は五音、二行目は七音、三行目は五音でなければならない。このような制約は詩の創造性を制限してしまうと思うかもしれないが、実はその制限がドラマチックな結果を生じさせるのだ。たとえばこれは、松尾芭蕉（一六四四〜一六九四）の最も有名とされる俳句である。

古池や
蛙飛び込む
水の音

同様に、ＳＩＴの構造化された五つのテンプレートに思考を限定すると、創造性が制限されると考えるかもしれない。しかしＳＩＴのアプローチに従えば、チームの創造力の泉をあふれさせ、特に既存の製品やサービスについて満たされていないニーズを発見し、確認しようとするときそれが顕著である。

アムノンと彼のチームは「機能は形態に従う」という言葉を信条としている。クライアントの固定観念を壊すために、まずこの五つのアプローチを用いて製品の形態を変更し、新しい機能を生み出す。ご存知のとおり、私はまず満たされていないニーズを見つけることに集中し、使い道のない解決策をつくらないよう注意している。「発見・解決・拡大」起業プロセスは、さまざまなものを混合してバランスを取っている。あなたがボトムアップ・リサーチで既存の製品やサービスに関わる、満たされていないニーズを見つけて確認したら、五つのＳＩＴのテンプレートを、価値提案をつくるさいのツールとして検討することを勧める。

たとえば、プレママのチームのダン・アジズは、妊婦用ビタミン剤のカプセルに不満を持つ女性に出会ったとき、「減らす」の手法を用いてビタミン剤の供給メカニズムをつくり直した。彼らはカプセルを〝不可欠な要素〟と認め、それがない製品を想像した。次のステップとして、私は食品開発の専門家であるマニー・スターンに連絡を取らせ、彼らは協力して〝カプセルなし〟のビタミン剤をつくるならどのようなものになるかを考えた。飲みやすいだけでなく、おいしくて亜鉛のような口当たりの悪い成分を隠せるさまざまなフレーバーを開発した。その結果、開発されたのが粉末状のビタミン剤で、もう不可欠とみなされなくなった要素を取り除くことで、妊婦にとってより価値のあるものとなったのだ。

ディア・ケイトのタスク統合

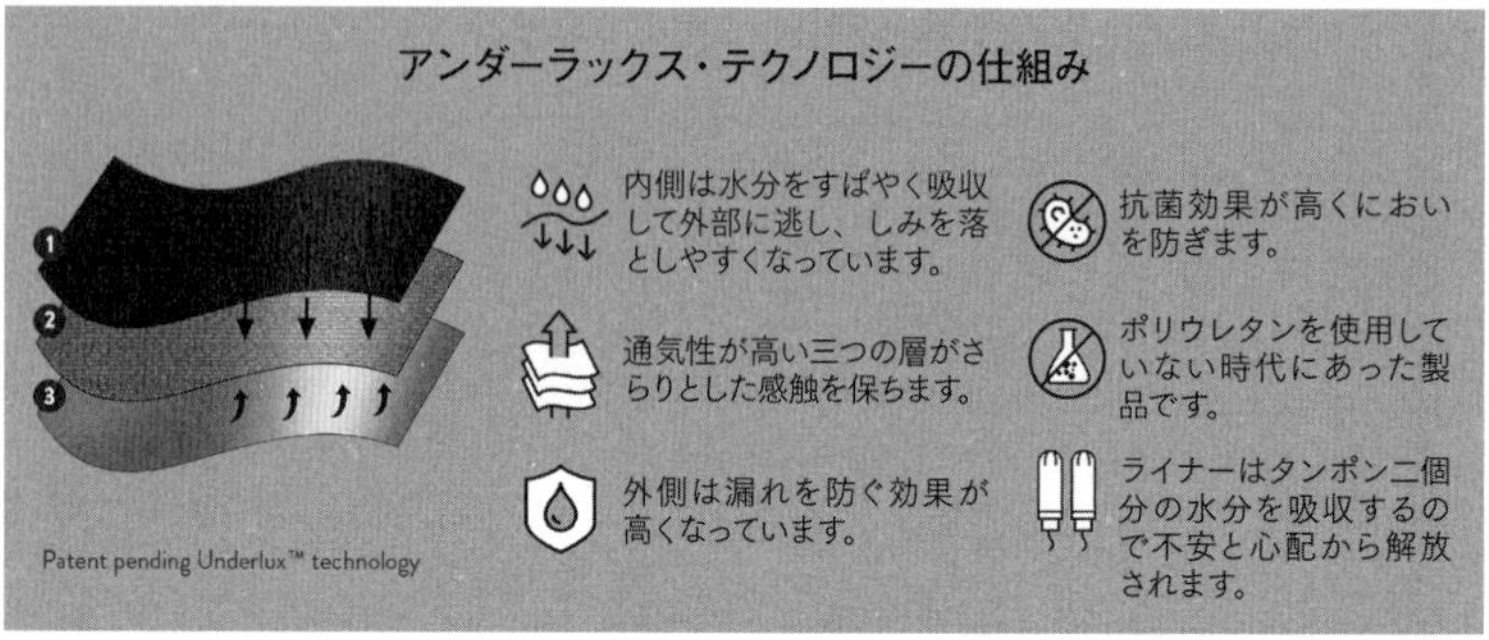
アンダーラックス・テクノロジーの仕組み
内側は水分をすばやく吸収して外部に逃し、しみを落としやすくなっています。
通気性が高い三つの層がさらりとした感触を保ちます。
外側は漏れを防ぐ効果が高くなっています。
抗菌効果が高くにおいを防ぎます。
ポリウレタンを使用していない時代にあった製品です。
ライナーはタンポン二個分の水分を吸収するので不安と心配から解放されます。
Patent pending Underlux™ technology

ここでもう一つの例をあげよう。ブラウン大学の化学工学部の学生だったジュリー・シギールは、二〇〇八年に私が開催した起業プロセス講座を受講するまで、起業とは無縁の生活をおくっていた。この課程が終わるころには、ジュリーとそのベンチャー・チームは、人口の半分が抱える、満たされていないニーズ（経血の漏れやしみ対策）を発見し、確認していた。そしてその問題を解決するための、特別な種類の下着を提案した。

私は人口の残り半分に属しているので、ジュリーとチームが十分に大きく考えて、問題の解決策を提示しているのかよくわからなかった。「これは大きなチャンスなのだろうか？」私はそう聞いたことを覚えている。「いったんこの案を持ち帰って、女性の下着の会社が大きな影響力を持ちうることをすでに実証している会社をさがしてみたらどうだろう」と提案した。ジュリーと彼女のチームはそこで屈せず、画期的なシェイプアップ・パンツとレギンスを開発した女性用下着メーカーであるスパンクスが、当時すでに二億五〇〇〇万ドルの売上をあげている事実を見つけてきた。

さらにあらゆる年代の女性たちと生理について話し合ったり、大学のトイレの個室に自由形式のアンケートを置いたりして、ボトムアップ・リサーチを行ない、タスク統合の手法で、パンティライナーやナプキン、その他の生理用品に備わっている機能をまとめて組み込んだ下着のシリーズを開発した。彼女たちはディア・ケイトというベンチャー企業を立ち上げた。そのウェブサイトには同社の製品について次のような説明が載っている。

ディア・ケイトのすべての下着とアクティブ・ウェアに、漏れや染みを防止する優れたアンダーラックス・テクノロジーが組み入れられています。

私たちの体からは、血が流れる。汗が流れる。でもそれで何かをあきらめたりしない。

夜中にタンポンから漏れて、お気に入りだった服が台無しになってしまうような日々にさようなら。ディア・ケイトの商品は生理のとき使うのにぴったり。タンポン二つ分の水分を吸収します。軽い日にはナプキン代わりに、重い日には漏れ対策として使えます。

オープン・イノベーションは、専門家を巻き込み、モチベーションを高め、困難な問題を解決する

私が知る限り、SITはチームでイノベーションを目指すための最も効率的なテクニックの一つである。しかしチームの枠を超えて事業を拡大するには、どうすればいいのだろうか。オープン・イノベーション・コンテストは、多様なバックグラウンドを持つ専門家を巻き込み、モチベーションを高めて難題を解決する手法であり、二一世紀の価値提案作成のツールとして、武器の一つに加えておきたい。たとえば米国医師会が発行している《JAMA》に掲載された「放射線治療ターゲティングのための、人工知能を基盤としたソリューション開発へのクラウドイノベーション〔企業が取り組む課題

を掲載し組織外からの参画者を募る〕の利用」という記事で、がん研究者がトップコーダー・コム（Topcoder.com）に投稿したコンテストについて報告している。これは一〇〇万人を超えるプログラマーが集うコミュニティで、オンラインのアルゴリズムのコンテストを開催している商業用プラットフォームである。この独特のコンテストでは、肺がんに関する複雑な問題の解決策を募集し、総額五万五〇〇〇ドルの賞金が用意された。上位五つのアイデアは、ＡＩ的なアプローチだったが、どれも腫瘍医による臨床サービスに劣らないものを提供していた。「これらのＡＩアルゴリズムにより、専門的な臨床医のスキルをリソースの乏しい医療環境に移して、全世界でがん治療法を向上させることが可能になるということだ[16]」

ではオープン・イノベーションと「発見・解決・拡大」起業プロセスの、明確な関連性は何だろう？　そこにいるがん研究者たちは、彼らが直接動かせるリソースより多くの、問題解決のための創造的リソースを活用することができたのだ。プラットフォーム上の一〇〇万人のプログラマー、特にがん研究のコンテストに登録した、六二カ国からの五六四人の参加者、実際にソリューションを提出した三四人、そして賞金を獲得した上位五人。さらにここにあげた人々は、成功する起業チームに不可欠な多様性が表れている（これについては第七章で詳しく説明する）。またトップコーダーへの参加者の多くは、あらゆる業界のあらゆる分野における画像処理問題で、定期的に競争している。トップコーダーのプラットフォームは、多様であるのはもちろん「その領域外の専門家も指定して集めていた[17]」。そのような専門家は、（キャスパー・マットレスのルークとニールのように）自分たちがあまり知らないこと、この場合はがん領域の知識ベースを活用することができた。

こうしたプラットフォームへの参加者の動機は何だろう。ハーバード・ビジネス・スクールのカリム・ラカーニ教授は「主な動機は金銭的なものだが、他の要因もある」と述べている。「コンテスト参加者には、コミュニティに属していたい人もいる。またプラットフォームでのランキングや、トップレベルのコーダーに勝って認められたいという人もいる。負ける人がほとんどのわけだが、そこにいる人は絶えず競争している」[18]。トップコーダーのようなプラットフォームのように楽に始められるようになったため、オープン・イノベーションを通したクラウドソーシングが一般的で効率的なもの、私たちの用語で言えば、問題解決のための起業家的アプローチとなりつつある。

ベンチャー事業を構築するための価値提案の演習

価値提案プロセスのこの段階では、画期的な問題解決を阻もうとする人間の性質を乗り越えるための適正な考え方を重点的にとりあげている。体系的創造的思考（ＳＩＴ）やその他の創造的なイノベーション・テクニックを通して、解決策案を練り始めている。ここでは価値提案の構成要素を補強し、それを伝えるための仕組みをつくる助けとなるよう、私の学生やワークショップ参加者が行なっているエクササイズを紹介しよう。これは前述した価値提案の構成要素を利用していることに気づくだろう。

以下のフォーマットを使って、明確なベネフィットに焦点を当てた文を書いてみよう。

第一文——誰・何・なぜ

誰のための製品なのかを明確にして、そのベネフィットを伝える。
具体的な数字を入れる、サービスのカテゴリーの特徴を説明する。

「〇〇〇（製品名）は、〇〇〇〇〇の問題を抱える（何百万もの）人々のための、〇〇〇〇〇（解決策）を提供する製品（あるいは）サービスです」

第二文――顧客の信頼を得られる理由

なぜ顧客がそれを買おうとするのか信じられる理由を書く。

「お客様がこの製品がベネフィットをもたらしてくれると信じる理由は〇〇〇〇〇だからです」

第三文――差別化

他社の類似製品と大きく違っている点を書く。

具体的な数字の情報を入れるのが望ましい。

「〇〇（ライバル会社）の製品とは違い、私たちの製品は〇〇〇〇〇のような特徴があります」

このエクササイズを起業家プロセスの講座で一学期間かけて行なう場合、私から意見を伝え、受講生は何度かこの作業を繰り返す。私にしては珍しいことだが、このエクササイズに関しては、細かいことまでこだわり、きっちり指示に従うことを求める。この段階をいい加減にしてしまうと、このあとのプロセスがうまくいかず、結局はまたこの段階に戻ることになる。誰の問題を解決しようとしているのか明確でなければ、効率よくターゲットを絞って顧客を獲得することができない。何の問題を解決しようとしているのか、正確に把握できなければ、マーケティング・メッセージが伝わらず、悪くすれば使い道のない解決策になってしまうかもしれない。ターゲットとなる消費者がなぜあなたの製品を欲しがるのか、彼らが使うであろう言葉で答えられなければ、あなたはドリルの刃を売ろうとしていて、穴のことは考えていないのかもしれない。だからエクササイズの指示には、きっちり従ってほしい。たとえば最初に誰のための商品かを明らかにしていなければ、すでに間違った方向に進んでいる。

第二に、利点を明白にして、あなたが信じる現実的な理由を提示し、他製品との違いを印象的な言葉で伝える。

あなたの製品やサービスと、ライバル会社の物との違いを、数字を使って説明するよう求めていることに注目してほしい。質的な違いをあげていくと、安易になりやすい。数字を使って説明しようとすると、自分の製品と他社製品との違いを、より深く掘り下げなければならない。数字での表現は、インパクトのある違いを伝えるための、インパクトのある表現となることが多い（たとえば「この掃除機は他社製品の一六倍の吸引力があります」）。投資家へのピッチやマーケティング・メッセージで違いを伝えようとするとき、数字を使うと説得力が増す。

価値提案の例

次にブラウン大学の授業で行なったベンチャー・プロジェクトの、強力な（完璧ではないにしても）価値提案の例をあげてみよう。

利益を増やし食品廃棄を減らしたいレストランのための商品〝アキレス〟は、仕入れコストと在庫保管コストを減らすためには、どの食品をいつ購入すればいいか、レストランのオーナーに教える予測分析サービスです。私たちがそのような形でレストランの支援をできるのは、私たちのチームの包括的なソフトウェア・エンジニアリングの経験によって、直感的で使いやすいプラットフォームを構築することが可能だったからです。さらにチームは食品サービス業界で経験を

積んでいるため、将来も顧客を見つけることができるでしょう。レストランのオーナーの直感や、以前のコネクションに頼るのではなく、私たちの製品は食品価格データを集めて処理し、レストランのオーナーに他の店に対して、コスト面で二〇パーセントの優位性をもたらします。

次は私がこの本のために作成したものだ。

ビジネスとテクノロジーの窮屈なステレオタイプにとらわれない何百万人もの未来の起業家のために書かれた「発見・解決・拡大」起業プロセスは、問題解決を目指す大勢の多様な人々が、そのための力を獲得できるようにします。自分が起業すると考えたこともない人々でも、ダニー・ウォーシェイならこのプロセスを教えることができると信頼できるのは、彼が過去一六年間で三〇〇〇人を超えるブラウン大学のほぼリベラル・アーツ専攻の学生たち、イエール大学とテルアビブ大学のMBAの学生たち、そして世界中のプロフェッショナルに教えてきたからです。ダニー自身の起業での最初の成功は、彼とブラウン大学の学生の仲間のチームが、ソフトウェアのスタートアップ企業をアップルに売却したことでした。しかし他の成功した起業家が教えたり本に書いたりする、まとまりのない的外れなエピソードとの違いは、「発見・解決・拡大」起業プロセスは豊富な学術的調査に、ハーバード・ビジネス・スクールのケーススタディや、ダニーのたくさんの教え子たちのベンチャー事業を織り込んでいることです。他の多くの本では、起業家になれる人は稀で、生まれながらの創造の天才で、ある種の性格タイプを備えているものだと説いていますが、「発見・解決・拡大」起業プロセスは、問題解決を目指す何百万人もの人々に、そのための力を与えるものです。それは誰もが学び、習得し、応用できる構造的なプロセスであることさえ知らない人がいるかもしれないのです。

この価値提案のエクササイズそのものが、繰り返しを必要とする。これはあなたが確固とした価値提案の要素を持っているかどうかのリトマス試験紙である。そのような要素がなければ、その弱みが明らかにされるだろう。そのときは最初に戻って、必要なところを強化すればいい。たとえばもっとボトムアップ・リサーチを行なって、解決しようとしている問題への理解を深める、あるいはその問題を抱えているのは誰なのか、もっと正確に把握する必要があるかもしれない。他の場所でうまくいっている解決策をさがして、それを自分たちが住んでいるところに応用しようと思うかもしれない。自分のチーム以外にも目を向け、オープン・イノベーションで他の人を巻き込みたいと思うかもしれない。まったく違う解決策を見つけるべく、ＳＩＴの五つのパターンを通して、もう一度、考えたいと思うかもしれない。違いを数字で表わせなければ、戻ってもう一度やってみよう。

このエクササイズの結果は、あなたのベンチャー事業の設計図と考えよう。あなたが家を建てているのなら、設計図の段階で修正する方が、建て始めてから行なうよりはるかに効率的である（すでに完成しているならなお悪い）。

ブレーンストーミングの構造的代替物

価値提案をつくるプロセスの初期段階における難題の一つは、グループ・ダイナミクスをどのように管理して、すべてのメンバーの意見を聞けるようにするかということだ。ノミナル・グループ・テクニック（ＮＧＴ）は、もともとアンドレ・デルベックとアンドリュー・Ｈ・ファン・デ・フェンが開発したものだ。これはブレーンストーミングに代わる構造化された手法で、内向的な人も含めて参加者全員が意見を言えるよう促し、グループの合意形成を助けることを目的としている。[19]グーグルで検索すればNGTを行なうための説明や資料は何千と出てくるので、ここでは詳しく説明しない。以下に《ジャーナル・オブ・エクステンション》にまとめられた、基本事項のリストを示しておく[20]。

1. 参加者を小さなグループに分ける。できればテーブルを囲むように座るのが望ましい。
2. 自由回答式の質問をする。
3. 各自が数分の間、個人的に黙ってブレーンストーミングを行ない、思いつく限りのアイデアをメモする。第四章でとりあげた、画期的な成果を得るには二〇〇くらいのアイデアが必要だという、アダム・グラントの指摘を覚えておこう。
4. 小グループごとに、意見を出し合ってアイデアを集める（一人につき一回答）。すべてキーワードをフリップチャートに記録する。批判は禁止。ただし質問に対する説明は歓迎される。
5. 各自でアイデアを評価し、一番いいと思ったものに、個々に匿名で投票する（たとえば一位は5点、二位は4点といったように）。
6. グループ内で投票を共有して一覧をつくる。全体に発表するため、最も多くのポイントを獲得したアイデアを提示したグループレポートを作成する。
7. 各グループが、簡単に解決策を発表する時間を設ける。

コンクリートを流すのを焦ってはいけない

解決の初期の段階に、価値提案のエクササイズで三つの文をつくったあと、私たちはまさしく価値を提案していることを心に留めておかなければならない。それがどのように受け止められるかは、まだわからないのだ。たとえるなら、すぐさま歩道にコンクリートを流して固めるのではなく、まず小さな規模で、顧客がどこを歩いて芝生をすり減らしているのか確認すべきである。希少なリソースをつぎ込んで事業を始める前に、正しい方向へ進んでいるかを確認しよう。

近年、エリック・リースがリーン・スタートアップと呼んだやり方に頼る起業家が増えている。これは紛れもないアントレプレナーシップの導師とも言うべきスティーブ・ブランクのスマートな教えの上に築かれたものだ。スティーブとエリックは、ミニマム・バイアブル・プロダクト（ＭＶＰ）と呼ぶものを、初期の顧客からの適切なフィードバックを得る基盤として、プロセスのごく早い段階で開発することを重視している。

センターでスティーブに講演してもらったとき、彼らと自分たちのアントレプレナーシップへのアプローチには、多くの共通点があることに気づいた。私はスティーブとエリックのＭＶＰの使い方に好感を持っている。ＭＶＰは、私たちがこの価値提案の段階で作成して、〝提案〟しようとする解決策の、不完全で粗削りなバージョンまでも取り込んでいる。ボトムアップ・リサーチで満たされていないニーズを見つけて確認し、明確で説得力のある価値提案を作成したら、私たちが考えた前提を潜在的な顧客で試してみる必要がある。前述したように、自信満々の起業家の多くは、まず考えたことを試してみるよう勧めると、あきれたような顔をする。「なぜ遅らせる必要があるんですか？　自分はこれが大当たりすると思っているし、規模拡大のためにもっと多くのリソースを集めたいんです」と言う。

投資家は、あなたの予測が正確だという根拠を見たいと思うし、あなたもそうあるべきなのだ。ボトムアップ・リサーチは、あなたが問題を明確にしたことを納得させるのにはとても役立つが、それと同じように、解決策が効果的であることを示す根拠も提示する必要がある。投資家をはじめ、あなたがリソースを提供してほしいと思っている人々（共同創業者、アドバイザー、従業員、その他）に、あなたの事業の拡張計画を受け入れさせるには、ロケットはすでに完成して打ち上げられ、もっと燃料があれば軌道に乗せられるという段階に達していることを実証することだ。そもそもロケットをつくるべきことや、発射台から飛び立っていることが証明されていないなら、関係者全員、特に自分に対して、あなたが効果的な価値提案を作成したことを証明するのが先である。

　私のアプローチがリーン・スタートアップとやや違う点は、何かをつくったり売ったりする前に、どの程度のボトムアップ・リサーチを行なうかということだ。私としては、まず解決すべき問題を見つけて確認したあとで、製造に着手するのが賢明だと思うが、リーン・スタートアップは、まず初期製品をつくり、その後は顧客との相互作用に重点を置いている。リーン・スタートアップで用いられる〝顧客開発《カスタマー・ディベロップメント》〟という言葉は営業部門が行なうべきことのように聞こえるので、ある程度の限界がある。しかしこのプロセスの初期段階は、大規模な売上を生み出すためのものではない。正しい方向を向いているかを確認し、もし違っていたら修正するものだ。私はボトムアップ・リサーチの段階でフィードバックを求めないよう注意したが、価値提案を繰り返すこの段階では、フィードバックは不可欠な要素である。私はときどき、リーン・スタートアップをよく知る人が、先に述べた〝テクノロジー推進〟の悪習にはまるのではないかと心配することがある。それはスティーブとエリックも同じ考えであることを、私は知っている。

　ＭＶＰのアプローチはまた、強力な価値提案をつくるには、繰り返すことが不可欠であると教えてくれる。最小限《ミニマリー》・バイアブルという言葉が、その現実的な洞察を強調している。最大限《マキシマリー》・バイアブルでは、そうはならない。最初から完璧な製品やサービスを生み出すには、水晶玉か、少なくとも大いなる運が必要だ。そんなことは絶対に不可能なので、試すのもやめたほうがいい。最初の挑戦は欠点だらけと認識し、学習して、何度も繰り返すのだ。

ピボット：恋に落ちるのではなく、好きになる

繰り返す《イテラティブ》とは、直線的なプロセスではないということだ。後戻りしてから先に進むことも多い。戻るたびに、そこには三つの選択肢がある。あなたのＭＶＰ製品が仮説を実証している場合は同じ方向に進み続けてやり通す。ＭＶＰが仮説に反している場合はタオルを投げる決意をしてあきらめ捨てる（perish）。そして最後はピボット、つまり方向転換する。ピボットとはスティーブとエリックとリーン・スタートアップによる解釈で、前回行なったことから学び、他を維持しつつ一部の要素を変更するという意味で広まっている[21]。

　ロードアイランド・スクール・オブ・デザイン（ＲＩＳＤ）の学生アリシア・ルーと、ブラウン大学で数学を専攻しているグラント・ガーティンが、私のクラスでチームを組んでファニウムを立ち上げ、それが初のモバイル専用の空想サッカー・ゲームとなった。最終的にＣＢＳスポーツに売却されたが、それまでにはいくつものピボットを行なっている。グラントはそれがどのような経緯をたどったかを公表している。

1. ユーザーが自分のツイッターのフォロワーと、スポーツで勝者の予測をして競うゲーム。
2. ツイッターを利用して、専門家によるスポーツ関連のツイートをさがすアプリ（このテクノロジーはＣＢＳスポーツ・アプリが獲得した）。ピボットした理由：付属的な特徴のほうが、ゲーム自体よりおもしろかった。製品の顧客をつかもうと苦労していたが、ＣＢＳスポーツとＢ２Ｂの関係を築けたことが買収につながった。
3. ツイッターを利用して、架空のスポーツ選手に関連する情報を見つけるアプリ。ピボットの理由：開発コンテストの一部として空想スポーツのためのテクノロジーを使ったが、この製品が前の製品よりトラクション（ユーザー数とサイト上にいる時間）を集めたので、目指す分野を変更した。

4. モバイル専用の空想サッカー・ゲーム。ピボットの理由：ニュース収集サイトは大きなビジネスにならないと判断し、自分たちが持つテクノロジーを使って、市場で一番の空想スポーツの経験を生み出そうと決意した。

私の友人でときどき共同で仕事も行なっているダン・ワイナーは、ゴルフの比喩を用いてこう助言している。「長い時間をかけて、完璧な〝パット一回で〟で沈めようとするのではなく、すばやい〝パット三回〟で沈めることを目指したほうが、このプロセスを前に進められる可能性が高い」。ダンはこれと同じ〝速く失敗《フェイルファスト》〟の反復アプローチを、他のところにも応用しようとしている。ダンは四〇代のとき、ブラウン大学のコンピュータ科学の大学院課程に入学した。私が知る中で特に頭のいい人物ではあるにせよ、ダンは自分の半分の年齢の学生の中で、どれくらいの成績が取れるか知りたがっていた。ダンが前にコンピュータ科学の課程を取っていたときは、パンチカードを使っていた時代だ。

ダンが取っていたコンピュータ・ロボット工学のクラスの最後の課題は、サッカーの試合をするロボットをプログラミングすることだった。他の学生たちや授業の助手は、ロボットの〝フィールド〟での位置を特定し、どこへパスするのが最適か判断し、完璧なシュートを打つことを目指す、複雑なプログラムを書こうとするきらいがあった。あいにく、そのような処理やプランには多大なコンピュータ・リソースと時間が必要で、その間にフィールドの状況は変わってしまうので、ほとんどのプランが非現実的になってしまう。ダンが考えたのは、敵のロボットが適切なパスと完璧なゴールを計算している間に、自分たちのロボットはすばやく反射的に動き、だいたいいい方向に何度もボールを蹴るようにすることだった。その結果、すばやく敏捷で反復的な決定を行なえるようにしたほうが、他のチームがつくった手の込んだプログラムよりも多くの点を取れることが明らかになった。ダンのロボットはアパリグラハを体現したと言えるかもしれない。前のシュートにこだわらず、次のシュートをどうするかで悩むこともない。ライバルたちが縛られている従来のルールにとらわれない。何百行ものコードという豊富なリソースを背負い込むのではなく、ほんの数行という少ないリソースで利益を得る。敵がシュート一回打つまでの時間で、次々とシュートを打ってはずす。これが反復し、早めに失敗し、失敗を安くすませるということだ。

R&Rのボブ・ライスが私の教え子たちによく言うのが、恋に落ちることは感情的な経験で、そのときは思慮が足りず、その人らしくない、長期的な決定を行なってしまう人が多い。これは起業家を目指す人にも言えると、ボブは力説する。だから彼は、新しいアイデアや、初期段階の事業について、若くて熱意あふれる起業家たちと話し合っているとき「恋に落ちるな、好きになれ」と説いている。

恋するより好きになる例：バンドゥーラのゲーム

私がバンドゥーラ・ゲームのCEOジャスティン・ヘフターに会ったのは、中東全域のさまざまなコミュニティが抱えていた問題を解決しようとする起業家のために、私が開いたワークショップの席だった。ジャスティンとイスラエル人の共同創業者イーテイ、パレスチナ人の共同創業者アムーンはバンドゥーラについて「世界中の違うバックグラウンドを持つ人々の間に、ゲームを媒体として結びつきと共感を生み出すモバイル・ゲーム会社」と説明した。最初から、ジャスティン、イーテイ、アムーンのもともとの目的は、パレスチナとイスラエルの子どもたちが互いに協力することを学ぶプラットフォームとして、ビデオゲームを使うことだった。

バンドゥーラの進化は「恋に落ちるのではなく好きになる」の好例である。ジャスティンは「発見

・解決・拡大」起業プロセスのワークショップを受ける前、昔ながらの間違いをいくつもしていたと認めている。コンサルタントのバックグラウンドによるバイアスで、業界のトレンドだったトップダウン・リサーチに頼っていた。満たされていない明確なニーズを見つけるという作業から目をそらしていた。そしてこの初めのバイアスのせいで、バンドゥーラは使い道のない解決策となっていた。まずたくさんの解決策を考えるのではなく、最初の解決策（ここではデジタルのビデオゲーム）を完成させる方向に進んでいて、自分や初期投資家からのリソースを、そのために注ぎ込んでいた。

それでジャスティンが覚えているのは、私との会話で、自分の価値提案が正しい（あるいは間違っている）ことを証明する、金がかからずミニマル・バイアブルな方法を考えるよう言われたということだった。当時の構想は、パレスチナ人とイスラエル人の子どもが、勝つために協力して行なうゲームをつくることで、子どもたちを戦わせるという考えはなかった。大規模なデジタル・ゲームをつくるには大金が必要なので、「発見・解決・拡大」起業プロセスでの学びを活かして、「テンプル・ラン」という有名なビデオゲームの、アナログ版のボードゲームをつくることにした。ビデオポイントの代わりとして、最初に一〇〇〇ペニーを配るようにした。彼らは二つのバージョンを作成した。一つはプレーヤーが互いに競い合うもの、もう一つは協力するものだった。ジャスティンと、パレスチナ人のパートナーであるアムーンは、東エルサレムにあるパレスチナ人の学校二校と、パレスチナのラマッラーにある一校の数百人の生徒たち、イスラエル人のパートナーであるイーテイとは、イスラエルの数校で放課後のプログラムとして、このＭＶＰのゲームをプレーしてもらった。

「私たちはゲームの基本的な前提、協力するというテーマですら、子どもたちにアピールするか心配していました」とジャスティン。「起業プロセスの価値提案のステップで、その先を考え、反復し、実証することを学び、それからサステナビリティ・モデルの創造へ進んだことは、バンドゥーラにとって飛躍の足がかりとなりました。私たちがつくろうとしているものの、こんな完成度の低いアナログ版のゲームに子どもたちがどう反応するかわからなかった。でも子どもたちは、その先の目的など知らないわけです。みんなどんな状況でも、アメリカ製のゲームができることに大喜びしていました。八〇パーセントが協力型のゲームのほうが好きだと答えました。いずれデジタル版ができれば、世界中の子どもたちとプレーできるという考えに、とても興奮していました」

ジャスティンは当時を振り返って、このゲームに対する意見は、聞かずとも自然に集まってきたと言う。たとえばあるパレスチナ人の生徒は、すぐにこう言った。「ぼくは協力型のバージョンのほうが、パートナーにずっと近く感じました。それに世界中の子どもたちとプレーできれば、とてもクールだと思います」。バンドゥーラのチームはまた、学校に売り込んだり働きかけたりするのは効率が悪いことがわかったので、もっと大きな世界への流通経路に乗せて、ゲームを市場に出すと決めた。反復しながらデジタル版のスケールアップをしている間もジャスティンとアムーンとイーテイは、インディゴーゴーでクラウドファンディングを行ない、ボードゲーム版も提供し続けていた。

ジャスティンのバンドゥーラのチームが用いた、〝完成品〟の細部をそぎ落として、完成度の低いバージョンを使うという手法は、細部の進歩より重要な、イノベーションの根本に意識を向けさせる助けとなるはずだ。

《ペアレンティング・マガジン》とウォーク・アラウンド・マネー

ある年の冬、初雪が降ったあと、私は家のドライブウェーと歩道の雪かきをしなければならなかった。ガレージから噴射式の除雪機を出してきて、チョークをセットしガソリンを入れた。しかし推奨されているようにスイッチを三回押すことはせず、シーズン最初なので、燃料が多いほうがいいだろうと考え、さらにガソリンを入れた。そしてスターターを引いてみたが、何も起こらなかった。燃料を入れすぎて、エンジンからあふれてしまったのだ。「発見・解決・拡大」起業プロセスの第三のステップ、資金やその他の重要なリソースを調達して、解決策を長期的に拡大する段階に進む前に、「燃料を注入しすぎる」ことがないよう気をつけてほしい。ミニマル・バイアブル・プロダクトを、この価値提案の段階でつぶすのを避けるには、注ぎ込む資金もリソースも最小限にしておくことだ。

ロビン・ウォランダーは、彼女が立ち上げた《ペアレンティング・マガジン》の規模を拡大するには、最終的に五〇〇万ドル調達する必要があると考え、第一ラウンドでは一七万五〇〇〇ドルを目標とした。ところが投資家と七〇回もの打ち合わせを行なっても、一二万五〇〇〇ドルしか調達できなかった。そのため彼女は自分の給料を減らし、持ち株比率も減らさざるをえなかった。これだけでも、起業を目指す人にとって、はっとするような教訓がたくさんある。アントレプレナーシップは、多くの人が信じている理想的な物語より、はるかに困難が多いので、それを事前に知っておくのはいいことだ。それまで他の人を困らせていた問題を解決するのはやりがいのあることだが、誰も解決できていないことには、まったく違うアプローチが必要だし、往々にしてより大きな労力が求められる。

また粘り強さも必要で、自分の事業と自分自身を信じる気持ちも試される。ロビンはボトムアップ・リサーチとトップダウン・リサーチの両方を行なって、満たされていないニーズを発見して確認したと確信していた。それは若く教養があり裕福な親は、他のソースでは得られない子育ての情報を必要としていたことだ。親になったばかりの人々と話し合い、地元の新聞雑誌販売所を観察し、彼女は業界トップの雑誌《ペアレンツ》は洗練されていないという結論に至った[22]。それで大きく成長が見込める市場に、経験豊富なメディア会社の幹部だったロビンが入り込む〝余白〟があると考えた。しかしそのチャンスを証明するデータと、ミニマル・バイアブルな解決策があっても、投資家が彼女のもとに押しかけるということはなかった。

七〇回の打ち合わせのうち六八回で、ロビンが経験した落胆を想像してみてほしい。二六マイルを走るマラソンの二四マイル付近で、完走するエネルギーがあるか聞かれたらどうだろう？　おそらくどんなに疲れていても、残り二マイルを走り切ろうと力を振り絞るだろう。しかし二四マイル地点で、残りどのくらい走ればいいのかわからないとしよう。二マイル？　二〇マイル？　二〇〇マイル？　ずっと？　どう感じるだろうか？　「もうぼろぼろ、やる気が出ない、不安」という声が、学生たちからあがった。それは責められない。そもそも何マイルのレースなのか、残りどのくらい走るのかわからないと、走り続けるモチベーションを保つことはできない。それでもロビンはやり抜いた。そしてこれこそが、成功する起業家が、このプロセス全体で示している資質である。

　七〇回も打ち合わせを行ない、一二万五〇〇〇ドルを調達するはるか前、投資家への売り込みを始めたばかりのころ、ロビンはアーサー・デュボウという人物に出会った。彼はロビンに五〇〇〇ドルを〝歩き回り資金《ウォーク・アラウンド・マネー》〟として与えた。どのような条件だったのか、アーサーの言う〝歩き回り資金〟とはどういう意味か、そしてロビンがその一〇〇〇倍の五〇〇万ドルを調達しようとしているのに、なぜ五〇〇〇ドルを渡したのか。その五〇〇〇ドルが、何の役に立つというのだろう？　「たとえばそれでロビンの食卓に料理が並べられる、車にガソリンを入れられる、他の出資してくれそうな人に会いにいける、もっとボトムアップ・リサーチができる」ということはあるかもしれない。言い換えると、その最初の五〇〇〇ドルには、何らかの現実的な意味があったということだ。前に、投資家は提供しようとする現金以上のものを与えることがあるという話を覚えていたら、アーサーはロビンが立ち上げようとしているのと同種の会社での経験があり、だからこそロビンの会社の価値を高められると指摘するかもしれない。

　また、たとえ少額の投資でも、誰かが自分と自分の事業を信じてくれているという自信につながるかもしれない。誰も信じてくれなかった状態から、信じてくれる人が現われるとすべてが変わる。二六回目の打ち合わせのとき、自分自身に対しても「アーサーが私を信じてくれたのだから、私も自分とこの価値提案にもっと自信を持つべきだ」と言える。その少額の投資が自信のレベルを上げられるなら、他の投資家にどのような印象を与えるだろうか。その効果は両面的である。出資を頼んでいる人から、他に出資している人はいるか尋ねられたとき、何が起きるか。アーサーが〝歩き回り資金〟を出す前だったら「一人もいません」と答えるしかなかった。しかしもうすでに他の人が資金を出している、自分を評価してくれている、自事業の可能性を見極め、小切手を書いてくれたと言うことができる。

生物学や化学を学んだ人なら、触媒とは化学反応の速度を上げる、それ以前に、反応を起こす物質であるということを覚えているだろう。触媒とはごく微量の物質で、その量とは不釣り合いなほど大きな影響をもたらす。アーサー・デュボウの〝歩き回り資金〟は触媒と考えてもいいかもしれない。それがなければ、ロビンは車を走らせる燃料もなく、別の仕事を見つけなければならなかったかもしれない。他の投資家から「他に誰が投資しているのか」と聞かれても目を合わせられず、自分以外の応援団がいない状態で、十分な自信を持てなかったかもしれない。アーサーの五〇〇〇ドルのおかげで、ロビンは「歩き回る」以外に、はるかに多くのことができるようになった。触媒が化学反応に多大な影響を与えるように、アーサーの少額の出資は、ロビンのベンチャービジネスに金額以上の影響を与え、ロビンの事業に変化を起こしたのだ。

私の講座やセンターの学生チームがビジネスプランのコンテストに参加して優勝したときも、このような現象が起きている。もしロードアイランド・ビジネス・コンペディションで、たとえば二万五〇〇〇ドルを獲得していなかったら、事業を追求する自信とエネルギーが湧かなかっただろう。

成功したベンチャー・キャピタリストであるエリック・イヤーぺは、偉大なもののかすかな光をさがしていると語る。同時に、出資を決意する足がかりになるものが欲しいとも言っている。〝芝生のはげた部分〟、MVP、歩き回り資金、触媒……これらはすべて、エリックがさがしているタイプの、小規模な価値提案の足がかりとなるものだ。

第四章と五章の内容で、他に何も覚えていなくても、解決のステップがきわめて重要なのは、最初の試みで理想的な解決策を生み出すことを目指していないという点にあるということは、ずっと心に留めておいてほしい。「発見・解決・拡大」起業プロセスは、前の二章で私が説明してきた多くのガイドラインや推奨事項に従ったとしても、よほど幸運でなければ最初の試みで理想的な解決策を見出せるものではないという考え方だ。私が知る成功した起業家はすべて（この章でとりあげたバンドゥーラのジャスティンやディア・ケイトのジュリー、他で名前を出したすべての人々、そして間違いなく、会社を立ち上げたり本書を書いている私を含め）、問題を解決するには何度も繰り返さなければならないと知っている。

この「発見・解決・拡大」起業プロセスにもともと備わっている反復性という特徴を顧みず、ニーズを発見したところから、直接、未完成の解決策の規模を拡大しようとして破綻させた新米起業家はたくさんいる。企業免疫システムもまた規模拡大を急がせて、大手組織のアントレプレナーシップをくじく原因となる。たとえば高収益を目標に掲げて、初期に提案された解決策を急いで拡大しようとしてしまう。それは本の最初の原稿を、校正もせずに何千部も刷るようなものだ。

初期の解決策を急いで拡大するというと、私はこんなジョークを思い出す。車で移動中、道に迷っていることに誰かが気づくと、運転手がこう言う。「ああ、そうだな。でも予定より速く進んでるよ」。次の**拡大：サステナビリティ・モデルをつくる**に進む前に、そこまでに何度も練り直して、長期的に拡大するのに必要な投資に見合う価値提案が完成したと確認しよう。「予定より速く進んで」違う場所に着くことを避けるには、まず車が正しい方向へ向いていることを確かめなければならない。そして道路で試運転をしてうまくいったら、ようやくハイウェーに出ることができる。ではそろそろ

「発見・解決・拡大」起業プロセスの次のステップに進もう。

第六章　ステップ3　拡大：サステナビリティ・モデルをつくる

ステップ1では問題を明確にすること、ステップ2では何度もやり直して解決策を練ることを学んだ。そしてステップ3の**拡大：サステナビリティ・モデルをつくる**は、最初のステップで明確にした問題の解決に向けて、長期にわたって大きな影響力を持ち続けるための力をつける。この章では、サステナビリティ・モデルの意味を明らかにして、なぜ似ているように思えるビジネス・モデルより、はるかに価値があるのか理解できるようになる。また大きく考えることの準備がなぜ重要なのか理解できる。その助けとなるよう、ランズケープ・メタファーという強力なエクササイズを用いる。価値提案での基本的な問いかけ「何、誰、なぜ」の他に、もう一つ**どのように**が加わる。そしてこのセクションでは、四つ目の問いに答えるためのツールを手に入れる。「発見・解決・拡大」起業プロセスの、より人目につきやすい部分を繰り返すことが、なぜ創造的な作業というより失敗に感じられるのか、そしてその失敗を最終的な成功への道筋として受け入れることについて学ぶ。そして最後に、どのような形態の組織をつくるにしても（営利団体、非営利団体、政府機関、教育機関、その他）、資金リソースを調達するための基本的なアプローチの意味を理解し、習得できる。

サステナブルとは、長きにわたって大きな影響力を持ち続けられること

解決策が長く続けられないものなら、それは解決策ではない。
——マギー・ウォーカー（アフリカ系アメリカ人女性として初めて米国銀行を設立し頭取となった）

あなたの起業ベンチャーがこの段階まで到達しているなら、あなたはすでに多くを成し遂げている。ボトムアップ・リサーチを用いて、満たされていないニーズを発見、確認した。価値提案を何度もつくり直して決定した。ミニマル・バイアブル・プロダクトの発売まで実現しているかもしれない。では次はどうすればいいのだろうか。少数の試験的なユーザーを、一〇〇〇人、そして一〇〇万人と増やすにはどうすればいいのだろうか。同じくらい重要なのは、どうすれば何年、場合によっては何十年も、成長を維持できるかということだ。

規模拡大と長期的な影響力、このステップではこれら二つを追求する。「サステナブル」という言葉は、文脈によっていろいろな意味を持つ。たとえば環境保護の分野でも使われている言葉だ。本書でのサステナビリティとは、最初のステップで見つけて確認した、満たされていないニーズの二つの性質、**強力で永続的**に関連している。規模拡大はニーズの強さを示し、それを長期にわたって行なうことは永続的な性質を示す。アントレプレナーシップが問題解決のための構造化されたプロセスなら、本当の問題解決とは、それを大規模かつ長期的に行なうということだ。

あなたがたはきっと「ビジネス・モデル」という言葉を聞いたことがあるだろう。私がビジネスではなくサステナブルを使う理由の一つは、ビジネス・モデルは必ずしも長期的に実行可能で、大規模に展開して長期的な影響力を持つものではないからだ。私のアプローチでは、小さなビジネスがアントレプレナーシップの表われとなるのは、いずれ拡大して、長期的に大きな影響力を維持できるものであるときだけだ。

「サステナブル」を使うもう一つの理由は、商業的でないもの（非営利団体、政府機関、教育、研究団体）を想定している、あるいはすでに運営している人がいる可能性があるからだ。「発見・解決・拡大」起業プロセスは、これらすべての組織に適用でき、「サステナブル」という言葉は、それらすべてを含み、役に立つようつくられている。ビジネスが悪いわけではないし、このあと営利的なモデルの利点についても触れている。しかし覚えておいてほしいのは、アントレプレナーシップはビジネスだけに限られるものではなくなっているということだ。

大きく考える

ぼくたちはまだ十分に大きく考えていない。

――フレディ・マーキュリー（クイーン　映画『ボヘミアン・ラプソディ』）

私が起業家向けファイナンスを教わった、ハーバード・ビジネス・スクールのジェフ・ティモンズ教授は、古典となっている著書『ニュー・ベンチャー・クリエーション』で次のように書いている。「前途有望な起業家たちが犯す最大の間違いは戦略的なものだ。彼らは考えを小さくしてしまっている。……作業を代行するような小さなビジネスでは、成功の可能性は低い。たとえ生き残ったとしても、金銭的な面では報われない」。これが直感に反していることはわかっている。ベンチャーを始めるときに避けられないリスクを軽減するには、あまり大きくせず、すべてを把握して変化するものをコントロールできるようにしておくことだと思われているからだ。しかしジェフは、小規模事業と大規模事業の失敗率をあげて、自らの説が正しいことを実証している。

小規模のほうが失敗する可能性が高い……生き残るのは誰か？　生き残って大成功する可能性は、その企業の社員が少なくとも一〇人から二〇人、収益が二〇〇万ドルから三〇〇万ドルの線を超え、まだチャンスを追求して成長の可能性を秘めているかどうかで大きく変わる。……新しい企業の一年後の生存率は、会社の規模が大きくなるにつれて着実に上昇する。従業員二四人の会社では五四パーセント、一〇〇人から二四九人の会社では七三パーセントも上昇するのだ。(1)

そう考えると、これらの数字は説得力を持つ。大規模なベンチャーはさまざまなリスクや難題に直面するが、アーリーステージで乗り越えてきたリスクや難題について考えてほしい。保険数理基準の平均余命の予測と同じことで、ある程度までは、年齢が上がるほど平均余命も長くなる。

これは納得しにくい考え方かもしれない。私がブラウン大学で起業プロセスを教えた最初の年、大きく考えることについて、ジェフ・ティモンズのデータを見せたあとでも、学生たちが提案するベンチャー事業の多くは、カフェ経営の規模だった。学生たちの多くにとって、それは十分に大きな考えであり、それを責めることはできない。数十万ドルの年間収益をあげるカフェは大規模だと思う人は、特に大学生なら多いはずだ。この「小さく考える」姿勢をやめさせるため、私はずっと、無理にでも大きく考えさせるべく、授業で提出するベンチャー事業には、五年目で年間収益が少なくとも一億ドルに達する可能性のあるものを求めている。これは恣意的な数字だが、学生たちがリスクの少ない安全地帯と、個人的な経験の限界を超えて考える助けとなっている。

キャスパー・マットレスのルーク・シャーウィンとニール・パリクが、彼らの経験を話しに大学の講義に来てくれたとき、会社を立ち上げて一八カ月もたたず売上が一億ドルを超えたと、さらりと言った。そのとき私が教室を見回すと、学生たちははっとしたような顔をしていた。最近、自分たちと同じ課程を卒業した若者のひとことで、ようやくそれを信じることができたのだ。

大きく考えられる起業家が少ないのは、ベンチャーを始めるときに避けられないリスクを軽減するには、あまり規模を大きくせず、すべてを把握して変化するものをコントロールできるようにしておくことだと信じているからだ。この姿勢が、長期的に規模拡大を目指すことを阻んでいる。

長期的に大きな影響力を

私は「発見・解決・拡大」起業プロセスの第三のステップ、サステナビリティ・モデルをつくる目的を「長期的に大きな影響力を持つ」ことと説明している。それはジェフ・ティモンズの『ニュー・ベンチャー・クリエーション』に書かれた「大きく考える」とは少し違う。彼が大きく考える実際的な理由（生き残ること）を提示している一方、私は影響力を重視している。ベンチャー事業を立ち上げるのに必要な努力をすべて行なうつもりなら、少数の人ではなく、多くの人の生活を向上させるようなやり方をするべきではないか。

これはアントレプレナーシップへのリベラル・アーツ的な問題解決法を補強するものでもある。ジェフ・ティモンズが規模を重視するのは、それが生き残りと私たち、そしておそらく投資家へのリターンの可能性のわかりやすい尺度だからだ。影響力は、特に私たちが解決したい問題を抱えている人々の生活をどのくらい変えられるかを示す尺度である。自分の内側の動機を見つめるだけで、必ず起業を成功させられるわけではない。成功するリーダーは「何かとてもとても特別なことをする。私たちを元気づけてくれるのだ」という、サイモン・シネックの指摘を思い出そう。それはなぜに目を向けることで可能となり、それがつまり影響力なのである。これは私が前に説明した、熱意と目的の違いによく似ている。

私たちがブラウン大学に新たなアントレプレナーシップ・センターを設立していたころ、スターだった副館長のリズ・マローンが、数年間働いていた公衆衛生学部に、かつての同僚で副学部長だったドン・オペラリオに会いに行った。リズが話すことに対し、ドンはていねいに対応したが、アントレプレナーシップが彼の公衆衛生研究と関連しているという言には首をかしげていた。リズはひるまず、最近は何をしているのかドンに尋ねた。すると彼は、中国にいる研究者チームに、中国のＡＩＤＳ患者を中国の医療リソースとつなげるアプリの開発をさせていると言った。リズはぱっと顔を輝かせて「ドン、あなたはアントレプレナーよ！」と言った。「僕が？」と、ドンはやや困惑して答えた。リズがアントレプレナーシップとは、問題解決のための構造化されたプロセスであるという私の定義と、そしてそのプロセスの三つのステップを説明すると、ドンは納得した。

ドンは多くの人と同じように、アントレプレナーシップとは事業を始めることだけだと誤解していたが、リズの説明によって、アントレプレナーシップは彼と公衆衛生学部の同僚たちが成し遂げようとしていることと大いに関係があり、私たちのセンターと協力して、アントレプレナーシップのスキルをもっと学び、見識を高めることで、影響力を高めるという彼らの目的を果たせると理解した。ドンの言葉を借りれば「問題の特定、製品開発、製品評価、それを必要としている大衆やコミュニティによる製品の使用というレンズを通してアントレプレナーシップを見ると、公衆衛生のミッションと調和する方法論であるとわかる」。

さらに考え続けるうちに、ドンは自分たちが満たされていないニーズを見つけて確認する（問題を特定）という第一のステップ、そして価値提案を作成する（何度も繰り返して小規模な問題を解決する）という第二のステップまでは、うまくいっていることに気づいた。いくらかの助けが必要だと感じたのは、サステナビリティ・モデルをつくる（長期的に大きな影響力を持ち続ける）という第三のステップだった。「我々は一つのコミュニティ、あるいはもっと幅広い集団全体に、野火のように広がるものを見つけたかった」とドンは言った。リズとドンとの話し合いが終わるころには、一連のワークショップを行なう計画を立てていた。それは世界の公衆衛生の問題をアントレプレナーシップで解決するというタイトルで、それ以来ずっと協力して開催している。

私はドンを「熱狂的な改宗者」と好んで呼んでいる。彼はどこへ行っても、世界の健康問題を解決するカギはアントレプレナーシップにあると吹聴するからだ。違う分野に属していて最初は懐疑的だったドンがそう言うのだから、説得力は抜群だ。そして私たちは問題解決のための構造化されたプロセスが、他のアントレプレナーシップの方法論より包括的であることを再確認している。あなたがどんな分野にいるか、何の職業か、どんな問題を解決しようとしているのかにかかわらず、「発見・解決・拡大」起業プロセスを身に着けることで、規模を拡大しながら長期的に問題を解決できるようになる。

プッシーハット・プロジェクト——持続性に規模拡大可能性以上のものが求められるのはなぜか

私が「発見・解決・拡大」起業プロセスの第三のステップを、サステナビリティ・モデルであると説明するのは、それがすべての起業家（ビジネスを生み出そうと考える人だけでなく）に、大きな影響力を持つモデルを使える力を与えるからだ。ジェイナ・ツワイマンのプッシーハット・プロジェクトは、まさにそれを行なうことを目的として、創造的なサステナビリティ・モデルを開発したすばら

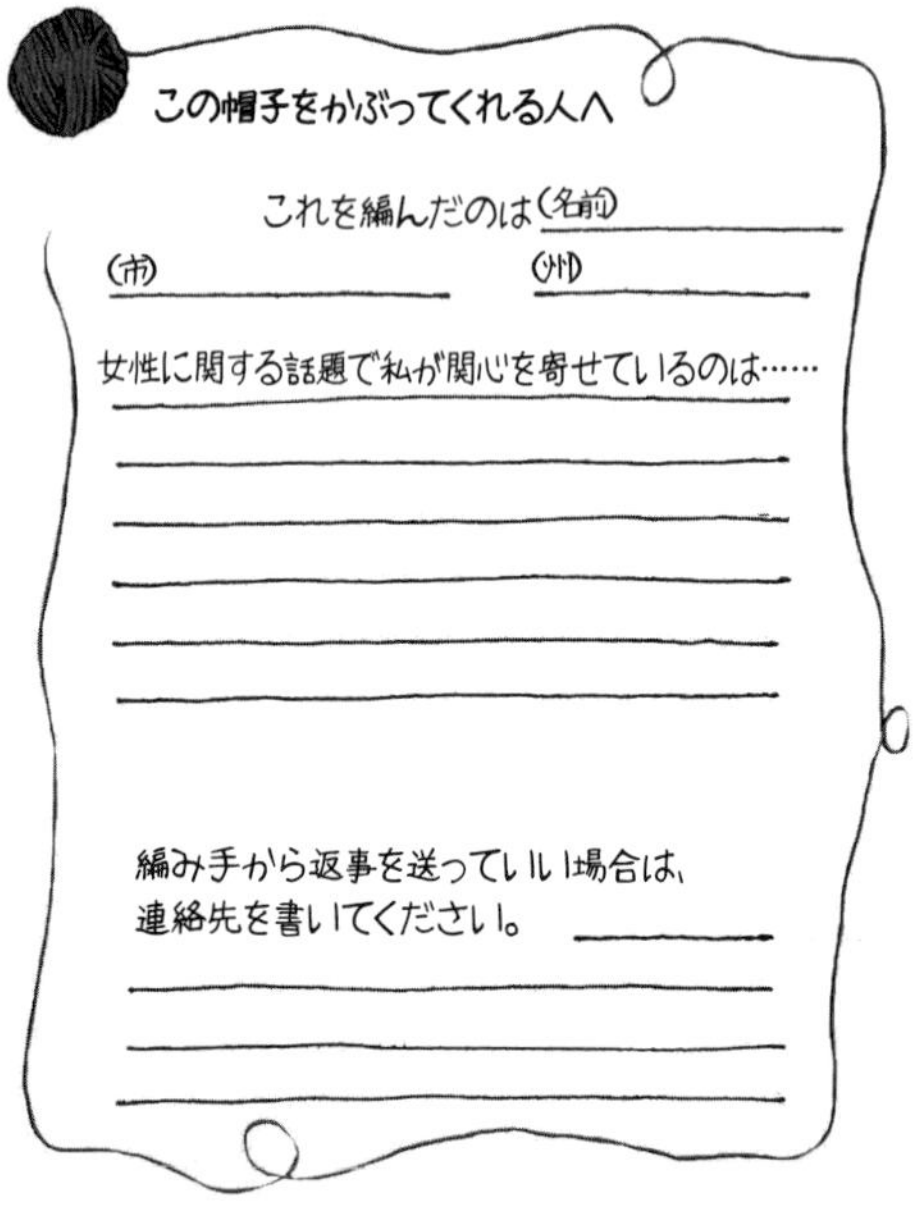
この帽子をかぶってくれる人へ
これを編んだのは（名前）
（市）
（州）
女性に関する話題で私が関心を寄せているのは……
編み手から返事を送っていい場合は、
連絡先を書いてください。

しい例である。頭にけがをしていること、時間がないこと、資金が限られていること、こうした悪条件にひるまず、むしろ身体的な状態や他の障害をばねにして、ジェイナは二つの目的を設定した。強烈な視覚的インパクトを生み出す（一九八七年のエイズ・メモリアル・キルトに触発された）、そして物理的にデモに来られない多くの人々もウィメンズ・マーチに参加できるよう、規模の拡大が可能な配布モデルをつくることだ[2]。プッシーハット・プロジェクトの規模が大きくなり始めてから現れた第三の目的は、参加者の集団を活用して、将来の政治参加の土台を築くことだった。建築家としての経歴を持つジェイナは、基礎的な要素で強力なものをつくれることを知っていた。彼女はそのモデルの規模拡大を助けるため、口コミの要素も入れ込んだ。

第一に、バーチャル・コミュニティを育てるため、帽子を編んだ人に、それをかぶってデモに参加する人とつながれるよう、メモをつけることを提案した。また編み手からすると、デモに参加できなくても帽子を編むことで自分を表現できるようになったのだ。ジェイナはこう言っている。「デモに行ける人ばかりではありません。目に見えないところに、帽子を編む人、誰かをどこかに連れていく

編む人へ
1）帽子を編む（2枚でも3枚でも10枚でも）
2）帽子を封筒に入れて、かぶってくれる人へのメッセージもつける。裏表紙にテンプレートあり。匿名でもOK！
3）DCに持っていく。行進の参加者に渡す、回収場所に持っていく、DC近くの回収場所に送る。
かぶってくれる人へ
1）行進が開催される週に、編んだ人、あるいはDCかTBAの引き渡し場所で帽子を受け取る。
2）帽子をかぶる!
3）差し支えなければ編み手にお礼の連絡を。
The Pussyhat Project
12033 Lake Newport Rd.
Reston, VA 20194
帽子を編めなくても、行進に参加できなくても、口コミで広めたり、女性の権利活動を支援する非営利団体に寄付したりして応援を！
#PUSSYHAT
PUSSYHATPROJECT.COM

人、デモに参加している間に子どもたちの世話をする人が、何百万人といるのです」

第二に、ジェイナは全国の毛糸店と提携して、人々が参加しやすいようにした。このアイデアから実際のデモまで五九日しかなかったが、ジェイナのプッシーハットをかぶった参加者は一〇〇万人を超えた。その大規模な影響力をはっきりと見せているのが次ページの写真である。

プッシーハット・プロジェクトがそれほどの短時間で大規模化できたことは感嘆に値する。しかしそれは実質的なサステナビリティ・モデルと見なせるほど、長期的な影響力を持っているだろうか。ジェイナ自身は、それ自体に、それほどの力はないと考えている。それでも女性のエンパワーメントのある時点でのアイコンとして、プッシーハットは大きく考えることと、そもそもの目的だった早めの大規模化のすばらしい例である。

プッシーハットの例は、有効なサステナビ

（Photo credit : Brian Allen / Voice of America）

リティ・モデルは口コミで広がる、すばやく大規模化をなしとげる以上のものが必要であることを裏づけるものだ。強力なニーズに応えるためには、大きな影響力を持つ必要があり、最初のステップでとりあげた永続的なニーズに応えるには、長期的に持続できるものである必要がある。

プッシーハット・プロジェクトが、長期的な影響力を持つためには、どうすればいいのだろうか。成長を続けるために何ができるだろうか。インティメイトリーのエマ・バトラーは、ボブ・ライスの「恋に落ちるな、好きになれ」という言葉を思い出し、それを受け入れるよう提唱している。「それがアイコン的になったとき、最初にある程度まで規模を拡大したあと、ピボットしてピンクの帽子を観念化するということになるかもしれない」とエマは言う。それはもしかしたら、私がこの章で提示するツールを使って、ジェイナの最初の強烈な価値提案を拡大し、問題の進化と、さらに長期的な解決策を示すことかもしれない。女性の権利の侵害という問題は、次の一〇年か二〇年で変わるだろうか。ジェイナは最初の解決策を持って問題に立ち向かったが、長い目で見ると、何百というプッシーハットを編む集団と、その人たちの政治的なエネルギーを注いだもっと幅広い活動を活かすために、他に何ができるだろうか。

ジェイナは起業家としての才能を発揮して、手作りの品を政治的、芸術的な集団声明として用いるいくつものキャンペーンを立ち上げ、変化を起こそうとしている。たとえばプッシーハットで学んだものの形を変え、ウェルカム・ブランケットの活動を始めた。これは手作りのコミュニティを動かして、難民として新たにアメリカ合衆国へやってくる人々にウェルカム・ブランケットをつくり、移民問題への意識を高めようとするものだ。そして新型コロナのパンデミックの間、マスクス・フォー・ヒューマニティという活動で、高リスクの人々のためのマスクを手づくりして、パンデミックが政治や社会に与える影響についての意識を高めた。ジェイナの幅広いサステナビリティ・モデルについて、彼女は「常に新しいプロジェクトをさがし、同じ物を何度も何度もつくることに飽きた手芸運動家の活動です。だからプッシーハットの目新しさはサステナブルではなくても、プロジェクトの設計手法はサステナブルなのです」と言っている。

ランズケープ・エクササイズ　メンタル・ストレッチ

天から見ると、地球はなんと小さいことか！

——ジャック・ドリル　一八世紀のフランスの詩人(3)

遠くから地球を見て、ものの見方が変わった。

——マイケル・コリンズ　アポロ一一号の乗組員(4)

「比喩的存在論」とは、科学、歴史、詩を超えて比喩表現を用いることで、深淵で神聖な美しい

現実を示す。現実の広大さや豊かさは、わかりやすい言葉の感覚だけでは表現できないので、比喩的存在論が必要なのだ。(5)

——ジェフリー・バートン・ラッセル　アメリカの歴史研究者

私が学生やワークショップ参加者から学んだことだが、大きく考えることや、長期的な影響力について想像することは難しい。風景《ランズケープ》・エクササイズはこの抵抗感を乗り越えるのを助けるものだ。主な目的はあなたの価値提案を、大きな規模でずっと先の将来まで影響力を持つ解決策へと育てようとする前向きな姿勢に変えさせることだ。このエクササイズは精神のストレッチと考えられるかもしれない。このストレッチによって、目先にとらわれた精神的な限界を超えて、より大きな構想を持ち、長い目で考えられるようになる。

ランズケープ・エクササイズは次の三つのパートから成る。

1. 今後二〇年から三〇年で解決しようとしている問題の比喩として、道路とその周囲の風景を描く。
2. あなたの価値提案を示すものの比喩として、前に描いた道路を走っている車を描く。
3. あなたの価値提案を、将来のある時点に立って再検討し、現在までさかのぼって、改良するにはどうすればいいか想像する。

ランズケープ・エクササイズの最初のステップは、解決しようとする問題が、何年もあとになってどう変わっているかを想像することだ。するとその問題を解決しないと何が起こるか、考えざるをえなくなる。問題がどう悪化し、大きく、強く、さらに解決しにくくなる可能性があるか。わずかでもためらいを感じたり、解決しようとしている問題の重要性について、他の人たちから批判めいた視線を感じたりしたら、その問題について再考し、感じ、再評価する助けとなる。取り組む問題によって、少なくとも二〇年から三〇年後のことを思い描くことが重要である。いま現在の事実に頼るのではなく、想像するしかない遠い将来のことを思い描く。そうすればいまあなたが真実だと知っていることへのバイアスに、想像を制限されずにすむ。これは精神のストレッチであることを忘れないでほしい。それらがどれほど事実に即しているか、直線的か、現実的かどうか、あるいはそう感じるかを心配する必要はない。

このエクササイズに〝芸術的〟感性はあまり求められていないことを示すため、実際に受講者が描いた絵をお見せしよう。これはインストルメンタル・テクノロジー（スロベニアのハードウェア会社で、「発見・解決・拡大」起業プロセスに協力して取り組んでいる）のアントレプレナーシップのチームが描いたものだ。このランズケープ・エクササイズへの参加者たちはきわめて優秀な、左脳優位の物理学者たちで、この最初のステップを完成させるため、絵を描くという心理的抵抗を乗り越えなければならなかった。しかしいったん乗り越えると、この最初のステップから、目の前の絵を描くという難題の先を考え始め、それまで想像もしていなかった状況に関わる問題を想定するようになり、自分たちが発見した満たされていないニーズが、時間がたつにつれてどう変化するか想像するようになった。本当のことを言うと、私は彼らの絵が何の比喩なのかわからないし、絵のコンテストに出しても賞は取らないと思う。しかし、それは問題ではない。エクササイズのこの最初のステップの目的は、自分たちが解決しようとしている問題は、時間がたつにつれてどう発展し成長するか、考える姿勢を身に着けることだ。

最初のステップはコンテキスト、つまりあなたのベンチャー事業のまわりで起こっていて、どうしても対応しなければならないが、自分たちではコントロールできないことに意識を向けることだ。政

治、経済、規制、利子率、ＡＩのようなテクノロジーの大きな変化、九・一一や二〇〇八年の金融危機、新型コロナのパンデミックのような深刻な出来事、これらすべてコンテキスト上の問題であり、長期的に大きく考え、強い影響力を持つサステナビリティ・モデルをつくろうとするとき、誰もが考えるべきことだ。このエクササイズの最初の部分だけでも、こうしたコンテキストからの影響を遠い将来まで考えていることを確認する助けとなる。私たちの大半にとって、長期的に解決しようとしている問題が、いかに手ごわく持続的なものであるかを再確認できるはずだ。

　なぜそんな遠い将来のことを強調するのか。一つには、手ごわく持続的な問題を解決しようとするなら、その解決策も持続的でなければならない。二つ目は、将来を重視するというこの考え方は、ＵＣＬＡの教授ハル・ハーシュフィールドの革新的な研究に基づいている。ハーシュフィールドは退職後に備えて若者たちに貯金をさせるには、退職後に資金が必要になったときの自分の姿を想像させることがカギであることを発見した。ハーシュフィールドに言わせると「人は〝将来の自分〟と対面すると、そこにつながっているという感覚を経験し、資産や倫理についての長期的な意思決定に影響するようだ……将来の自分の像を具体的かつはっきりと思い描くためにできることを何でもやっておけば、よりよい決断をする助けとなりうる」(6)。彼は大学生に、デジタル技術で作成した三〇年後の自分の顔を見せたところ、現在の自分の顔だけ見た学生たちより、貯金の目標額が平均三〇パーセント上昇した。同様に、ランズケープ・エクササイズのこの最初のステップで、私たちは現在の経験を超えて、この先、私たちが解決を目指している問題が、どうなっているか思い描けるようになる。問題のまわりの状況を理解して、それに感情的につながるのだ。

このエクササイズの二番目のステップは、価値提案に意識を向けることだ。あなたが描いた風景の中の道路を走る車（宇宙船でも他の乗り物でも）を想像する。ここでのポイントは、精神のストレッチであり、価値提案の段階での思考をさらに拡張することだ。乗り物のパーツで、価値提案のさまざまな部分を表わせるか考え、特定したコンテキスト上の問題が将来どうなっているか予想する。たとえばジェイナとプッシーハットのチームなら、車のハンドルを大規模な女性のエンパワーメントの運動を先導するもの、クラクションはコミュニケーション戦略、マフラーは政治的反発をそぐもの、ガソリンタンクはプッシーハットの初期の価値提案には欠けていた、収益を生み出すものとして描くかもしれない。車はジェイナの編み物チームが運転するバス、あるいは列をなすトラックで、彼女の支持者が将来増加することを示すかもしれない。

私がこのエクササイズを導入したチームの大半が、これは価値提案の潜在的な影響力を広げるのに役立ったと言っている。このおかげで、最初に価値提案を作成したときには考えもしなかった、将来のコンテキスト上の影響について検討するようになり、細かいことを気にせず何十年か後の将来を考えることで、目の前の制約について思い悩まずにすむ。

このエクササイズは、ゼロ年目からゆっくりと成長するという推測のもとに立てられた予測に頼るのではなく、もっと包括的かつ創造的、そして何年も先のコンテキスト上の問題を組み入れた、成熟した価値提案を作成する役に立つだろう。まずいまの〝種〟だけではなく、未来の〝成熟林〟を思い描こうとしているのだ。私たちのアントレプレナーシップの定義には、いま動かせるリソースにかかわらずという部分があったことを思い出してほしい。小さな種ばかりに注目しているとしたら、それはまったく逆の、現在、動かせるリソースだけしか考えていないということになる。

ランズケープ・エクササイズの第三のステップでは、将来に目を向けた価値提案の比喩として描いたものを、現在の価値提案を補強するものへと転換する。そのためには、まず将来バージョンからさかのぼって検討する必要がある。遠い将来の価値提案を生み出すには、現在のテクノロジーやその他の知られたインプットには頼れない。そのためこの前の価値提案のプロセスのときより、創造性を求められる。ではその将来の解決策を実践するためには何が必要になるか、現在に向かって一年ずつ時間をさかのぼって考えてみよう。現在に到達したら、新たにつくられた価値提案は、このエクササイズ前のものより創造的で大胆で、いまの時点での実現可能性に縛られていないものになっているはずだ。大きな考え方を反映し、より大きな影響力を持つものを想定しているだろう。

新しい価値提案を検討すると、実現可能性は低いように感じるかもしれない。それでかまわない。前述したとおり、大きな影響力を持つには、実現可能性より革新性を重視するべきなのだ。その価値提案を実行するのに必要な技術すべてを持っているわけではない。それでかまわない。十分な資金を持っていない。それでかまわない。チームにそれができる人材が不足している。それでかまわない。アントレプレナーシップとは、現在、動かせるリソースにかかわらず問題解決するための構造化されたプロセスであることを忘れずに。

エアビーアンドビーは、結果からさかのぼるプロセスを利用して、華々しい成果をあげた、わかりやすい例である。同社は二〇〇八年に、RISD卒業生のブライアン・チェスキーとジョー・ゲッビア、そしてハーバード大卒のネイサン・ブレチャールチクが、家の短期賃貸で自分たちが遭遇した問題を解決するべく設立した。彼らは行き届いたボトムアップ・リサーチを行なった。ハーバード・ビジネス・スクール教授のターレス・テイシェイラの言葉を借りれば、彼らは顧客の立場で考えていた。この場合の顧客とは、不動産所有者と、それを借りる人の両方である。彼らは顧客の気持ちになり、クレイグリストのような会社が扱っていないものを集めたリスト掲載サイトのニーズがあることに気づいた。また彼らのMVPを用いた試験的運用も行ない、それを何度も繰り返した(7)。しかしそれだけでは発展に限界があった。エアビーアンドビーが長期的に規模拡大できたのは、「異例ではあるが、まず完璧な経験を想定し……そこからさかのぼって、そのビジョンを達成するには何を変える必要があるのか考えた(8)」。

シーズ・オブ・ピースと小さく考えることの害

アントレプレナーシップは利益を追求する企業だけのものではないと、私は強調してきた。事実、ランズケープ・エクササイズは、世界の問題を抱えた地域に平和をもたらすことを目的とした非営利組織の中でも、目をみはる成果をあげている。私はシーズ・オブ・ピースというすばらしいグループと仕事をしている。この団体はもともと一九九〇年代に設立された組織で、イスラエルとパレスチナのティーンエージャーのためのサマー・キャンプを開催していた。そこには、これで互いのつながりを深め対話を増やしたいという願いがあった。そこに集まったティーンエージャーたちのほとんどが、〝反対側〟の人と会ったことがなかったが、このサマー・キャンプでの経験が、乗り越えられないと思われていた壁を打ち破ったのだ。シーズの初期のキャンプでは、ひと夏を共に過ごすことで、本当に壁が消え始めるのが実証された。対話を進めるという基本的な目標を、もっと大きくできると感じたシーズから、卒業生のためのワークショップを開いてほしいという依頼を二〇一五年に受けた。私はヨルダン、ロンドン、東エルサレムで卒業生を相手に「発見・解決・拡大」起業プロセスを活用して、そのキャンプで成し遂げようとしていたビジョンより、もっと大きなことを成し遂げるためのトレーニングを行なった。

初めのころロンドンでシーズの卒業生たち（シーズ・フェローと呼ばれる）と会ったとき、ランズケープ・エクササイズがこのグループにとって、おおいに役立つことに気づいた。私はふつうのボトムアップ・リサーチのトレーニングを行なうつもりだったが、フェローの何人かと朝食の席で話したとき、彼らの起業家としてのビジョンを少し耳にした。彼らがどんな事業をするつもりか聞いたとき、その考えがあまりに小さいことに衝撃を受けた。たとえば、アラビア語やヘブライ語での合唱団、イスラエルとアラブの女性のためのハイテクのサポートグループ、イスラエルでのボランティア活動を促進するグループ、ガザのテクノロジーの学位を持つ人々のための職業斡旋所、女性向けファッションを販売するウェブサイト。

やる気は感じられるものの、シーズ・フェローは事業を小さくまとめて管理しやすくしているように見え、しだいに私が用意したワークショップは間違っていたと感じ始めた。彼らに必要なのは、大きく考える方法とその理由を学ぶことだったのだ。その朝食のあと、私は妻に予定していたロンドン観光は保留すると伝えなければならなかった。

ワークショップでは、フェローとシーズの幹部たちにまで、彼らが比喩として使っているシーズ（種）という概念は、彼らが育てたいと思っていることを明確に伝えるものではあるが、いまはそれに縛られていると断言した。彼らはイスラエルとパレスチナの間に何世代にもわたって存在している文化的、政治的緊張をなくすことを目指していて、そのために必要な大きな影響力を象徴する森を育てるのに、一本の苗木ではとても足りないことが問題だった。私は彼らに、目の前の不穏な状況のその先を考えさせなければならなかった。その状況のために、彼らは根本的に大きな変化は不可能と思い込んでいた。

それで私はランズケープ・エクササイズに切り替えた。解決は難しいと思われる問題を短期で解決しようとすると、何をやっても悲観や冷笑に傾いてしまう。そのため、その呪縛から逃れられるくらいの期間を設定する必要があった。そこでこれまでで最長の期間を設定した。二〇五五年に解決しようとしている問題を想像するよう指示した。それに対してすぐさま大きな反応があった。創造性あふれるイスラエル人教育者のハギット（ヤッファのアラブ人とユダヤ人の親をスカウトして、一五〇人の生徒を対象とした二カ国語、二国による、マルチカルチャーの教育システムを創設していた）は、思わずこう口走った。「でもそのとき私は八〇歳を過ぎています。そんな先のこと、考えることさえできません！」まさにそこだ。いまの思考、社会通念、政治的抵抗、政府方針、文化規範、その他の障害を気にせずにすむよう、自分が遠い未来にいると考えることが、このトレーニングの目的である。自分を四〇年後の世界に置いてみて、ハギットは大きく考えられるようになった。

彼とは別に、このエクササイズへの抵抗を示したのは、マイカー・ヘンドラーというシーズ・フェローだった。彼はパレスチナとイスラエルのティーンエージャーたちを集めて、エルサレム・ユース・コーラスを立ち上げた。マイカーは自分には芸術的才能がないので、私が指示したような比喩的な絵は描けないという不安を表明していた。「幼稚園の先生に描くよう言われても描けなかったし、いまも何も描けないんです」と、彼は弁解した。しばらく時間はかかったが、彼は深呼吸をして描き始め、それがとてもうまくいって、どうすればもっと大規模で長期的な影響力を得られるかについて、前より大きく考えられるようになった。私と話したとき、彼は次のように語った。

私がエルサレム・ユース・コーラスを始めたのは、エルサレムにいるイスラエル人とパレスチナ人の若者の関係を改善させるためです。ランズケープ・エクサイズは大きく考えるための課題でした。そのときはすごく恐ろしかったんです。小さなコーラス・グループさえまとめられていなかったのに、もっと大きくすることを考えるなんて。でもこのおかげで、他の状況や対立へと意識を広げることができました。それらは癒しと信頼を構築するためのツールとスペースを必要としていたのです。いまそれはレイズ・ユア・ボイス・ラボという創造的な文化交換企業という形になり、世界中のグループが新たな方向へ、ともに向かおうとするのを助けています。私はランズケープ・エクサイズをもう一度、共同創業者とともに二〇二〇年にも行ないました。我々の影響力を明確にし、さらに大きくする助けとなりました。

ハイチのプロジェクトがハイチのネットワークとなる

私のブラウン大学の同窓生であるパトリック・モイニハンはカトリックの助祭で、ハイチの貧困家庭出身の若者の教育に取り組むルーヴェルチュア・クリアリー・スクールの運営に専心している。この学校の卒業生の九〇パーセントが、ハイチで学んだり働いたりしており、大学を出てわずか数年で、平均してハイチの一人当たり収入の一五倍を稼ぎ、自分自身と家族を養い、国に還元している。この学校を通してパトリックが成し遂げたことは驚異的で、たいていの人からすれば、そのキャリアを賭けるに値するすばらしい仕事である。この場合は、神の仕事という意味だ。

私たちがブラウン大学でアントレプレナーシップ・センターを設立したとき、パトリックが私に会いにきて、彼の仕事について近況を話してくれた。ふだんパトリックは理想主義に燃え、それを動機としてルーヴェルチュア・クリアリー・スクールを二〇年以上、運営してきた。しかしこのとき、彼は不満をためているように見えた。それまでに学校をよりよくするための資金を調達するという希望を掲げて、何人かの資産家と会っていたのだが、彼らはそれが生徒たちのためになると認めながら寄付しようとしなかった。「あの学校が生徒たちの人生を変えていることを疑う人はいません。彼らは私が頼む何百倍もの額の小切手を差し出せる資産を持っている。それなのに、どうしてやろうとしないんでしょう？」

私はパトリックに、小さく考えすぎているのではないかと告げた。彼は満たされていないニーズを発見し、確認した。そして強力な価値提案を作成し、そのニーズを満たすべく取り組んでいる。しかし「大きく考える」サステナビリティ・モデルをつくるという三つ目のステップには進めておらず、小さくまとめたほうがリスクを減らすことができるという思考の罠にはまってしまっていた。実はそれは逆だったのだ。私は彼にこう告げた。彼が寄付を頼みにいった人たちは、数えきれないほどの価値ある組織から寄付を依頼され、その中から選ぼうとしている。彼らはできるだけ大きな成果をあげられるものをさがしているのだ。パトリックの学校で教育を受けられるのは、年間せいぜい数百人だ。彼らに寄付をする意義があると思ってもらえるくらいの規模にすることを目指すなら、もっとたくさんの若者を助ける必要がある。投資家が利益増大を目指すように、チャリティに寄付する人も規模拡大を望む。そして彼らは、パトリックの依頼よりもはるかに大きな投資額に見合う、寄付先をさがしていると思われる。

私がパトリックに何を勧めたか。大きく考えろと進言した。「一〇万ドルではなく、一〇〇〇万ドルあったら何をする？　ハイチ人の数百人の生徒ではなく、何千人を教育するには何が必要だろう？国全体を変えるために、どんなモデルが考えられるだろう？」パトリックの目がぱっと輝いた。「たしかにそういうビジョンなら、前に寄付を断った人でも、乗り気になる人がいるはずだ。しかしどうやってそんなビジョンをつくれるだろう？」私はパトリックにランズケープ・エクササイズを受けさせたあと、ブラウン大学の教え子で、当時センターのピア・アントレプレナー・イン・レジデンス（ＰＥＩＲｓ）だったダニエル・ブレイヤーを紹介した。ダニエルはパトリックと一緒に、数カ月かけて「発見・解決・拡大」起業プロセスに取り組み、私がその進行状況を監督した。うれしいことに、パトリックと彼のチームはランズケープ・エクササイズを活用して学校の価値提案を再点検し、「大きく考える」サステナビリティ・モデルを開発した。その成果が、彼らのウェブサイトに掲載されている。

いまこそハイチは教育第一になるべきだ

三〇年にわたり目覚ましい成果をあげ、何百人もの優れた卒業生を輩出してきたハイチアン・プロジェクトは、ルーヴェルチュア・クリアリー・スクール（ＬＣＳ）の影響力をさらに広げるべく、ハイチ全土に学校の全国的なネットワークを構築しようとしています。ルーヴェルチュア・クリアリー・スクールのネットワークは、ハイチの各教区に一校ずつ、合計一〇校の授業料無料のカトリックの共学全寮制中学のシステムとなり、毎年三六〇〇人の生徒に奉仕の精神に満ちた質の高い教育を受けさせ、一二〇〇人の卒業生にハイチの大学への奨学金を提供しています。

ＬＣＳネットワークはハイチにとって大きな一歩であり、ハイチアン・プロジェクトは、それ自体が目的ではなく、ハイチと世界中の教育への奉仕事業の重点を変えるための機会ととらえています。

パトリックが前に寄付を断られた裕福な人々を再び訪れたとき、どんな反応があったか。彼らは身を乗り出して、大いに興味を示し、パトリックが一つの学校を建てようとしたときにはなかったレベルの額を寄付してくれた。ルーヴェルチュア・クリアリー・スクールのネットワークは、最初の一校の価値提案の成功を土台に構築され、いまやハイチの教育・経済システムを変革する一要因となっている。

パトリックはそれについて次のように語っている。「ダニーが〝ランズケープ〟という言葉を発し、『君のビジョンの最終形態は何なんだ？』と問いかけられた瞬間、解決策が浮かんだ。答えがわかったんだ。それがネットワークだ。自分が『マネーボール』のビリー・ビーンになった気がした」

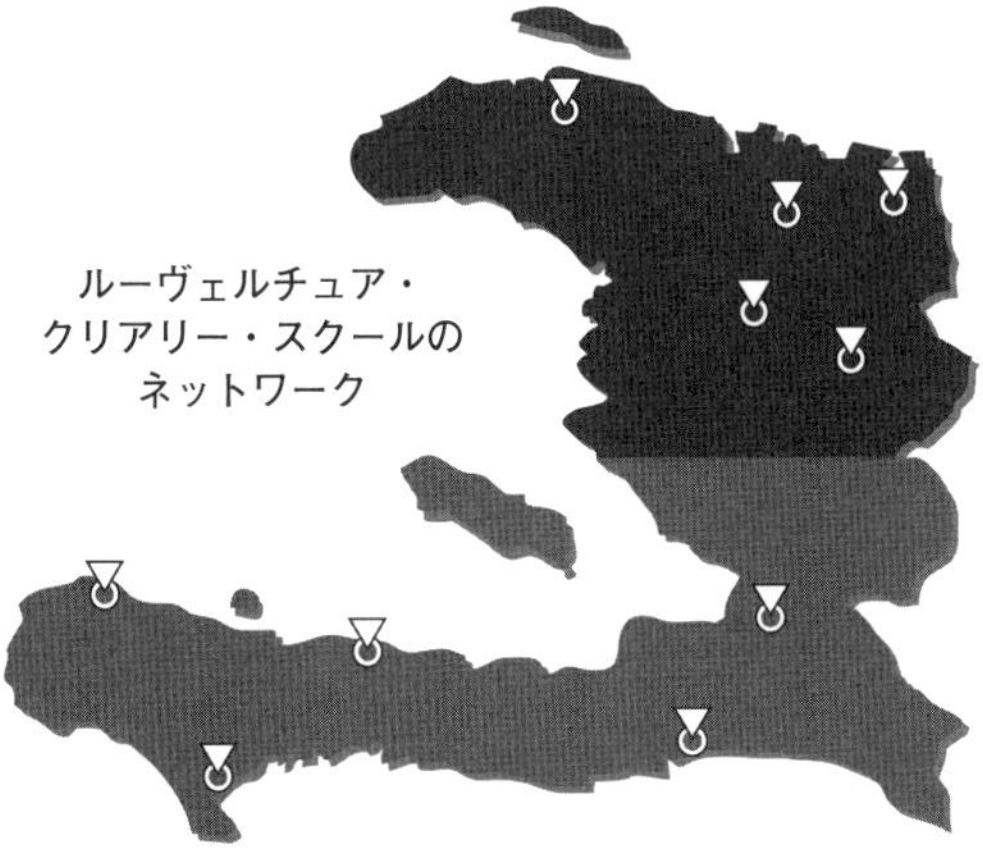

大きく考えることに求められるものの見方を強化するため、ランズケープ・エクササイズに似た精神のストレッチ法を、さらにいくつか紹介したい。その一つはデザイン・フィクションという、アーティストであり技術者でもあるジュリアン・ブリーカーが開発したものだ。これは実現可能性についての不安は忘れて、SFの形で将来を描写する。二〇〇九年のマニフェストに、ブリーカーは「サイエンス・フィクションと同じで、デザイン・フィクションは考えられる将来の世界における架空の会話をつくる」と書いている。あなたが大きな組織で問題を解

決しようとしているなら「これは特に長い歴史と多くのしきたりがある大きな組織の内部でこそ価値がある」と、ブリーカーは勧めている(9)。

私と共同で仕事をしているRISDの産業デザインの教授チャーリー・キャノンも、私の学生たちが将来を描くのに役立つ、同様のエクササイズを公表している。それは将来『タイム』誌の表紙を飾る自分と、その見出しを考える。そしてそこに到達するには何をするべきか、さかのぼって計画を立てる。

ケン・コックスはNASAの科学者で、他の惑星へのロケット打ち上げミッションに必要な計画立案の責任者だった。このようなミッションは何年どころか数世代かかる可能性がある、ということはつまり、目的地に到着するチームが、地球を出発したときのチームとは違うかもしれないということだ。ボブ・ジョンストンとダグ・ベイトが学生たちに課したのは、ケン・コックスの立場に立って、それくらい長期的なミッションを考えるというものだった。

私が目にした最も遠大なアプローチは、ロング・ナウという団体から生まれたものだ。そこでは今後八〇〇〇年間で直面するY2Kのような問題に備え、年代の桁を一つ増やして表記している。同財団のミッションについて、ウェブサイトには次のように書かれている。「ロング・ナウ財団は〇一九九六年に設立され……きわめて長期的な文化団体の種となります。ロング・ナウ財団は、長期的な思考がもっと一般的になることを願っています。私たちは今後一万年の枠組みで使命感を育てていきます」。ランズケープ・エクササイズの意図するところと同じように、ロング・ナウの共同創業者でコンピュータ科学者のダニエル・ヒルはこう指摘する。「近い将来のことばかりを考えてしまう、心理的な壁を壊すべく、長期的なプロジェクトを始める時期に来ている(10)」

最後に、地球の軌道を飛んだ宇宙飛行士は、自分たちの惑星と、自分たちがもたらす影響の可能性に対する見方が変わるという、心理的な変化を経験したことを報告している。オーバービュー効果として知られるこの現象は、宇宙飛行士たちが私たち人間の問題を、もっと広い視野で見られるようになるというものだ。ランズケープ・エクササイズと同じように、オーバービュー効果は認知の変化を生じさせる。これも精神をストレッチして、地球もたくさんの星がある宇宙の中で動いている惑星の一つであるという見方ができるようになる。ほとんどの人がこの惑星には国境も境界もなく、それらは人間がつくりだしたものなのだと理解する。地球に戻ってきた宇宙飛行士の多くが「可能性、協力、人間という種の将来について見方が変わった。その経験は超越的で人生が変わったと考える人もいた」[11]。

これらすべての精神的ストレッチと同じように、ランズケープ・エクササイズはいまの経験から一歩踏み出て、いまの生活に疑問を持つことを余儀なくする。将来、過去を振り返って「前はこうだったなんて信じられる？」と問いかける自分を想像させるのだ。サステナビリティ・モデルについての説明を始める前にこの段階を踏むことが、以前の近視眼的な見方によるものより、長期的な影響力を持つ大きなチャンスを思い描く助けとなる。

どうやって？

これまで価値提案を推し進める、三つの重要な問いについて論じてきた。**なぜ**は利益、**何**はフィーチャー、**誰**がその製品やサービスを使うのか。サステナビリティ・モデルに取り組むとき、私たちは四つ目の重要な問い、**どのように**に答えようとする。私たちはどのように、反復と規模拡大が可能なやり方で、提案した価値を提供するという約束を果たすことができるだろうか。

「なぜ」から始めるというサイモン・シネックの提言を受け入れるにしても、どこかの時点で「どのように」を考える必要がある。価値提案で約束したことをすべて、どうすれば果たすことができるだろうか。どうすればミニマル・バイアブル・ソルーションを反復し、規模拡大することができるだろうか。自分たちが見つけた問題を完全に解決できるまで、長期にわたってそれをどのように行なっていけばいいのだろうか。どうやって歩道にコンクリートを流せばいいのだろうか。

ルナ

ルナ（RUNA）はブラウン大学の二〇〇八年度の私のクラスの五人の学生が立ち上げたベンチャー事業である。全員、ビジネスや起業の経験はなかった。彼らは典型的なブラウン大学リベラル・アーツ専攻の学生たちで、学んでいる分野は文芸から社会政策まで幅広かった。その一人であるタイラー・ゲイジはアマゾンに住んでいたことがあり、先住民コミュニティの広範な植物知識に関心をつのらせていた。彼らが検討すべきアイデアを集めるためミーティングを行なったとき、タイラーはグアユサというアマゾン産の葉を商品化する方法を見つけるというアイデアを投げかけた。それまでどんな形でも商品化されたことはなかったが、調査によればグアユサにはコーヒーと同じくらいのカフェイン、多量のポリフェノール抗酸化物質が含まれる一方、タンニンは含まれていないので、味わいがさわやかでなめらかである。チームは協力して、どうすればこの材料の世界初となるサプライチェーンを築き、互恵貿易協定《フェアトレード》と、持続可能な農法を活用して、グアユサを育てている先住民コミュニティに利益をもたらすことができるかを考えた。

課程が終わったあと、タイラーと彼のチームはグアユサの販売を目指す企業を起こして、社会的影響力を持つ投資家、著名人さらにはエクアドル政府から、二五〇〇万ドルを超える額を調達し、ルナという名の会社をビタココに売却した。彼らはアマゾンの何千という農家に、何百万ドルという直接収入をもたらし、一二〇万本の木を植えた。しかしタイラーが知っていた、グアユサからもたらされる数えきれないほどの恩恵を、最大限に生かすことができたのは、どのような企業だったのだろう。わかりやすく言うと、その会社の価値提案、さらにはサステナビリティ・モデルは何か、ということだ。ルナの価値提案は、最初は明確に思えた。

○何：エクアドルに生育し、コーヒーと同じくらいのカフェイン、緑茶と同じくらいの抗酸化物質を含み、味もいいグアユサという葉。

○誰に：〝しかたなくレッドブルを飲んでいる人〟、そしてもっとクリーンなエナジードリンクをさがしているミレニアル世代、それ以前にエクアドルでそれを植え、収穫できる農家。

○なぜ：化学薬品ではなく植物由来のクリーンなエネルギー源〟。なめらかで長時間、元気を保つ。喉の渇きを和らげる味のいい飲料。そしてルナのチームにとって最も重要な要素は、エクアドルの農家が生活水準を上げる手段を持つこと。

この学生のチームが直面した重要な問いは**どのように**だった。タイラーが思いついたこの貴重なハーブに関するアイデアを、長期的に大きな影響力を持つものにするには、どのように扱えばいいのだろうか。

タイラーはこの部分について、著書の『フリー・アライブ：アマゾンでの教訓を生かして、ビジネスと人生のミッションを実現する』で語っている。タイラーが語ったところによれば、この過程のごく初期に、私が出した、彼らに世界を変える力を与えてくれるサステナビリティ・モデルをつくるという課題に取り組んでいるときのことだった。

……私たちの最初のアイデアはシンプルでした。エクアドルでグアユサを育てているいくつかの農家に働きかけ、それを自分たちが茶葉を扱う企業に販売する。それを話したところ、ダニーは首を振りました。「もっと大きく考えなさい」。それは命令でした。私たちの計画は、毎月数千ドル分のお茶を苦労して売るようなものでした。彼が特に力を入れていたのは、学生たちの意欲をかきたてて、大規模なベンチャーに育つアイデアを考えさせることでした。(12)

タイラー、ダン・マコンビー、チャーリー・ハーディング、エーデン・ヴァン・ノッペン、そしてローラ・トンプソンは、「大きく考えろ」という私の指示に、それまで起業家プロセスを学んだどのチームにも引けを取らないくらい、よく従った。さまざまなサステナビリティ・モデルを検討し、グアユサをエクアドルで栽培し、グアユサの原料を卸売りし、グアユサ茶とその他いくつかのものを販売することを考えた。これらのモデルはどれも、グアユサのサプライチェーンに意義深い価値を付加するものではなく、長期的に大きな影響力を持つとは思えなかった。

ここからはタイラーの本に書いてあることだが、あるときチャーリーが「本物のエナジードリンクをつくったらどうだろう?」と提案した。数分間、そのアイデアを咀嚼して、手早くトップダウン・リサーチを行なって最初の疑念を払拭《ふっしょく》すると、エナジードリンクはアメリカだけで三二億ドルを売り上げ、その市場は年間九パーセントの成長が見込まれていることがわかった。チームは「研究所ではなく茶葉からつくられた」シンプルなエナジードリンクを発売し、想像していたよりはるかに大きな市場に参入するチャンスがあることを発見した。この初期のルナのチームは、グアユサを日常的に飲んでいた現地のコミュニティでタイラーが行なったボトムアップ・リサーチを活用し、価値連鎖の中の、消費者向けエナジードリンクという部分に重点を置いたサステナビリティ・モデルをつくった。

ルナのチームがさまざまなサステナビリティ・モデル（どのように）を考えるにあたっては、根底の価値提案（何、誰、なぜ）は変えなかった。この場合、消費者とエクアドルの農家の両方に、グアユサがもたらす数多くの利益である。変わったのは、この事業が大きく成長し、長期的に大規模な影響力を維持できる可能性だった。その影響力の中には、フェアトレードを土台に、エクアドルで農業を営む四〇〇〇を超える家庭に、家族を養う力を与えることも含まれていた。これはそれまで一度も成しえなかったことだった。これはまた、アマゾンの広大な地域の森林の再生を可能にした。

ルナは前に説明した、触媒的な影響力の最高の例である。新しい事業を始めるときに動かせる資金がわずかであっても、事業の長期的な実現可能性と方向性を左右する影響力を持ちうる。タイラーとダンは、ロードアイランド・ビジネス・コンペティションで二万五〇〇〇ドルを勝ち取れなかったら、チャンスを真剣には考えず、会社を立ち上げようとはしなかったと言うだろう。会社の規模を拡大するときは、エクアドルにサプライチェーンを築き、レッドブルのような商品と競争するため、多額の資金を調達しなければならなかったが、ルナを世に送り出したのは、最初の二万五〇〇〇ドルの〝歩き回り資金〟だった。タイラーとダンにとって、〝歩き回り資金〟は、卒業した翌日、バックパックに荷物を詰め、エクアドル行きの片道切符を買うためのものになった。それはすべてを変える、正しい〝大きく考える〟サステナビリティ・モデルを選ぶことだったのだ。

カカオ

長年、ブラウン大学のソーシャル・アントレプレナーシップの所長だったアラン・ハーラムも、ルナのチームに協力していた。ルナがさまざまなやり方を検討していたころ、アランがサステナビリティ・モデルの選択が、小規模なベンチャーと、長期的に大きな影響力を持つ事業の違いを生むことを明確に示す例を話してくれた。アランの教え子たちが、南米のカカオ栽培者のグループのことを調べていた。彼らはなんとか、その土地の世帯とコミュニティの生活を、最低生活水準を上回るところまで引き上げようとしていた。栽培、収穫、生のカカオ豆の販売の効率をどれほど工夫し向上させても、家族を養えるほどの利益が農家にもたらされることはなかった。そこで学生たちは、価値連鎖の次の段階、豆の発酵という作業を検討した。いくつかの農家が豆の発酵法を学び、ステップアップしたところ、その付加価値のついた豆を桁違いの利益率で販売し、家族を養うのにじゅうぶんな利益をあげることができた。生の豆ではなく、発酵した豆を販売することがカギだった。モデルを変えた（どのように）ことで、持続可能なものをつくることができたのだ。

価値提案を決定したあと必要になる重大な選択は、事業の中心を、業務マップやサプライチェーンのどこに置くかということになる。茶葉を販売するというルナの最初のアイデアのように、そもそも発売が難しく、規模拡大などとても望めないというものもある。また生のカカオ豆を販売しているうちは、その農家が最低生活水準を上回ることはできなかっただろう。他にサステナブルな方法がないか検討することで、大きく考え、成長するモデルが見つかる。

プロフィットロジック

プロフィットロジック(13)は、マイケル・レヴィが創業してＣＥＯを務める会社だが、彼は大手小売店が製品を早く売ろうとして値引きするときに直面する、強力で解決しにくい問題を発見した。小売店は商品の価格を決めるとき、不正確なカンに頼っていて、何十億ドルもの売上に関わるのに、品質重視の不正確なやり方のせいで何千万ドルもが失われていた。マイケルは博士号を持つロケット科学者で、優れた分析スキルを持ち、社員も彼と似た人物を雇っていた。彼の小さなコンサルティング会社

『地下鉄道』『ニッケル・ボーイズ』でピュリッツァー賞を連続受賞した著者による新作エンタメ長篇！

ハーレム・シャッフル

コルソン・ホワイトヘッド／藤井 光訳

eb11月

成り上がりを夢見て、ハーレム街の中古家具店で誠実に働くレイ。だが夢のためには、従弟がもちこむ盗品も売るしかなかった。ある日、従弟の起こした事件で、レイは裏社会の争いに巻き込まれる。二重生活の葛藤の末にレイが選んだのは？ 『地下鉄道』著者新作

四六判並製 定価2970円［21日発売］

スティーヴン・キング絶賛！ 作中のイラストが驚愕の真相への伏線となるホラー・ミステリ

奇妙な絵

ジェイソン・レクラク／中谷友紀子訳

eb11月

優しくて内気な少年テディ。その面倒を見るベビーシッターのマロリーはある日、テディが奇妙な絵を描いていることに気がつく。森の中で、女の死体を引きずっている男の絵だ。テディが何かに取り憑かれたように描き続ける、不気味な絵に隠された真相とは――？

四六判並製 定価3410円［21日発売］

カンピエッロ賞受賞、ストレーガ賞最終候補のイタリア文学界の新星による傑作長篇

月

私の母は掃除婦をしながら四人の子どもを育て、障がいを持つ夫を支えた。だが母の厳格さがいつしか私を暴力的にしていった――。

は、顧客の大量の売上データを手作業で分析し、顧客である小売店に値引きを最適化する方法をアドバイスしていた。

私たちが夏の学期いっぱい使って研究したベンチャー事業の中で、プロフィットロジックの価値提案は、最も数値化しやすいものだった。マイケルと博士号を持つ社員たちは、顧客の粗利益を一六パーセント上げられる力を持っている。プロフィットロジックの顧客には、年間収益が数十億ドルにのぼる会社もあった。粗利益が主な大手小売店と同じ五〇パーセント程度なら、プロフィットロジックは、顧客にとってきわめて大きな価値を生むことができる。数億とはいかないまでも数千万ドルにのぼるだろう。そのためプロフィットロジックの選択の焦点となるのは、何（値引きの最適化）、誰（大手小売店）、なぜ（粗利益を数千万ドル増やす）ではなかった。どのように自分たちの会社のモデルを変更し、プロフィットロジックが新しいソフトウェア技術を活用して、もっと大きく成長できるような形で、この価値を提供することができるだろうか。

しかしなぜ大きくする必要があるのか。マイケル・レヴィの小さなコンサルティング会社の経営はうまくいっていて、少数とはいえ顧客の小売業者に大きな価値を提供している。そのモデルを変える推進力となるものは何だろう？　マイケルはこの価値提案には、彼の小さなチームがコンサルティングを行なうよりも、はるかに多くの小売業者に適用できる可能性があることに気づいた。さらにプロフィットロジックは、同社の将来を見越したベンチャー・キャピタリストから資金調達を行なっていて、投資額に対する巨額の利益が望まれていた。コンサルティング会社ではそれができない。規模を大きくできないのだ。もっと大きな価値を提供するには、もっとたくさんの優れたロケット科学者が必要だ。マイケルがそんな人を見つけて雇えたとしても、夜になれば家に帰るし、給料や福利厚生も必要になる。病気や旅行で休みを取るし、長く会社にいてくれるかどうかわからない。コンサルティング会社として、プロフィットロジックは長期的に大規模な影響力を維持できない。そこでマイケルは、元ＩＢＭの小売販売部門にいたスコット・フレンドをＣＥＯとして雇い、プロフィットロジックが長期的に成長できるような、新しいスケーラビリティ・モデルの実現を目指した。

プロフィットロジックの規模拡大を目指して、マイケルとスコットは、顧客の売上データの収集、移動、保管、分析をはるかに効率よく行なうための、二つの違うハイテクモデルに注目した。彼らはいくつかのモデルを検討し、その中に、顧客のデータを中央サーバーでホストする、アプリケーション・サービス・プロバイダ（ＡＳＰ、現在ではクラウド・コンピューティングと呼ばれる）と、個々の小売会社で走らせるライセンス付きソフトウェアがあった。前述したように、スコットと彼のチームが検討していたハイテクモデルが何であろうと、プロフィットロジックの基本的な価値提案は変わらなかっただろう。自分たちの会社が売上データを使って製品の最適な値引き額をはじき出し、利益を大幅に増やすことだ。プロフィットロジックがＡＳＰやライセンス付きソフトウェアを通して価値を提供するかどうかにかかわらず、一六パーセントの粗利益増加は同じである。コンサルティング会社としての価値をどう提供しようと、やはりそこは変わらない。誰、何、なぜは同じだが、どのように、の部分が、大きく変わったのだ。

プロフィットロジックが示した重要な教訓は、サステナビリティ・モデルの選択が、さまざまな変数（バーンレート、キャッシュフロー、資金調達の戦略、求める人材、ＣＥＯに誰を選ぶかまで）に影響するということだ。スコットとマイケルが検討したサステナビリティ・モデルは、それぞれ違うレベルのリソースを必要とした。選択を行なうには、そこに関連するトレードオフを理解していなければならない。

バーンレートは毎月いくらの現金を消費するかの尺度で、測定と追跡には不可欠なものだ。現金が不足すると存続できなくなるからだ。スキューバダイビングをするとき、残りの酸素の量とどのくらいの速さで使っているか、常に気をつけていなければならない。同じように起業のアーリーステージでは、現金がいくら残っていて、どのくらいの速さでなくなっているか、常に監視していなければならない。ＨＢＳでの私の教授だったジェフ・ティモンズはいつも「現金を切らすな」と口を酸っぱくして言っていた。

コンサルティング会社としてのプロフィットロジックは、外部からの出資を受けず、キャッシュフローだけで急成長を遂げた。顧客のキャッシュを増やせば増やすほど、博士号を持つコンサルタントをたくさん雇えるようになった。プロフィットロジックが、能力に限界がある博士号取得者たちの、速度の遅い手作業の分析から、能力がほぼ無限の速いコンピュータ処理への移行を目指したとき、マイケルとスコット、それに彼らのチームは事前にこのテクノロジーに投資する必要があった。利益が生まれる前に、という意味だ。毎月の現金の損失額、〝バーンレート〟はそのつど違った。プロフィットロジックが個々の顧客に合わせてカスタマイズする、ＡＳＰの一つでは、バーンレートは月に五〇万ドルだった。このＡＳＰを用いる方法を標準化して、新しい顧客にほぼ同じテクノロジーを再利用できれば、バーンレートは七五万ドルに増加する。そしてもし顧客がライセンスを取得して、それぞれのサーバーで走らせるソフトウェアを開発すれば、プロフィットロジックのバーンレートは月一〇〇万ドルまで増える。一カ月一〇〇万ドルだ！　ここでも、どのバーンレートまで許容できるかにかかわらず、同社の価値提案はずっと変わらない。

このキャッシュを消費して経営を続けつつ、プロフィットロジックはベンチャー・キャピタリストからの投資という形で、他人がコントロールする（何億ドルもの）リソースを獲得しようとしていた。これらの投資の微妙な差異の一つは、そのときはベンチャー・キャピタリスト自身、同社が顧客である小売業者にもたらす大きな価値だけでなく、ＡＳＰのモデルを追求するというプロフィットロジックの意欲に魅力を感じていたということだ。当時ＡＳＰはネクスト・ビッグ・シングと呼ばれ、初期投資額が少なく、継続的なＩＴコストも低いことから、大手企業のコンピュータ・システムの管理法を大きく変えると期待されていた。

やがて流行も変わり、ＡＳＰは支持されなくなり、ベンチャー・キャピタリストはライセンス付きソフトウェアのモデルのほうに引き寄せられていった。またプロフィットロジックの顧客の好みもさまざまだった。ＡＳＰを好む人もいれば、ライセンス付きソフトウェアを好む人もいた。そしてモデルによってコストやバーンレートが違うように、収入とキャッシュフローも違っていた。ＡＳＰは初期の収益は少なく、時間がたつと増える。ライセンス付きソフトウェアはその逆だった。初期が多くて、時間がたつと少なくなる。

スコットが自前のソフトウェアを開発するかどうか決めなければならなくなったとき、彼はプロフィットロジックにその仕事ができるチームがないことに気づいた。そのとき必要とされるのは博士号を持つロケット科学者ではなく、ソフトウェア開発者なのだ。スコットは自身の創業者のジレンマにも直面した。これについては第七章でもっと深く掘り下げる。彼はソフトウェア開発者のチームを率いたことのない自分には、ソフトウェア企業を率いることはできないという事実を受け入れなければならなくなったのだ。

これらの要素すべて、つまり顧客からいつ、どれだけの現金を受け取るのか、ＡＳＰとライセンス付きソフトウェアのバーンレートの違いは何か、異なるモデルを実行するためにどのような人材が必要か、さらにはスコットがＣＥＯに適任かどうかまで、プロフィットロジックがどのようなサステナビリティ・モデルを採用するかで変わってくる。これらはすべて、同社が価値提案を実現して長期的に大規模な影響力を持てるかどうか、その程度やアプローチのしかたにまで影響する。

その中で私が特に強調したいのはキャッシュフローである。今日の一ドルは明日の一ドルより価値があるという、金融の本質を突いたことわざがあるが、ここで説明されているのは、いつお金を使い、いつ受け取るかのタイミングであり、すべてのサステナビリティ・モデルが考慮すべきことである。

顧客からいつ支払いを受けるかは、受け取る絶対的な額に負けず劣らず重要なことになりうる。スタートアップ企業が、いま動かせるリソースを気にせず事業を行なうとき、またベンチャー・キャピタリストや他の資金源から、資金を調達するとき、消費する前に顧客から集められる現金の価値は莫大なものになるかもしれない。

キャスパーの創業者のルーク・シャーウィンが、創業から一八カ月で売上が一億ドルに達したと何気なく言ったのを覚えているだろう。おそらくさらに強烈だったのは、同社の好循環のキャッシュフローモデルである。キャスパーはオンライン販売の顧客からすぐにキャッシュを受け取り、マットレス製造会社には六〇日後に支払えばいい。この黒字のキャッシュフローのおかげで、キャスパーは創業当初に多額の外部資本を調達せずに、飛躍的に成長することができた。大きく考え、長期的に大きな影響力を保つという目標を掲げることで、自分のベンチャー事業のフリー・キャッシュフローを改善する方法を理解するための経験とスキルを身に着けることができるだろう。

少ないリソースが、起業家と製品開発者を分ける

ときどき大手企業や政府機関などの組織にいる人から、「発見・解決・拡大」起業プロセスと、従来の製品開発プロセスと何が違うのか尋ねられることがある。表面的には、製品開発のプロセスにも同じステップが含まれる。問題を突き止める。その問題を解決するための製品をつくる。そして規模を拡大する。これらはここまでで説明してきた、アントレプレナーシップの問題解決のための構造化されたプロセスと同じように感じる。

アントレプレナーシップと製品開発が違っているのは第二の部分――**いま自分で動かせるリソースにかかわらず**である。多くのリソースに恵まれている大きな組織では、私たちの起業家プロセスの三

つのステップを実践しても、それはアントレプレナーシップとは違うものだ。このプロセスはリソースが少ない状況で行なう必要がある。

そのためには多くのリソースを手に入れる手段を制限しなければならない。言い換えると、リソースが少ない状況に身を置く、いわば**アパリグラハ**を実践する必要があるのだ。前述のナイト・リッダー新聞社を思い出してみよう。直感に反するかもしれないが、同社がアントレプレナーのふるまいをできなかったのは、その豊富なリソース（出版の専門知識、多額の売上、才能ある編集者、販売ネットワーク、印刷機械）のためだった。ただし一つだけ例外があった。

前に説明したとおり、インターネットの黎明期、ナイト・リッダーのCEOだったトニー・リッダーは、高い利益率と業界の参入障壁の高さを見て、インターネットはナイト・リッダーの新聞事業の脅威にはならないと考えたのかもしれない。インターネットは五〇〇〇万ドルの損失を出したビュートロンに似ていて、うさん臭く見えた。それでトニーと《サンノゼ・マーキュリー・ニュース》の編集長ボブ・イングルは、及び腰ながら新聞のオンライン化を検討し始めた。及び腰と言うのは、トニーはボブにオンライン化のための専用のリソースを用意しなかったということだ。当時担っていた責任を免除することもなく、専用のオフィスも与えず、営業スタッフも編集者も割り当てなかった。さらに悪かったのは、ナイト・リッダーの保守的な組織や文化（企業近視、企業内重力、免疫システム）が、成功している新聞モデルを維持することを何よりも重視していたことだ。それはたとえば、ボブが新聞の編集者をオンライン・チームに引き抜こうとしたときの会社の言い分に表われている。「ボブが新聞の編集主任に助けを求めたとき、返ってきたのは『ここから出てってくれ。自分たちは**本物の**新聞を出さないといけないんだ』という言葉だった[14]」

フェイル・ファスト、フェイル・チープ

多くの会社で、ボブのような人が、組織の抵抗と危機感の欠如によって、会社の主力製品をつくることをあきらめていただろう。ボブのボトムアップ・リサーチでは、購読者も広告主も紙の新聞よりも自分用にカスタマイズされた情報とコミュニケーションを求めていることが示されていた。そこで彼がつくった価値提案は「自然に発展したコミュニティと、そこにリーチしたい広告主（誰）に、より個別化された情報体験とより効率的な広告媒体を提供する（なぜ）、新しいカスタマイズされたオンライン・メディア（何）」だった。

失敗をほとんど知らない、思考が固定化した企業で、ボブは《サンノゼ・マーキュリー・ニュース》をオンライン化し、成功をおさめたのだ！　いったいどうやって？　大企業における製品開発では、それなりのリソースをつぎ込むものだが、彼の場合はそうではなかった。ボブはむしろリソースの不足を活用した。低コストの実験をいくつも行なうことで、ダン・ワイナーのサッカー・ロボットのやり方を踏襲した。すばやく失敗を認めて損失を抑える、ということだ。ボブはこう言っている。「私たちの顧客のニーズと適応力を深く研究し、まずは低コストで簡単に試せるアプリケーションを開発して、最終的には何百にも増やしていく。進みながら修正していく(15)」。ボブが最初の間違いから学んだ貴重な見識の例は、課題を現場で見つけ、そこで独自に管理運営することの重要性である。バンドゥーラ・ゲームのジャスティンのように、ボブも初めは不完全なミニマル・バイアブル・プロダクトをいくつもつくった。大企業の出すものとして人々が期待するような、リソースをふんだんにつぎこんで、大規模化されたものではない。

だからボブ・イングルが多くのリソースを与えられなかったことを気の毒に思う必要はない。リソースが少ないことが成功の可能性を減らしたのではなく、むしろ少なかったからこそ成功したのだ。彼は規模拡大できないほど速く動いて、大きく永続的なリソースを一方向に展開するまでもなく、安く実験を行なう以外の選択肢がなかった。それを続けていたため、未来を生み出すより古い新聞社を維持することに血道をあげているナイト・リッダーの上層部のレーダーに見つからずにすんだ。
最初の想定にあまり固執しない、失敗して学ぶことを許容し、むしろそうなるよう仕向ける、低コストで簡単に試せるアプリケーション。これらは芝生にはげている部分を見つける前に歩道にコンクリートを流さない、あるいは恋に落ちるのではなく好きになるという方針を繰り返す、ボブのやり方に似ている。リソースの豊富なトニー・リッダーで、自分のためのリソースを少なく抑えさせるというのは難しいことだったかもしれないが、ボブは問題解決のための構造化されたプロセスに従った。そしてすぐ失敗を認めて損失を小さく抑えることで、そのとき自分で動かせるリソースについては気にしないですんだ。つまりボブは製品開発者ではなかった。彼はアントレプレナーだったのだ。

失敗を成功への足掛かりに

失敗もまた偉大さへの足掛かりです。

——オプラ・ウィンフリー

間違えることは人間的だが、それを利とするのは神業である。

——エルバート・ハバード

どんなものにもひび割れがある／光はそこから差し込んでくる。

——レナード・コーエン「アンセム」

シリコンバレーが何十年にもわたって驚異的な好景気に沸いている秘密は、失敗にある。失敗こそがこの場所を活性化し再生させる原動力だ。失敗はイノベーションの基盤である[16]。

――スタンフォード大学工学教授ポール・サッフォ

自分はこれまで九〇〇〇本以上のシュートを外してきた。負けた試合は三〇〇近い。勝負を決めるシュートを任され、外したことは二六回ある。人生で何度も何度も失敗を繰り返した。だからこそ成功したんだ。

――マイケル・ジョーダン

失敗を慣行化する

失敗が「発見・解決・拡張」起業プロセスにとって、それほど重要な部分なら、失敗を避けようとする人間の性質をどう乗り越えればいいのだろうか。言い換えると、「速く失敗《フェイルファスト》・安く失敗《フェイルチープ》」と呪文のように唱えて、それで失敗を恐れる気持ちが消えてなくなるのを願うほか、何ができるだろうか。どうすれば起業家として成功するための失敗への不安を、減らすことができるだろうか。

私がこれらの問いをここで出すのは、プロセスの**拡大：サステナビリティ・モデルをつくる**の段階でのやり直しは、価値提案の段階でのやり直しよりも、リスクが大きいと感じるかもしれないからだ。しかし自分たちのチームと他のいくつかの場所で、小規模な解決策を繰り返し行なうことは重要である。パレスチナとイスラエルの生徒たちの間で、バンドゥーラのミニマル・バイアブル・プロダクトであるボードゲームがどれほど不評であろうと、ジャスティンはそうした創造的な意見から貪欲に学ぼうとしていた。実際に市場からのフィードバックを受けて、より多くのリソースをつぎ込み始めると、危険も高まるように感じられる。この段階では、市場から否定的なフィードバックがあると、失敗が決定したと思いがちなため、それをどう受け入れるか知っておくことがなお重要になる。

ハーバード・ビジネス・スクールの教授で『進歩の原則（The Progress Principle）』[17]の共著者であるテレサ・アマビールは、キャリアを通して創造性の研究に打ち込んでいる。彼女の研究で、リスクの高いプロジェクトに取り組む組織には五つの特徴があることが明らかになった。あなたが自分のベンチャー事業を拡大し始めるときは、これらの特性を大きくなるチームに組み込むことが重要である。

○**失敗の価値**：間違えるのは学びの機会であるという認識。

○**心理的安全性**：リスクを負って失敗する。間違いについてオープンに話す。これらを追い出されたり馬鹿にされたりする心配なくできる文化。

○**複合的な多様性**：経歴、ものの見方、認知スタイルに関するもの。これについては次の章の、成功するベンチャー・チームをつくることについて説明するときとりあげる。

○**（答えだけでなく）問題を見直すことに意識を向ける**：そして自分のチームが解決しようとしている問題が、最も重要な問題なのかどうか、一歩下がって考えてみる。私がこれを好きなのは、プロセスの最初のステップの「満たされていないニーズを見つけ確認する」ことを強化するものだからだ。

○**財務と経営の独立**：これはナイト・リッダーのボブ・イングルのような、大きな組織の一部であるチームに適用される。[18][19]

アストロ・テラーは「世界で最も困難な問題を解決するための画期的な新技術を生み出す」ことを目的とする、グーグルの子会社、エックス（X）の責任者である。[20] その目的を果たすために、アストロは失敗を自分のチームのプロセスの標準として組み入れ、エックスの文化ではごく当たり前のこととした。ワイアードに掲載された彼の記事「大ホームランの秘訣？ すぐにやめる勇気を持つこと（The Secret to Moonshots? Killing Our Projects）」を読むと、テレサ・アマビールが指摘した特性を備えていることがわかる。テラーは次のように述べている。

全員に「早めに失敗しろ」と命令することはできません。失敗を避けたがるのは、失敗したらどうなるのだろうと、不安になるからです。笑われるのではないか？ くびになるのではないか？ エックスでは、失敗しても安心していられるよう努めています。昨年だけでも一〇〇件以上の研究を中止しました。私がそうしたわけではありません。チームが自ら中止するのです。事態が明らかになるとすぐにそのアイデアを取り下げるのは、それが報いられるからです。仲間から喝采される。上司からハグされ、ハイタッチされる。それで昇進もします。私たちはプロジェクトを終了させたチームの全員にボーナスを出しています。二人のチームでも三〇人以上のチームでも、それは変わりません。[21]

エックスのウェブサイトには、失敗を前提とするような、〝大きく考える〟壮大なプロジェクトが掲載されている。遠隔地にインターネットサービスを提供する気球、世界中で製品の配送方法を変えるドローン、思いがけない場所で発電する凧、急速に高まるデータ需要を支える光線など。[22] 重要なのは、これらすべてが成功したわけではないということ、そして成功しなくても、テラーが約束どおり、失敗したチームに多額のボーナスを出して評価したことだ。この成功のための失敗というアプローチの結果として生まれた、画期的な価値提案とサステナビリティ・モデルの一つの例がウェイモ（Waymo）である。これはエックスで七年間かけて育てられた自動運転車の会社で、現在の時価総額は七〇〇億ドルと、フォードやGMを超えている。[23]

テレサ・アマビールがアドバイスしているように、ブラウン大学の成績評価システムにおける心理的安全性保証は、学生たちが大きなリスクをいとわず、彼ら自身の安全領域外のテーマを選び、より高みを目指すための動機を与えている。成績の最低点はCで、それより下は成績表に記載されないので、その学科が不合格になったのか誰にもわからないようになっている。「発見・解決・拡大」プロセスと同じく、このシステムも「成功よりも失敗から学ぶことが多い」という言葉を体現している。いま取り組んでいる「サステナビリティ・モデルの構築」の段階で何より重要なのは、失敗は誰にとっても不安なものなので、慣行化するということだ。優秀な高校でよい成績をおさめていたブラウン大学の学生でさえ、私たちが本気で彼らに失敗を恐れないよう望んでいるとはなかなか信じてくれない。エックス社のアストロ・テラーが認識しているとおり、失敗を当然のこととするためには、成長中のチームにその利点を伝え、現実にそれを賞賛する態度を見せる必要があるのだ。

聖アウグスティヌス「われ誤る、ゆえにわれあり」

ジャーナリストのキャサリン・シュルツは著書『間違えるということ（Being Wrong）』の中で、間違えることが人間にとって、自分の周囲の世界を理解しようとするうえで不可欠な理由について論じている。[24]

リベラル・アーツ専攻だった自分としては、これを歴史的なコンテキストに当てはめて説明する彼女のやり方はとても好きだ。「デカルトが『われ思う、ゆえにわれあり』という有名な言葉を発表する一二〇〇年前に、聖アウグスティヌスという人物が熟考の末に『われ誤り、ゆえにわれあり』という言葉を書いている。聖アウグスティヌスは、失敗するのは人間のシステムにおける恥ずべき欠陥ではないし、根絶、抑制、克服できるようなものではないことを理解していた。失敗とは、人の人たる根幹をなすものなのだ。私たちは神と違って、そこで何が起こっているのかよく知らないからだ。そして他のすべての動物とは異なり、私たちはそれを解明することにとりつかれているからだ。私からすると、このこだわりこそが人間の生産性や創造性の源であると思える[25]」

重い荷物

失敗や間違いへの対処はなぜ難しいのか。シュルツは失敗したとき人がどう感じるかをうまくまとめている。「間違いは恥や愚かさだけでなく、無知、無気力、精神病理、道徳的退廃とも結びついている[26]」。失敗が感情に与える影響は、きわめて長く続く可能性がある。失敗でこのような傷を抱えるとすれば、なんとしても失敗を避けようとするのも無理はない。

失敗が心に長く与える影響について考えるとき、禅の「重荷」という寓話を思い出す。二人の旅の僧がある町に入ると、若い女性が椅子かごから降りずにいた。雨のために深い水たまりができていて、足を下ろすときれいな服が汚れてしまうため降りられずにいたのだ。彼女は怒り、いらいらしているように見え、従者たちを叱りつけていた。従者は彼女の荷物を置く場所がなく、水たまりを渡るのに手を貸せずにいた。

若い僧はその女に気づいたが、何も言わずに通り過ぎた。年配の僧はすばやく彼女を背負い、水たまりを横切って向こう側に降ろした。女は年配の僧に礼も言わず、彼を押しのけてそのまま行ってしまった。

二人の僧はそのまま歩き続けていたが、その間、若い僧はずっと悶々としていた。数時間後、沈黙に耐えられなくなって彼は口を開いた。「あの女はわがままで無礼だったのに、あなたは彼女を背負って運んでやりました。それなのに感謝すらしなかったんですよ!」

すると年配の僧侶は答えた。「彼女を降ろしたのはもう何時間も前ですよ。なぜあなたはまだ彼女を背負っているのですか?」(27)

失敗を明らかにする

驚くかもしれないが、起業家が自分の失敗を明らかにし、共有することは適切であるという理由がある。ハーバード・ビジネス・スクールの研究チームが、プレゼンテーションのコンテストで他の起業家が自分の事業についてスピーチするのを聞いた、二つの起業家グループの反応を検証した。一方は、自分たちの成功についてだけ話す起業家、もう一方は、成功だけでなく失敗したことも認める起業家の話を聞いた。この詳細がとてもおもしろいので、その内容の一部をここで公開しよう。まずどちらのグループも聞いた内容から。

こんにちは、私はハイピオス社の創始者です。スタンフォード大学でコンピュータサイエンスの博士号を取得し、その優れたスキルをいかして、企業が抱える難問の解決を支援する会社を立ち上げました。すでにグーグルやGEといった大企業のクライアントを獲得しています。この一年、独力でマーケットシェアを二〇〇パーセントもアップさせるなど、目覚ましい成功を収めています。(28)

二つ目のグループは、このあとさらに次のスピーチを聞いた。

ずっと成功続きだったわけではありません。ここまで来るには多くの困難がありました。同級生たちのように授業についていけず、大学院をドロップアウトしそうになりました。学問の世界に縁のなかった私は、教授や同僚に自分の力を証明するのに苦労しました。ハイピオスという会社を立ち上げたときも、自分たちや会社のミッションを信じるべき理由を、未来の顧客にしっかり提示することができませんでした。その多くに断られました。しかしじっと耐えました……最初は問題解決の成功率はとても低く、会社がつぶれそうになったこともありました。最初の照合アルゴリズムで何度も失敗し、見切りをつけようとした企業もありました。しかし私はそれらの問題を解決するために懸命に努力し、いま成功率はほぼ九九パーセントとなっています。[29]

最初のグループではスピーチをした起業家について、聞き手は「うぬぼれている」、そして傲慢という印象を持った。では二番目のグループで、その人物が自分の失敗を告白したとき、それがどう変わっただろうか。無知、怠惰、病んでいる、道徳的退廃という声があがっただろうか。むしろ逆だった。ディナ・ガーデマンが『経営者はなぜ失敗を明かすべきなのか』という記事の中で、この研究結果を次のように要約している。「起業家が過去の失敗を明かすのを聞いた参加者は、その人は本物のプライドを持ち、傲慢ではなく信頼できると感じた。そして障害を乗り越えるべく、多大な努力をしている印象を持った……そしてあたたかく不思議な感覚をもたらし、聞き手はその起業家が成功して当然というだけでなく、自分自身の実績を向上させようという意欲を刺激された[30]」

もっと最近の研究で、イエール大学マネジメント・スクールのタリー・ライヒ、ボストン大学のダニエラ・クポー、ブリティッシュ・コロンビア大学のクリスティン・ローリンによると、個人や組織が目標を追い求める過程で間違いを犯すと、その目標を達成できる可能性は低いと判断されてしまうのではないかと心配するが、むしろその逆のことが起こると結論づけている。目標に向かっている間に間違えても、それを修正した人は、同じ間違いを未然に防いだ人よりも、目標を達成する可能性が高いという。こう推論する理由は興味深い。「失敗を防げるということは、ずっと警戒を怠っていないと判断されるが、誤りを正すには、予防する以上に労力が必要と考えられている（たとえそうでない場合でも）[31]」

自分の誤りを明らかにする人に敬意を払うべし、ということは、起業家としての自分の経験に照らしても真実である。これは起業する側でも、投資家の側でも変わらない。完璧な人間などいないのだから、自分たちは完璧だと主張する人から、会社に加わってほしいとか、チームを支援してほしいと言われても、彼らは正直ではない、何かを隠していると考えてしまう。そして何か一つのこと、つまり失敗を隠しているとしたら、おそらく他にも隠していることがあると思われる。成功だけを見せていると信用を失う。自分の失敗を明かすことがどれほど困難で、苦痛であるかは誰もが知っているので、それをどう乗り越えて成長したかを語れれば信頼を高められる。失敗について進んで明かせるなら、より正直なコミュニケーションをしているはずだ。

ハーバード・ビジネス・スクールの私の同僚で、ＩＢＭの元社長ジム・ホワイトハーストは、自らの失敗を公にするメリットについて、次のように語っている。「何か間違ったことを否定する人と、自分の誤りを認め、それを正そうとする人、どちらを信用しますか？　……自分の弱さを見せ、自分が人間であることを認めるリーダーは、仲間たちとより深く関わることができるとわかったのです[32]」

私が知る限り、これを行なっている最良の例の一つは、カーネギー鉄鋼会社全盛期にまでさかのぼる、米国最古のベンチャー・キャピタル、ベッセマー・ベンチャー・パートナーズの〝アンチ・ポートフォリオ〟である。ベッセマーのウェブサイトには「この長く由緒ある歴史の中で、わが社は並ぶものがないくらい数多くの大失敗をしてきた」と書かれている。[33] そのあとには、ベッセマーが出資を見送ったあと、成功をおさめたよく知られているスタートアップ企業のリストがずらりと並んでいる。私が好きなのはグーグルだ。

ベッセマーのパートナーであるデイヴィッド・コーワンの大学時代の友人が、自宅のガレージを起業一年目のセルゲイとラリーに貸していた。一九九九年と二〇〇〇年、彼女はコーワンに「検索エンジンをつくっている、二人の本当に優秀なスタンフォード大学の学生」を紹介しようとした。学生？　新しい検索エンジン？　かつてないほどベッセマーのアンチ・ポートフォリオにとって重大な瞬間に、コーワンは彼女に尋ねた。「そのガレージに近寄らずに、この家から出るにはどうしたらいい？」

最も成功したベンチャー・キャピタル企業の失敗について、これだけあけすけに書かれたものを読むと、元気が出るし、人間味を感じないだろうか。そして成功や価値を高める力についてベッセマーの言っていることが、より信頼できるように思えないだろうか。

事業のプレゼンを行なう前日、私は学生たちを励ますために、ベッセマー社のアンチ・ポートフォリオを見て自信をつけるよう勧めている。学生たちからは、緊張するのは変わらないけれど、これだけ成功している優秀なベンチャー・キャピタリストでも、何度も失敗したと思うと安心する、あるいは失敗するからこそ、謙虚で、より親しみやすい人になれるのだという声が聞かれる。また多くの学生は、アンチ・ポートフォリオを読んで、プレゼンを成功させるために必要な自信を得たと言っている。

私は読者のみなさんにも、それをこのアドレスかＱＲコードからチェックするようお勧めする

(bvp.com/portfolio/antiportfolio)[34]。

《ニューヨーク・タイムズ》のティム・ヘレラは、あなたとそのベンチャー・チームが失敗から学ぶ機会を増やすための提案をしている。それは失敗の履歴書とでもいうものをつくり、記録し続けることだ。失敗の記録を書き留め、時間をかけて見直して評価する[35]。失敗したときの感情を持ち続け、しがみつくのではなく、なぜ自分とベンチャー・チームが失敗したのかを評価し、違うやり方で前に進むチャンスとして活用するのだ。

アイシェトゥ・ファティマ・ドジーについて考えてみよう。彼女の輝かしい業績を見ると、これまで失敗したことがあるなど想像できない。コーネル大学で学位を取得し、ハーバード大学でMBAを取得、ゴールドマン・サックスとモルガン・スタンレーで一三〇〇億ドルを超える取引に関わり、現在は働く女性をターゲットにした美容ブランド、ボシー・コスメティックス（Bossy Cosmetics）のCEOを務めている。それでもアイシェトゥは、失敗は明らかにするほうがいいと強調している。

「すべての失敗を記録し、すべての勝利を祝うのです。私は断られることは当たり前だと思うよう心がけてきました。ボシーを始めたばかりのころ、数えきれないほどのベンチャー・キャピタリストに、手あたり次第、営業メールを送りましたが、誰からも返事がなかったのを覚えています。それでこのビジネスは失敗するに決まっているのだと思いました。いまでは、失敗は成功への過程で必要なことだと理解しています。私は拒絶されたことや間違えたことをすべて、小さなメモ帳に記録して、四半期ごとに投資家向け報告書を書くときに見返しています[36]」

⚠ 個人や組織が失敗を避けようとすれば、学習、反復、改善する能力が制限され、大きく考える力を低下させる。

競争上の不当な優位性

失敗に対する寛容さは重要だが、最終的な目的は成功することである。そして重大な問題を解決するには、長期的に大きな規模で成功しなければならない。そのためには競争上の優位性、それも競争相手には真似のできない「競争上の不当な優位性」まで求められる。

経済学者のデビッド・ティースは、その代表的な調査研究『技術イノベーションから利益を得る（Profiting from Technology Innovation）』で、この優位性のさまざまなソースを分析している。彼はベンチャー事業の製品やサービス自体に組み込まれたコア資産と、そのコア資産の価値を高め、製品やサービスを市場に出す助けとなる、補完的資産を区別している。コア資産は、ダグ・ホールが言う〝著しく異なる〟もの（たとえばコカ・コーラのレシピを考えてみよう）であれば、競争優位を確立するものとなりうるし、特許や商標、企業秘密、ブランドといった、知的財産を保護する手段を講じれば、ライバル企業がコピー商品をつくるのを防ぐことができる。補完的資産は、独自の製造プロセスや流通プロセス（テスラのロボット制御された製造工場など）を通じて、優位性をもたらす可能性がある。

しかしこれらのさまざまな資産によって、どれほどの優位性を得られるのだろうか。ある種の活動は他の活動よりはるかに再現が困難であることがわかっている。ニューヨーク大学スターン・ビジネ

反応の時間差	
強　み	他者が追いつくまでの時間
価　格	60日
広　告	1年
イノベーション	2年
製　造	3年
物　流	4年
人　材	7年

ス・スクールのパンカジ・ゲマワットは、その研究キャリアのほとんどを、競争上の優位性をもたらすさまざまなソースの持続性の変化の分析に注ぎ込んでいる。いちばん持続しないのが価格競争なのは、驚くことではないだろう。スタートアップ企業の武器であるイノベーションに、ライバル企業が追いつくまでのタイムラグが、わずか二年であることのほうが驚くべきことかもしれない。製造や流通のような補完的資産の優位性は、もっと長く続く。人的資源に関わる優位性は、ライバル会社にとってまねるのがいちばん難しい。この点については第七章のベンチャー・チームの構成について論じるときに詳しく説明する。

R&Rでは、ボブ・ライスでも、そのコア資産（トリビアゲームそのもの）と、最大の競争相手であり先行製品でもあるトリビアル・パスートとの違いは、ごくわずかだと認めただろう。ゲームの内容だけでは、競争上の優位性（ましてや不当な優位性）を維持し、ゲーム市場にこれから入ってくる起業家に対抗して勝利することはできない。R&Rの強みはむしろ、製品がそれほど差別化できていなくても、広告、製造、流通、チーム構成といった補完的資産の活用のしかたが、他とは大きく違っていたということだ。

このトリビア・ゲーム制作事業を実行するのに、ボブはパートタイム社員を一名だけ雇って、重要な業務すべてをアウトソーシングした。自社ブランドの確立と維持に多大なリソースを割く代わりに、『TVガイド』というすでに定着しているブランドを活用して、その一七〇〇万人の購読者におもちゃ屋の棚に並ぶ彼の製品に目を留めてもらえるようにした。信用調査や債権回収は、ファクタリング会社〔売掛金を買い取ってくれる会社〕のヘラーが担当した。テレビゲーム版のデザインは、以前からの協力者であるアラン・チャールズに、ボードゲーム版の選別、梱包、発送はウィスコンシン州のチーズ製造会社であるスイスコロニーに依頼した。え？　チーズ製造会社？　チーズの会社がボードゲームといったい何の関係があるのだろう？　一見、何の関係もないように思える。しかし才能あふれる起業家であるボブとサムは、それらが貴重な補完的資産であると認識していた。チーズ製造会社は、腐敗しやすい乳製品の選別、梱包、出荷を行なえるのなら、ボール紙とプラスチックでできた製品でも同じことができるに違いないと考えたのだ。これらの業務を調整し、補完的資産を組み合わせて、すでにその会社の価値と能力に投資している専門家にすべてアウトソーシングしたおかげで、ボブの新しいベンチャー事業は変動費ベースで行なえるようになった。

こうしたマーケティング、ブランディング、製造、流通、回収といった補完的資産と、それを支える優秀な人材を、コア資産（トリビア・ゲームそのもの）と組み合わせる戦略的な手法で、ボブのベンチャー事業は競争優位性を獲得することができたのだ。

自分たちでできないことはオープンソースのリソースを借りる

真の長期的な変革は、コミュニティを巻き込まずには実現できないと、ずっと以前からわかっていた。

――ケネディ・オデデ『私は怖れない　アフリカのスラムでの愛・喪失・希望（Find me unafraid: Love, Loss, and Hope in an African Slum）』[37]

私が二〇〇六年に教え始めて以来、進化してきたサステナビリティ・モデルの一つがオープンソース（ソフトウェア開発のモデルでいまや他のことにも適用されている）である。これは一般の開発者コミュニティの功績を利用するものだ。人材が最も長期的な競争上の優位性をもたらすものとすれば、オープンソースはボブ・ライスがアウトソーシング戦略を採用する契機をつくったものだ。オープン・イノベーションの価値提案のアプローチと同じように、このサステナビリティ・モデルでは、一人の開発者や社内の開発チームより、〝集団〟に頼ったほうが、迅速により好ましい方向に進歩できると考えられている。自分の業績をより広いコミュニティで共有すれば、誰でも無料で進歩し続けている製品を使用できるのだ[38]。作家で《ニューヨーク・タイムズ》のコラムニストであるトーマス・フリードマンは『遅れてくれてありがとう（Thank You for Being Late）』の中で、ソフトウェアのスタートアップ企業であるハドゥープ（Hadoop）が、なぜオープンソースのアプローチによって急速に規模拡大できたのかを説明している。「独占的なシステムに比べ、オープンソースのプラットフォームは衝突が少なく、多くの人の力が集まっているので、あっという間に拡張している[39]」。

彼は大手の組織がこのオープンソースのサステナビリティ・モデルをどう活用すればいいかについても説明している。マイクロソフトは銀行や保険会社向けの本格的な企業ソフトウェアを開発するため、それまでクローズドだった.NETプラットフォームの開発をオープンソース化した。すると六カ月もたたないうちに、社内で.NETに取り組んでいた人数を上回る関係者が無料で開発に関わることになった[40]。「発見・解決・拡大」プロセス流に言うと、オープンソースを使うことで、長期的に大きな影響力を維持できるよう、事業の成長を加速させられる。またそれを行なうため、創設されたばかりの企業が直接コントロールできないリソースを活用することができる。

オープンソースの不思議なところは、そもそも開発者が参加したり力を貸したりする動機が何かということだ。オープンソースは金銭的な報酬が出るわけではない。動機が金銭的なものでないとしたら、いったい何なのだろうか。フリードマンはオープンソースモデルと、力を貸したくなるコミュニティには、何かすばらしく人間的なものがあると述べている。彼はこう言う。「本質的にその原動力は、認められたいという人間の深い欲求である。『君が付け加えたものって、本当にクールだ。やったね！』という言葉で、驚くほど大きな価値が生み出されている。人々が何百万時間も無償で働くのは、新しいものをつくりたい、それを共有したい、認められたいという、人間の生来的な欲求が刺激されるからだ[41]」オープンソースは第四章の終わりに書かれている、目的の重要性を強調するものだ。「目的とは、自分にとって意義があると同時に、他人にとって重要なゴールが交わるところである」

ボブ・ジョンストンとダグ・ベイトは、毎学期の授業で、新しいベンチャー事業の成功に多大な影響を与えるという、ある言葉を紹介する。それは人間は自分がその誕生に手を貸したものを支援するという言葉だ。人は新しい取り組みに不可欠な支援をしてくれる人を特定し、その人をその新たな取り組みを生み出す過程に巻き込む。オープンソースはこのダイナミクスの目覚ましい例である。プロセスの初期から最後までずっと関わった人は、それなりの投資をしているだろうし、少なくともプライドと評判がかかっているので、プロセスを通して、ふるまいはオーナーに近くなる。自分で取り組んでいることを〝わが子〟のように感じられれば、その成功への関心も高まるだろう。これは大手の組織で起業家的な取り組みを行なおうとするとき重要なことだ。歴史のある大きな組織は、前述のおもちゃ会社の例で述べたように、社員とプロジェクトの経済的な結びつきが、典型的なスタートアップ企業よりも希薄だからだ。

オープンソースがサステナビリティ・モデルの主流になると、それは社員にとって単なる「あるといいもの、いい感じのもの」ではなく、求人活動においても重大な要素となっている。特にソフトウェア開発者は、オープンソースという手法にやりがいを感じ、いまやそれが画期的なイノベーションには不可欠であることを知っている。レッド・ハットのCEOであるジム・ホワイトハーストは、彼に言わせると「カルト的で怖いもの」だったオープンソースを「多くのカテゴリーでイノベーションを起こす唯一の方法」へと変えた立役者である。彼はこう言っている。「大手の顧客から何度も何度も『開発者がオープンソース・プロジェクトに参加できるようにしなければならないと、法務部を説得するのを手伝ってくれ。参加できなければ、彼らを雇えない』と言われた(42)」

オープンソースが主流になっている証拠としては、二〇一九年にIBMがレッド・ハットを三四〇億ドルで買収し、ジムがIBMの社長に就任していることがあげられる。将来を見据え、重要な問題を解決し、長期的に大きな影響力を持つためのサステナビリティ・モデルをどう構築するか、ジムはこう問いかける。

たくさんの人々が細切れの特許を取得している現状で、本当に地球温暖化を解決できると思えるでしょうか? これから必要とされる、重層的でモジュール化されたイノベーションを実現できるでしょうか? オープンソースの強みの一つは、モジュール性と、そこで起こる反復にあります。何かをしようとするたび許可を得たり、ライセンスを取得したり、料金を支払ったりしなければならないと、このモジュール性と反復を実現するのは難しいでしょう……知的財産権の保護は必要です。しかし私は、すべてをクローズドにすると既定しないほうが現実的だと思います。原則オープンとした上で、何をなぜクローズドにしたいのか明確にするべきです。そのほうが、

よりよい結果につながる可能性が高くなります。(43)

ブランドは魔法のようなもの：さがすコストを減らす

すべてのベンチャー企業が早くから育てておくべき資産の一つが、強いブランド、つまり顧客と製品をつなぐ関係性である。ブランドには不思議な力があるように思える。ブランドはありふれた日用品のはずのものに価値を生み出す。そして新たな顧客に、プレミアム価格を払ってでもその製品を試したいと思わせる。顧客を製品のファンにさせるのだ。

私がP＆Gで業務を担当していたダンカン・ハインズのケーキミックスは、確かに製品として多少の優位性はあったが、数多の家族がダンカン・ハインズの製品を試し、そのブランドに執着し、他社製品を買わず、すでに食糧庫にあった類似のベーキング粉には目も向けないのは、何十年も前からたえず改良を怠らないブランドだからだ。子どもたちがアメリカンガールの人形を大好きになり、親たちが他の似たような人形より高いと思われる価格を払うのは、アメリカンガールというブランドのためだ。ストニーフィールド・ヨーグルトの愛用者の多くは、そのブランドの製品がスーパーになければ、他社のヨーグルトを買わずに店を出てしまうだろう。そしてストニーフィールドを扱っていない店舗にぶつかったら、店長に注文するよう働きかけるだろう。トレーダー・ジョーズのスーパーマーケットの買い物客は、車でわざわざ何マイルも離れた小さな店に行く。その店は商品のラインアップは少ないが、商品のほとんどがトレーダー・ジョーズ・ブランドとして販売されているからだ。ブランドには力がある。すべてのベンチャー企業はブランドを確立してその規模を拡大するよう投資するべきである。

ただブランドの魔法がうまくかかるのにも本来的な理由がある。ＮＡＩＬコミュニケーションのクリエイティブ・パートナーであるアレック・ベケットが、次のような話を私にしてくれた。

新石器時代に、命を守る簡単な方法として、何かをすばやく認識する能力が進化した。あなたは食べ物をさがしている。一つは安全だとわかっているベリー、もう一つはそうでないベリー。ここでできることはいくつかある。立ち止まって未知の果実をじっくり見る。少し味見をして、有毒な苦みがあるか確かめる。他の動物が食べて無事かどうか観察する。他の安全な果実との類似点をさがす。しかしぐずぐずして、外敵に見つかることは避けたい。

これがブランディングの核心である。私たちの脳は意思決定を容易にする簡単なシグナルを欲しがる。

そのためにブランドが存在するのだ。ブランドの役割は、なによりもまず、この果実は有毒ではないという安心をもたらすことだ。

魔法でもなく本来備わっているわけでもないものは、ブランドを構築するために必要な心遣いと労力である。そのために必要な戦略や戦術の詳細については、本書の範囲を超えている。しかしいくつかの重要なガイドラインを提示しておきたい。スタートアップの起業家は、口先だけでブランドの重要性に賛同することが多すぎる。彼らはせいぜい製品に貼られたラベルや広告のキャッチフレーズといった、狭い意味でのブランドについてしか考えない。顧客とその製品との関係に寄与するすべての要素にまで考えが及ばないのだ。自分たちのブランドについて考えるとしても、それに意識を向けるのは何年も先だと思っている。だからまずはサステナビリティ・モデルをつくるとき、早い段階からブランドを構築する方法をさがしておこう。いずれブランドはできるだろう。唯一の問題は、あなたがそれを構築するのか、それとも押しつけられるのか、である。その点はよく意識的になろう。自分が意図していなかったものをやり直すより、最初から自分でつくって管理するほうが、はるかに簡単で効率的である。ブランドが顧客とあなたの製品との関係なら、あなたが顧客にこうあってほしいと望む関係へと彼らを導くのだ。もっといいのは、第三章で示唆したように、ステップ１のボトムアップ・リサーチで得た共感に関する見識をさらに活用することだ。共感もブランド構築の作業を成功させる基盤となる。

また、先に述べたほかのコア資産、補完的資産とは違って、ブランドは他のすべての資産を補強し、差別化できる。コア資産（しっとりした生地が売りのダンカン・ハインズのブラウニーのように）にもなれば、補完的資産（テスラのブランドで電気自動車を流通販売する店舗）にもなる。あなたのベンチャー事業のあらゆる業務を通じて、ブランドを構築する方法をさがしてみよう。

パンカジ・ゲマワットの研究が示すように、最も長続きする競争優位性が人材なら、チームは顧客との関係の重要な一部分なので、ブランディングの重要な基盤となる。たとえば襟付きシャツにカーキ色のショートパンツをはいたサウスウェスト航空の客室乗務員を思い浮かべると、彼女たちがサウスウェストというブランドを背負い、客を喜ばせ、楽しませようとしてくれていると考える。消費者がわざわざトレーダー・ジョーズで買い物をする大きな理由の一つは、買い物を楽しくしてくれ、顧客を喜ばせるために必要なことは何でもしてくれる、愛想のよい店員である。熱狂的なアップル・ユーザーは、アップルストアの最先端の技術者が提供するサービスについて熱く語る。ＰｗＣ（コンサルティング会社）の世界的な調査によると、このような進んだカスタマーサービスは「ブランドへの執着を左右する重要な原動力の一つであることがわかっている。実際、世界中の消費者の間では、質（顧客体験）に対する価格プレミアムは存在し、製品やサービスが最大一六パーセントも高くなる」(44)。

私がブランドの重要性についての話をするときは、まず学生たちにブランドは何をもたらすかを尋ねることが多い。「信頼」「信用」「評判」「一貫性」「デザイン」といった答えが返ってくる。その後、マックブックを持っている学生を指して、食べるものを気にする栄養学マニアだろうと言う。そう言われた学生たちは、困惑した顔で私を見る。私はその学生たちのラップトップの、一口かじってある果物を指す。そこで少し冗談を交わしたあと、なぜそのロゴがあるデバイスを買うのか尋ねる。その果物は、何を伝えているのか。信頼性、信用、自信、デザイン、最先端、クール……「これらすべてが、一個の果物の絵につまっているのだろうか?」と私は尋ねる。「ところで、スマホは使っていますか?」と続ける。

「はい、もちろん。iPhoneを使ってます」と学生は答える。

「先に買ったのはどちらのデバイス?」

「コンピュータです」

「ではiPhoneを買ったとき、あなたは携帯電話の選択肢をすべてリストアップして、仕様を詳しく調べて比較しましたか?」

「いいえ……もちろん、していません。アップルだから買っただけです」と彼女は認めた。

「つまりスマホもアップルを選んだ理由は、やはり一個の果物だったわけですね。しかしコンピュータやスマホに、アップルのロゴでないものがあったらどうでしょう。たとえば同じノートパソコンと同じスマホでも、そこにパイナップルの絵が描かれていたとしたら、そのデバイスを買ったでしょうか?」

「まさか。もちろん買いません」

「つまりあなたは、果物なら何でも安心や信頼を感じるわけではない。りんご《アップル》が特別というわけですね」

「はい」

「では、あなたの意思決定プロセスにおいて、アップルというブランドが果たした役割をどう説明すればいいのでしょう？　ブランドとは何をするものなのでしょう？」と私は質問する。そして学生が説明した意思決定のプロセスを考えるように求める。学生がついてこられないときは、私が好きなハーバード・ビジネス・スクールのリチャード・テッドロー教授から教わった、ブランドの定義を伝える。それは「**ブランドはさがすコストを減らす**」というものだ。

しかし自分たちの会社のブランドを構築するのに必要な時間がなければ、どうしたらいいのだろうか。そのときはボブ・ライスのように、アントレプレナーシップの定義の二番目、いま動かせるリソースを気にせず、他の人が築いたリソースを活用することを考えてみる。彼がテレビのトリビア・ゲームというチャンスをものにするには一八カ月という短い期間しかなかったため、ブランドを構築するだけの時間がなかった。それでTVガイドというすでにあるブランドを利用した。私はクラスの初日に教室に持ってきたボードゲーム版の箱のあらゆるところに描かれた赤い長方形に白い文字、つまりTVガイドのロゴを指さす。そのシンプルなロゴは魔法のようなものだ。『ボブのトリビア・ゲーム』にすぎなかったはずのものを、TVガイドの一七〇〇万人の購読者が認識し、その多くが信頼するものに変身させる。このシンプルなロゴがあるだけで、小売店でゲームを棚に並べるかどうかを決めるバイヤーが、これは売れると思える。それはふつうの紙箱に、プラスチックの駒、問題の小冊子が入っているだけのものかもしれない。しかしこのシンプルなロゴがあるだけで、TVガイドのブランドの力を知っているすべての小売店バイヤーや消費者は、さがすコストを減らすことができる。ボブはすでに確立されていたTVガイドのブランドを活用することで、独自のブランド構築にリソースを投入するよりも、はるかに迅速かつ効率的に事業を拡大することができたのだ。

チャイニーズ・ミルクホエー

初めて講師として中国に招かれたのは鄭州の大学だった。そこは小さな大学都市だと説明された。「鄭州にはどのくらいの人が住んでいるのですか?」と聞くと「四〇〇万人」という答えが返ってきた。「大きな大学都市だったら、いったいどのくらいの人口になるのだろう」と私は思った。

初めての中国旅行ということで、気前のいいホストファミリーのイー・シェーさんの招待で、北京を訪れることもできた。彼女は国立博物館、紫禁城、万里の長城など、主な観光地をすべて見られるよう手配してくれていた。そして帰国する二日前、翌日はチャイニーズ・ミルクホエーというご当地の珍味を食べに行こうと言われた。彼女の説明を聞くと、それはプレーン・ヨーグルトのようなものに思えた。私は乗り気になり、彼女はいちばん有名なミルクホエーを食べに連れて行くと言ってくれた。しかしそのためには早起きしなければならない。彼女が私をホテルまで迎えに来て、街中の交通渋滞に耐え、北京の最も古い地区まで行き、長い行列に並ばなければならない。この有名なミルクホエーを売っている店では、週に一度、限られた量しかつくらず、なくなると翌週まで待たなければならないということだった。

正直言って、私は早起きしてまでヨーグルトを食べたいという気持ちはなかった。しかし不思議なことが起こった。時間が経つにつれて、不安になってきたのだ。目覚ましが鳴らなかったらどうしよう。タクシーが迎えに来るのが遅かったらどうしよう。予想以上に渋滞がひどかったら。すでに長い行列ができていて、この有名なチャイニーズ・ミルクホエーが売り切れたら。

翌朝、私は時間ぴったりに起き、イーさんが車で迎えに来て、車で街を走り、到着すると、予想どおり長蛇の列ができていた。

私は沈んだ気持ちを抱えたまま列に並んでいた。しかし列の先頭までくると、上の写真に写っているものを目の前に出された。

私には中国語の知識がまったくないので、これが何を意味するのか、Wen Yu Cheese が何を意味するのか、このかわいい青い牛が何を表しているのかよくわからなかったが、このとても有名なチャイニーズ・ミルクホエーをスプーンですくって味見をした。するとやはり……それは基本的にプレーン・ヨーグルトだった。

それでも私はなぜか不思議な満足感を覚えた。はるばる遠くからここまで来て、国立博物館、紫禁城、万里の長城を観光した。そして私はプロビデンスに戻って、このとても有名なチャイニーズ・ミルクホエーを食べたと言うことができる。そして先に進んで道を歩

き始めると、すぐ隣にこんな建物が見えた。何世代もの間、誰も入っていないような店だった。字を見ても何の店かわからなかったので、イーさんに「ここでは何を売っているんですか」と聞いた。すると「ああ、チャイニーズ・ミルクホエーを売っているんですよ」と言う。

「ちょっと待って」と私は言い返した。「あの騒ぎは何だったんですか？　早起きして、渋滞に耐え、長い列に並んでウェン・ユー・チーズ・チャイニーズ・ミルクホエーを買わなくても、ここで買えばよかったじゃないですか」

イーさんはしばらく黙っていたが、やがて口を開いた。「この現象を何と呼ぶかわかりませんが、この店のミルクホエーを買おうという人はいません。青い牛のものが欲しいんです！」

私は笑うしかなかった。これこそがブランドへの執着だ。このような力は誰もが経験している。消費者はウェン・ユーの青い牛に支配され、同じようなプレーン・ヨーグルトが隣にあっても、それには目もくれなくなる。あの青い牛は、赤いTVガイドのロゴのように、そしてわが国のストニーフィールドのブランドのように、プレーン・ヨーグルトを何か違うもの、消費者を古い北京の町に走らせ、売り切れる前に一口でも食べたいと思わせるものに変えてしまったのだ。

オネストティー・ブランド

私たちが授業でとりあげる企業の一つに、オネストティーがある。同社は一九九八年に設立され、そのオーガニック紅茶で熱烈なファンを獲得している。創業者はイエール大学スクール・オブ・マネジメントの経済学教授であり、多くの会社を立ち上げた起業家でもあるバリー・ナレバフと、彼の教え子であるセス・ゴールドマン。私が彼らの話を好きなのは、セスとバリーにはそれまで飲み物を扱った経験がなかったという点だ。キャスパーの創業者たちと同じように、彼らは専門家としてではなく消費者として経験したこと、そしてボトムアップ・リサーチを通じて消費者ニーズを発見し、その問題に取り組んだ。私の教え子たちが価値提案について言及するとき、その強力なブランドについて話すことが多い。そのとき私はオネストティーのボトルの一本を開け、中身を透明なコップに注いでこう尋ねる。「どちらがその製品ですか？」

あなたはコップに注がれた紅茶だと答える

かもしれない。なんといっても紅茶は消費者が喉の渇きを潤すために買うものなのだ。あるいはボトルのブランド名に言及して、それがあるからこそ、消費者は棚にある商品を手に取ってみようと思うのだという人もいるだろう。当然ながら、答えはその中間にある。マーケティングとは、消費者にまず試してもらうことと、その後に買い続けてもらうことに尽きる。消費者にオネストティーを飲んでみたいと思わせるのはボトルについているブランドで、オネストティーをその後も買い続けようと思わせるのは、紅茶そのもの（いくつもの利点がある）とブランドの両方であると気づくだろう。ブランドはさがすコストを減らしてくれるのだ。

サステナビリティ・モデルに、ブランディングの要素をどのように組み込めるか考えてみてほしい。日用品であるはずの製品やサービスを、他社が真似できないものに変えるという点で、ブランドはそのモデルの最も価値のある部分になることもある。事実、ＴＶガイドのブランドがなければ、ボブのトリビア・ゲームは紙箱に入ったボードとプラスチックの駒、学生たちが持っているアップルのマックブックはコンピュータチップと配線、オネストティーは茶色い水、ウェン・ユー・チーズのミルクホエーはプレーン・ヨーグルトにすぎない、ということになる。サステナビリティ・モデルをつくるときは、自分たちの価値提言において、他社と大きく違っていて保護が可能でありブランドでその価値を高められるものは何か、じっくりと考えることだ。

友人のハウイー、犬にばかだと思われる

私の親友ハウイーは、ベテランのオンライン・マーケッターだ。私が当事者として関わってきた数多くのスタートアップのアドバイザーであり、ベストセラーとなった『初心者のためのアドワーズ（Ad Words for Dummies)』の著者でもある。ハウイーのマーケティングの手法の原則の一つは

「発見・解決・拡大」プロセスのステップ1で紹介した言葉、「共感」に関連するものだ。他人の立場に立って考えることは、ブランディングを成功させるための重要な基盤である。それが顧客の優先順位やニーズを理解するのに役立つからだ。それがわかると、あなたは客の言葉、客が使う表現で、彼らにアピールすることができる。ブランドを構築するときの共感の重要性について、ハウイーが書いた最も効果的な話の一つが、彼の愛犬レイラについてのものだ。私がそれをまとめるのではなく、彼が書いたものをそのまま掲載してもらうことにした。

この一〇カ月間、私は愛犬のレイラから、何を言っているのかわからない、文句の多いばか者だと思われている。私が「ステイ」と言うときは「おいで」、「ジャンプ」は「寝ころがれ」、「手をなめろ」は「偉そうな態度で私の膝の横に来い」と、とらえているようだった。

しかし犬のしつけに関するすばらしい本を読み終えて、私のコミュニケーション・スタイルは正反対になった。いまレイラは私が言ったことのほとんどを理解し、以前よりも敬意をもって私に接するようになった。

来月は「かっこいいビション・フリーゼ犬が飼い主の家の庭でおしっこしているからといって、私を引きずるのはやめてくれ」と、犬語でどう言うのかおぼえたいものだ。

これがマーケティングとどう関わるのか

昔は犬のしつけは簡単だった。プロセスは以下の三つだけだった。

1．犬に命令する。

2. 犬が従わなかったら叩く（リードを引っ張る、怒鳴りつける）。
3. できたら褒める。

この方法の三つの問題

1. 犬が飼い主を怖がり、飼い主を喜ばせようとするより、叩かれないようにすることにエネルギーを使っていた。
2. 正しい行動をさせる方法がなかったので、私たちが何を望んでいるのか、犬がわからなかった。
3. 犬が人間に敵対的で危険な態度をとることが多かった。

人間が進歩して、もっと簡単で効果的な方法があることがわかった。私たちはそれをイルカやハヤブサの調教師から学んだ。それらの動物は罰を与えず、報酬を与えて調教するしかなかった。そこでオペラント条件付け（いちばん使われているのは「クリッカー・トレーニング」）で動物の行動を形成する方法が現われた。望ましい行動には報酬（餌）を与え、そうでない行動には与えないというやり方だ。つまり私はレイラがおすわりするたびに報酬を与える。まもなくレイラはごほうびを期待して、私のところへやってきて座るようになる。しばらくしたら「おすわり」と言ったあと座ったときだけ、ごほうびを与えるようにする。これで任務は完了だ。レイラに英語の言葉の意味と、それに従わなければならないと教えるわけだ。

レイラに英語を教える

しかしレイラからすれば、私の話を聞く理由などない。なにしろ彼女は私をばか者だと思っているのだ。その理由は――

私が一日に何時間も費やして、犬に英語を教えようとしているからだ。

自慢ではないが、言葉については、私のほうがレイラより知恵があるはずだ。脳が大きく、そこに文字を使う言語専用の回路もある。暇なときに食器洗浄機に上ったり、皿をなめたりしない。

それなのになぜ私は、必死になって犬に英語を教えようとしているのだろう。「スロー・アップ」と「スロー・ダウン」が同じ意味になり、「コメンス」は始まりでもあり終わりでもあり、「クリーブ」は切り離すでもあり、くっつけるでもあるような、ややこしい言語を。

それは私が彼女の言語を学べるとは思っていなかったからだ。しかし『引き綱の反対側（The Other End of the Leash）』という本で、私は基本原則を学んだ。

ハウイー、犬語を学ぶ

このとき初めて思いがけないひらめきがあった。人間は霊長類なのだ。私たち、そして私たちの親戚であるチンパンジーやゴリラは、犬やその他のイヌ科《キャニッド》の動物（これは「犬や狼」を意味するおしゃれな言い回し）とは、コミュニケーションのしかたがまったく違っている。だから私たちは自然に霊長類語を互いに話すし、霊長類をよく理解する。しかし犬に霊長類語を話すと、犬に頭がおかしいと思われる。

たとえば霊長類は大きな音を立てて優位性を示す。（ジェーン・グドールのドキュメンタリーに出てきたチンパンジーが、ドラム缶を叩くことを覚えて、すぐにボスになったのを思い出す）。

ところが犬が優位性を示すときは沈黙する。吠えたりうなったりするのは、だいたい緊張しているか、怖がっているか、何かを恋しがっている犬である。

もう一つ例をあげると、霊長類はあいさつするとき顔と顔を見合わせる。アイコンタクト、キス、握手、ハグ……これらはすべて、人間、ゴリラ、チンパンジー、ボノボが出会ったときに交わすあいさつのバリエーションだ。一方、犬や狼は横向きで匂いを嗅いだり体をくっつけたりして、互いを確認する。

最後の例は愛情の示し方だ。霊長類は、手をつなぐ、抱き合う、腕を組んで歩く、互いの肩に腕を置くなど、腕を使って愛情を表現する。イヌ科の動物も前足を使うが、そのメッセージはまったく異なる。それは支配力だ。犬に腕を回すということは、犬に対して自分のほうが上位にあるため、重要なリソースを優先的に利用できることを示す。

だからいまレイラに「おすわり」「待て」「来い」と命令したいときは、犬と同じような体の使い方をする。体を傾け、アイコンタクトをとり、抑揚を変える。すると、本当に驚くべきことだが、彼女は何の訓練もなしに、私の言葉に従うのだ。彼女が私を理解できたのは、私がようやく彼女の言葉を話せるようになったからだ。

そのマーケティングは「自分ファースト」か「彼らファースト」か

商品のマーケティングを始めるとき、私は自然に自分自身との対話から始めている。自分の価値観に訴える宣伝文句を書く。自分が納得できるやりかたで価格と価値の問題を論じる。自分が感動するレイアウトや写真を使う。

それではダメだ。

自分が参入しようとする市場が、同じような好みでない限り（そんなことはめったにない）失敗する。

それは犬にゴリラ語で話しているようなものだ。私が「買ってください」と言っているつもりでも、犬には「逃げろ！　おれは頭がおかしいんだ！」と聞こえてしまう。

私が商品を売りたいと思っている客に、ハウイー語を教えてもうまくいくわけがない。彼らとコミュニケーションをとりたいなら、彼らの言葉を学ばなければならないのだ。

彼らの言葉を学ぶにはどうすればいいか

まずは調査を行なう。彼らが読んでいるものを読む。ネットの世界で、彼らのウェブサイトやニュースグループを訪れる。他の人がどのくらいマーケティングで成功しているかを見るのだ。収入、住んでいる場所、年齢、何人の子を大学に行かせているか、など。ターゲットとなる層の基本的なデータを集める。

複数の人から話を聞いて、彼らが何を考えているのかを知る。商品を売り込み、否定的な意見をすべて聞き出す。

次に思考の練習をする。自分が彼らの人生を生き、彼らの問題を抱え、彼らの夢を見ていると想像する。マーケティングの技術は、基本的に共感である。

そして最後に、自分の知っていることをすべてわかったうえで、彼らに語りかけるように文を書き始める。完璧ではないかもしれないが、少なくとも、もう犬にゴリラ語で話しかけようとはしない。そして私が距離を詰めて、彼らを理解しようと努力したことを感じると、客となってくれそうな人々も私に一歩近づいてくれることが多い。

市場調査はコストがかかりすぎる、時間がかかりすぎる、現実的でないといった理由があるときは、泥臭い試行錯誤に頼る。二つの選択肢を提示し、どちらによい反応があるか確かめる。これなら私が決められる。勝ったほうを残し、負けたほうを捨てて、新しいものをつくる。そしてまた同じことをして、勝ったほうを残し、負けたほうを代える。

私がやっていることは、当然ながら自分自身の訓練であり、市場の訓練ではない。

これならレイラにもうバカだと思われなくてすむ。

さて今度は自分の子どもたちを納得させる番だ。

顧客生涯価値／顧客獲得コスト

ブランドは検索コストを削減すると同時に、顧客獲得に必要なコストも削減する。またブランドは顧客のロイヤリティを高め、製品価格にプレミアをつける。これらすべての要因は、ある重要な数値を高める。それは顧客生涯価値（ＬＴＶ）と顧客獲得コスト（ＣＡＣ）である。これはベンチャー事業が顧客から引き出せる価値（顧客が顧客でいる限り）と、その顧客を獲得するためのコストを比較するものだ。私のスペシャライズド・システムズ&ソフトウェアの元パートナーで、ベンチャー・キャピタリストのトロイ・ヘニコフは、「この〝ユニット・エコノミクス〟が利益を生むなら、利益を生む顧客を獲得するプロセスを何度も繰り返して、利益を生むベンチャーにできる」と言っている(45)。

このような尺度が出現し、普及し始めたのは、ｅコマース事業者が出すデータによって、簡単に計算できるようになってからだ。難しいかもしれないが、すべてのタイプのベンチャー企業はこれらの指標を計算し、このＬＴＶ／ＣＡＣ比を分析するべきだ。ベンチャー事業の種類によって多少異なるが、経験則としてはＬＴＶがＣＡＣの少なくとも三倍以上になるのが望ましい。こんにち、この考え方を理解してLTV／CAC比を、出資を依頼する顧客に提示することは必須である。数年前なら、私の教え子が授業で作成した計画をプレゼンするときそれをしたら、ベンチャー・キャピタリストは感心しただろう。しかしいまでは投資家が最初からそれを期待している。

LTV／CAC比を計算するとき、起業家が犯しがちな間違いを指摘しておこう。トロイと私が最もよく目にするのは、生涯価値を計算するのに、生涯寄与と呼ばれる製品の収益性の指標ではなく、生涯売上を使用しているときだ。売上は価値と同じではない。そこから売上を生み出すことに関わる直接経費（製品やサービスの製造や販売にかかるコスト）を差し引かなければならない。寄与とは、売上高から原価を差し引いた売上総利益と同じである。あなたの販売する製品やサービスの寄与がプラスにならなければ、数多く販売しても、安く顧客を獲得しても、拡大する価値のあるベンチャー事業とは言えない。

それに関連する二つ目の間違いは、ソフトウェア開発会社プロフィットロジックでの議論で紹介した「今日の一ドルは明日の一ドルより価値がある」という金言を忘れてしまうことだ。それがここで問題になるのは、利益を用いて顧客が生み出す価値を説明するとしても、何年も先のこととして予測される価値は、現在、生み出される価値と同じではないからだ。正確な価値は、将来の価値を現在の価値に〝割り引いた〟ものだ。

よくある間違いの三つ目は、「混合」あるいは平均顧客獲得コストを用いることだ。〔CACにはオーガニック（自然増）とペイド（有料チャンネルによって増えたもの）があり、混合はこの二つを合わせたもの〕「混合」は大きな危険信号である。ベンチャー事業は始めのうちはコストをかけずに（たとえばグーグルのオーガニック検索や口コミなどで）顧客を集められるかもしれないが、そのままではさらなる規模拡大ができない。重要なのは、初期顧客の獲得にかかる混合された平均コストではなく、次の顧客を獲得するのにかかるコストである。それはなぜか。新規顧客の獲得は、追加のリソースを調達することを提案する理由の一つになりうるからだ。ＬＴＶ／ＣＡＣが重要なのは、それが私たちの歴史について何かを教えてくれるからではない。重要なのは、長期的に規模を拡大していくために、将来への方向性を決めるさいにそれをどう使うかである。

四つ目は、混合生涯価値は、〝チャネル〟または特定のマーケティングのアプローチによって顧客を獲得する価値をわかりづらくすることだ。それについてトロイは彼の投資先の一つであるイートストリート（オンラインで料理を注文できるアプリで成功）を、その例としてあげている。トロイが同社の取締役会に加わったあと、イートストリートは「混合」の赤信号が灯っていた。ＬＴＶ五〇ドルに対しＣＡＣ二〇ドル（三倍とまではいかないが、近い）という比率で満足していた。混合平均を使っていたことに戦慄したトロイがさらに深く掘り下げてみると、きわめて興味ぶかいことを発見した。彼はイートストリートが特に力を入れていたマーケティング・プロモーション策の一つを検証した。それは新規顧客獲得のため、登録時に一〇ドル分のピザのクーポンを配布するというものだ。マーケティングのチャネルごとにイートストリートの顧客生涯価値を分析したところ、これで獲得した新規顧客のほとんどが、一〇ドルのクーポンを得るためだけに新しいメールアドレスで登録し続ける大学生であることがわかった。彼らは最初のプロモーションが終わると会員をやめてしまうので、利益を生み出すことはなかった。つまりこの顧客の生涯価値は五〇ドルではなく、〇ドルだったのだ。

それでトロイはイートストリートに何を告げたのか。そのプロモーションを中止し、利益を生まない客を切り捨てろ。その通り。それでイートストリートの顧客の増加速度は遅くなったが、収益性は向上した。現在、イートストリートは成長を続けて利益をあげ、そのおかげで好条件でのエグジットが見込まれている。もしＬＴＶ／ＣＡＣとチャネルごとの生涯価値を理解していなかったら、まだキャッシュを無駄にしていたかもしれない[46]。このような細かい生涯価値分析が、優良顧客に報いて自社製品を買い続けるインセンティブを与えることになり、その生涯価値をさらに高めることができる。

こうした顧客獲得や生涯価値についてのデータをどう使うかとは別に、サステナビリティ・モデルをつくるという目的を果たすうえで重要なのは、サステナビリティという言葉をどう強調するかである。

何かを買ってくれる顧客を獲得することは一つである。その顧客の予測される生涯を通じて商品を購入して利益をあげてくれる顧客を獲得することで、あなたのベンチャー事業が長期にわたって拡大できるようになるのだ。

シュルガードはセクシーなベンチャー事業か

ベンチャー企業の表面的な魅力が、その企業が、どのように魅力的なのかわかりづらくしてしまうことがある。その会社は前の何章かで説明した競争力に関する指標で高い得点を得られるかもしれない。不当なまでの競争優位性、ブランド価値、顧客獲得コストに比して魅力的な生涯価値、それらはすべて大きな影響力を持ちうるが、それでも魅力的でないように見えるかもしれない。それはなぜなのか、そしてなぜ魅力で判断するのは危険なのだろうか。私の「成長中のベンチャー経営」という講座では、一九九〇年代後半にヨーロッパへの進出を目指したシュルガードというレンタル倉庫ビジネス企業をとりあげている。当時シュルガードは創業二五年、従業員数九八〇人、二〇州に三四八の物件を持ち、アメリカでは業界トップで、一億五九〇〇万ドルの収益をあげていた(47)。教室の学生たちは、この会社にあまり熱狂的な反応を示さない。次のキャスパー、プレママ、ルナのような会社を始めたいと思っている二〇代の学生たちにとって、倉庫ビジネスはセクシーに思えないのだ。私はいつもそれを感じ取り、ある時点で挑発的な質問をする。「これはセクシーなビジネスだろうか？」

学生たちは最初は苦笑し、不意を突かれたように戸惑いを見せる。そして私たちはこの会社の価値提案とサステナビリティ・モデル、つまり借り手の満たされていないニーズに応えるために提供する性質や利点、会社の収益方法、コスト構造、貸借対照表、成長のための資金調達、ビジネスを推進する主な成功要因など、細かいところまで掘り下げていく。するとセクシーとは言わないまでも、かなり印象的なパターンが現われる。このサービスに喜んでいる借り手が何万人もいること、店舗レベルでの利益率が七二パーセント、稼働率が八〇パーセント（損益分岐点は三五パーセント）、労働のニーズは低い、強力で効率のよいブランド、支払いリスクの低さ（賃料は前払いで、シュルガードは借り手が預けている品を保持している）。シュルガードはいわゆる不動産投資信託（ＲＥＩＴ）である。同社は公開企業であり、その株は証券取引所で取引されていて、公開市場で資金を調達して成長を続けられる、ということだ。表面上は退屈なコンクリート製の倉庫を建設・管理しているが、このシュルガードはセクシーなのだろうか？　起業家の目から見れば、イエス！　と言えるだろう。

この話を紹介したのは、表面上のセクシーさばかりをさがすという罠を避けるべしと念を押すためだ。セクシーでない分野は、セクシーにこだわる人が鼻にもかけないため、多くのチャンスが埋まっている可能性がある。そのため「生きがい」の四つの基準を満たす限り、表面だけを見るのではなく、すでに学んだ成功する起業家に必須の基準を適用してみよう。それは満たされていないニーズに取り組む「価値提案」と、大きく考え、大規模で長期的に影響をもたらす「サステナビリティ・モデル」である。これこそがセクシーなのだ！

よいことをして世界を変える

よいことをして世界を変えよう。

——ベンジャミン・フランクリン

思慮深く明確な意識を持った少人数の集団が、世界を変えられることを疑ってはならない。事実、世界を変えられたのは、そういう人々だけだ。

——マーガレット・ミード

アラビンド眼科病院

アラビンド眼科病院(48)は、インドにあるチェーンで、創業者のヴェンカタスワミー博士は失明の治療を自らの使命としている。アラビンドで何よりも目を引くのは、利益の高さである。純利益率が五一パーセント、つまり経費をすべて差し引いても、収益の半分以上が残るということだ。私は純利益率が五一パーセントのベンチャー企業など、他に見たことがない。とても堅実な企業でも純利益率はせいぜい一五パーセント、ごくまれに二〇パーセント前後の企業がある（アップルやグーグル）。私たちが授業でとりあげた組織の中でも、特に意欲的で意義深い価値提案——失明の治療——を掲げているだけでなく、アラビンドは最も利益率の高い企業でもある。アラビンドは私が知る限り、ベンジャミン・フランクリンの「よいことをして世界を変える」という格言を体現している最高の例である。

トレヴァ

グウェン・ムゴディが初めて私を訪ねて起業家支援センターに来たとき、彼女は自分がここに来ていい人間かどうかわからないと言った。ジンバブエ出身で、自国の識字率向上を目指し、アフリカ学と文学を学んでいる女性が、当センターで協力者を見つけることができるのだろうかと疑問を持っていた。彼女を見て私は、社会的な課題を掲げる企業が増えているこの時代でも、いまだ起業とは営利事業を行なうことだと考える人が多いという事実に気づかされた。彼女はそのことについて正直に話してくれたので、私は重大な問題を解決するためのプロセスは、次にどんなボードゲームが流行するか予測しようとする人ばかりではなく、人間の基本的なニーズを満たそうとする人にとっても役立つものであることを説明した。

グウェンは当センターが夏に開催する、ブラウン大学とロードアイランド・デザイン大学の学生がインパクトのあるベンチャー事業を開発するための資金、トレーニング、メンターシップを提供する八週間のブレイクスルー・ラボのアクセラレーター・プログラムに参加した。その二〇一八年の夏に、彼女は自ら非営利の出版社トレヴァを立ち上げた。これはアフリカの文化、言語、民族の多様性を表現する、魅力的な絵本を制作する会社である。グウェンとパートナーのケレチュク・ウドゾルが見つけた満たされていないニーズは、アフリカの言語で書かれた児童向けの本が不足していることだった。そのためグウェンの国ジンバブエをはじめとするアフリカ諸国では、多くの子どもたちが読み方を学べずにいた。グウェンとケレチュクはボトムアップ・リサーチを用いてこのニーズを発見して確認し、小さい規模でこのニーズに取り組む、堅実な価値提案をつくりあげた。

しかし当然ながら、よいことをすればサステナビリティ・モデルは必要ないというわけではない。初めに出版された何冊かの本は熱心な読者を獲得したが、グウェンもケレチュクも、まだトレヴァのサステナビリティ・モデルをどうすればいいか決めかねていた。彼女たちはこの市場に特有の、大きな問題に直面していた。グウェンはこう語った。「始めたときは本一冊一二米ドルという値段は、ジンバブエドルでも一二ドル相当だったので、大半の親にとって楽に手の届く価格だと計算していました。けれどもジンバブエドルの価値が下落して、一三八〇ドル相当になってしまいましたが、人々の収入はそれほど上がっていません。たとえば教師の収入はだいたい一万八〇〇〇ドルです。そのため私たちの最近の顧客は、一定レベルの収入がある人たちです。つまり私たちの本を買ってもらえる子どもたちは、私たちが望むよりも少ないということです」

さらに私が、トレヴァはこれらの問題にどう対応するのか掘り下げると、グウェンはこう続けた。

「もちろんサステナビリティ・モデルは変更しなければなりませんし、問題を解決する努力も続けていきます。新型コロナのパンデミックで、さらに真剣に取り組んでいるアイデアの一つ、字幕付きのアニメ動画を活用して、子どもたちに読み方を教え、収入につなげると同時に、私たちの本をすべての子どもの手の届くものにするという、コアな目的を果たすことです。

何度か述べているように、私はアントレプレナーシップをイデオロギーではなく方法論として教えている。これまで見てきたように、この方法論は、以下のようにさまざまな状況で役に立つ。シーズ・オブ・ピースのフェローシップからドン・オペラリオの公衆衛生への取り組み、クリス・ムーアとダイアン・リプスコムの脳研究やルナのフェアトレードの農家との関わりとエナジードリンクのスタートアップ。脳科学者のクリス・ムーアとダイアン・リプスコムが私たちのプロセスを応用したものに〝神経学的アントレプレナーシップ〟というレッテルを貼ったら抵抗を感じるのと同じで、アラビンドやトレヴァに特別な種類のアントレプレナーシップというレッテルを貼りたくはない。

アントレプレナーシップがこうして幅広い分野に応用されることで、一部で〝ソーシャル・アントレプレナーシップ〟と考えられているものに興味を持つ多くの学生が、さまざまな満たされていないニーズに取り組む、当センターの主流の学生たちと同じものになる。私たちは、〝ソーシャル〟・アントレプレナーを、環境や言語、料理、技術の問題などに取り組む学生と違うものとして扱わない。彼らはみなアントレプレナーを目指し、当センターに集まって、私たちの起業家プロセスを用いてあらゆる問題に取り組んでいる。

アラビンド社のヴェンカタスワミー博士やトレヴァ社のグウェンは、自分たちの故国の問題を解決しようとする起業家の好例である。よくあることなのだが、私の講座に参加する学生たちは、彼らとは対照的に、コートニー・マーティンが言うように「他人の問題を単純化したがる」。「もしあなたが若く、恵まれていて、意味のある人生を送りたかったら、切迫していないながら、すぐに解決できそうな問題に飛びつくのはしかたがない」[49]。問題解決を目指す善意の人々についてマーティンが警告する理由の一つは、そういう人々は問題の複雑さを理解するためのボトムアップ・リサーチをじゅうぶん行なわず、自分なら簡単に問題解決できると無邪気に考える傾向があるということだ。はるか遠くまで続く整備された道には、うまくいかなかった単純な解決策があちこちに転がっている。この現象をひとことで表現するなら「白人救世主コンプレックス」となるだろう。もう一つの注意点を、私は〝起業家の流出〟と呼んでいるが、これは自分の属するコミュニティの問題の複雑さを直接観察して、解決できるはずの若く才能ある人材が外に出て行ってしまうことだ。シーズ・オブ・ピースのマイカー・ヘンドラーや、ハイチ・プロジェクトのパトリック・モイニハンがその問題を回避できたのは、彼らが属するイスラエル／パレスチナや、あるいはハイチのコミュニティで、重要な役割を長期にわたって担う存在になったからだ。

営利か非営利か

この「発見・解決・拡大」起業プロセスの第三段階、サステナビリティ・モデルを構築するためのツールは、営利企業、非営利の慈善団体、助成金による研究、税金で賄われている政府機関、その他の事業体、そしてそれらすべてのハイブリッドの組織にまで、力を与えられる。どの形態でも、よいことをして世界を変えることは可能だ。ではどのように選ぶべきなのだろうか。

二〇一九年、バンク・オブ・アメリカのCEOで、当センターの諮問委員を務めるブライアン・モイニハン（パトリックとは兄弟）が、世界の喫緊の問題を解決するためには、営利的なサステナビリティ・モデルがなぜ必要かというマクロな考え方を構築して次のように述べた。「世界中のすべての慈善活動をもってしても、持続可能な開発目標や、環境（その他の）に関する目標を達成できるものではない。世界で寄付金は年間八〇〇〇億ドルにのぼるが、私たちは年間五兆から六兆ドルの資金を必要としている。寄付や財団はたくさんあり、すばらしい活動を行なうすばらしい人たちがいる。しかし明日それらすべてを投げうってもまだ足りない。アメリカの全予算である四兆ドルあっても成し遂げられない。変化を促すには民間セクターの力が必要なのだ[50]」

営利事業と非営利事業のどちらを選ぶか迷っているのであれば、非営利事業の規模拡大を制限し、営利事業に有利となる構造的な制約について考えてみてほしい。これらの制約の多くは、給与やブランド構築などへの支出を制限する、寄付する側の意識が反映されている。非営利組織では、上記で説明したようなリスクを負うことや、失敗を許容することはできないだろう。また規模を拡大するために必要な時間的な余裕も違えば、利用できる投資構造も違っている。

ダン・パロッタは、著書『アンチャリタブル　非営利団体への制約がいかにその可能性をつぶしているか（Uncharitable: How Restraints on Nonprofits Undermine Their Potential）[51]』や、TEDの講座「私たちの慈善への考え方は完全に間違っている（The Way We Think about Charity Is Dead Wrong）」で、NPOが長期的に規模拡大する力を押さえつけかねない、五つのことについて詳しく述べている。その五つはすべて、非営利団体が「どのように」という基本的な問いに答える方法を限定する圧力を明らかにしている。私たちが発見し確認した、満たされていないニーズに対応するため開発した小規模な価値提案を、どうすれば実現できるのか。さらに持続可能なベンチャー事業を築き、長期的に大きな影響力を持つためには、どうすればいいのか。「発見・解決・拡大」起業プロセスの三番目のステップは、規模拡大を目指すときに使えるツールを身につけることだ。非営利団体への資金提供者は、起業家たちに異なる基準を押しつけ、同じツールを使うことを難しくしている。これは非営利団体が、支出に見合う価値を提供できるようにしたいという姿勢からきている。しかしこれが意図しない結果を招いているのだ。ダンは次のように書いている。

非営利事業では、寄付する側が経費の割合を精査するため、

○営利団体から人材を引き抜くために資金を使えない。
○新規の顧客を獲得するために、営利団体ほど大規模な広告を出すことができない。
○顧客を獲得するために、営利団体と同じリスクを冒すことはできない。人道的な分野では、リスクは欠点であるだけでなく、非倫理的で、不道徳で、罪深く、犯罪的でさえあるとみなされる。慈善目的のために集められた資金を、損を出す可能性のある新しい試みに使ってはならないというのは、宗教に近い信念である。(52)
○営利部門には可能な、規模の大きな解決策を見つけるための時間がない。
○どこか(非営利団体)に資金提供したくても、そもそものための株式市場がない。

ダンはこうした制約によって、非営利団体がきわめて不利な状況に置かれていると論じている。彼が「別のルールブック」と呼ぶものの影響を説明するため、彼は私たちが「発見・解決・拡大」プロセスの〝大きく考え、大きくなる〟のセクションで使っている言葉で、ある驚くような統計を紹介している。それはそのルールによって、非営利団体がいかに抑えつけられてきたかを示すものだ。

一九七〇年から二〇〇九年にかけて、大きく成長した非営利団体で、年間収入が五〇〇〇万ドルの壁を越えたのは一四四団体である。同時期、営利団体でこの一線を越えたのは四万六一三六団体だった。つまり私たちはきわめて大規模な社会問題に取り組んでいるものの、私たちの組織が規模を拡大することはできないのだ[53]。

チャイニーズ・ミルクホエーやオネストティーの例で見たように、規模の大きな影響力を持つサステナビリティ・モデルをつくるための重要なアプローチは、ブランド力を築いて活用することだ。しかしサステナビリティ・モデルを非営利と指定する人の効率性と可能性を評価するとき、私たちは彼らのブランディング戦略を制限し、彼らとその支援者となる人々に、無用なさがすコストを負わせることになる。ダンは次のように述べている。

この週末、《ニューヨーク・タイムズ》と《デイリー・ニュース》の目立つところには、ハマー、Ｔモバイル、ＡＴ&Ｔ、メイシーズ、ブルーミングデールズ、そして数多くの家電や家具の小売業者の広告が掲載されていた……ダルフール紛争、エイズ撲滅、乳がん撲滅などの広告はまったくない。非営利団体の広告は一つもないのだ。これは決して異常なことではない。巨大な消費者ブランドは広告を出す。大きな理念を掲げる団体は出さない。Ｉ・Ｒ・Ｓのフォーム９９０（非営利団体の財務データを報告するもの）に、広告についての特定の項目がないことは、非営利団体の広告の少なさを証明するものだ。

そしてこれはなぜなのか。

寄付する人は有料広告を無駄だと考えている。「広告を寄付してもらうのは構わないが、広告を買うために寄付金を使ってほしくない」（コカ・コーラ社に、広告を出すのはいいが、午前二時に流す広告を寄付してもらったときだけにしてほしいと言ってみたらどうなるだろう）。寄付者の偏見として、広告費は〝大義〟から奪うものなので、慈善団体は広告を出すことを嫌がる。寄付者からの報復が怖いのだ。一方、広告の力を理解しているコカ・コーラは、広告費を出して私たちを一生にわたって洗脳するのだ。

ダンと私は、問題を解決しようとしている人なら誰にでも、同じアントレプレナーシップのツールを提供したいという点では一致している。ブランドは、たとえばチャイニーズ・ミルクホエーやオネストティーのサステナビリティ・モデルを構築するために必要不可欠で、認められているツールである。しかし経費に目を光らせている人々は、ペンタ（ブラウン大学の元学生であるトラン・ドゥオンが、ベトナムにおける義肢の不足を解決するために立ち上げた非営利組織）には、このような強力なツールを渡そうとしないかもしれない。Ｐ＆Ｇが広告を使って日用品をブランド化し、試行を続け、顧客の信用を高め、長期的な価値を生み出しているのに、なぜ非営利団体が同じブランディングのツールを使うのを妨げようとするのか。ダンは《ハーバード・ビジネス・レビュー》の「なぜ非営利団体はもっと広告に投資するべきなのか」という記事で、言いたいことをうまくまとめている。

誰にとってもうまくいく世界をつくるのにいちばんいい方法は、誰もが「そのテック製品を」欲しがる世界をつくったアップルに倣うことだ：そのアイデアに対する大規模な需要をつくり始める。もし《ニューヨーク・タイムズ》に毎朝、エイズ撲滅、貧困の根絶、がん治療の広告がたくさん出ていたら、ブルーミングデールズやネットフリックスに対抗できる可能性がある。そしてこれを間違えてはいけない。ライバルはそれらの企業なのだ(54)。

この種の軋轢《あつれき》は、ＮＰＯの支援者に営利企業と同じように扱ってもらうことで乗り越えられるだろう。それはたしかだ。あるいは、そもそも営利団体を設立すればいいかもしれない。いずれにせよ、私がここで言いたいのは、規模を拡大しようとするとき、非営利団体のサステナビリティ・モデルを制限する、これらの圧力を意識するべきだということだ。

第七章　ステップ3　拡大：サステナビリティ・モデルをつくる——あなたのチームを大きくする

ベンチャー事業の規模を大きくするとき、何より重要なリソースは、チームに新たに加えようとするメンバーである。典型的なスタートアップ、大手企業、非営利団体から研究所まで、どのような場であれ、アントレプレナーシップはチーム・スポーツだ。一人では、一人分の経験、視点、スキルしかない。全体の中で、あなたや創業チームがカバーできない部分を、チームが埋めてくれるのだ。『創業者のジレンマ（The Founder's Dilemmas）』の著者ノーム・ワッサーマンが調査した何千ものスタートアップ企業のうち、単独で運営されているのはわずか一六パーセントだった。[1] ネクストビュー・ベンチャーズのパートナーであるデイヴィッド・ベイゼルによると、ネクストビューが出資しているスタートアップのうち、創業者が一人という例は全体の五パーセント未満だった。[2] 科学分野や企業の中でも「新しい創造性が発揮される場では、チームによる活動がどんどん増えていて、チームからインパクトのある製品が生み出されることが多くなっている」。[3]

意外なことかもしれないが、チームの形態とメンバー構成はとても重要だ。[4] スタートアップ企業の六五パーセントは、人間関係のストレスやチームの問題が原因で失敗する。またチームの人材もきわめて重要で、ベンチャー投資家の間では「Ａクラスのアイデアを持つＢクラスのチームより、Ｂクラスのアイデアを持つＡクラスのチームに出資したい」という言い方がよく聞かれる。[5]

しかしどうすればAクラスのチームをつくれるのか。起業の成功にはチームが重要な役割を担っているので、成功する起業チームには何が求められるのかを伝えたい。避けなければいけない、よくある間違いをいくつか指摘しておこう。

画期的な解決策を生み出せるチームとは、メンバーの経歴がさまざまで、異なるスキルを持ち、多様な視点が備わり、それらの違いを活用できるチームである。しかし残念ながら、起業家たちが多様なチームをつくることは少ない。これは無意識のバイアスの一つで、意識して克服しなければならないことだ。その同じ間違いを繰り返さないよう、ふつう実行するのに抵抗があると思われることをやり遂げるための戦略を伝えていく。また私が「チーム編成のスイートスポット」と呼ぶ、成功する起業家チームの理想的な構成について、その特徴も紹介する。二一世紀のこの時代、理想的なチーム構成には、人間とデジタルのリソースのバランスも含まれる。そして最後に、メンバーを新たに加えることで恩恵を得るには、ただ多様性を満たすだけでは不十分であることを理解するのを助けたいと思っている。メンバー全員に共通するものを超え、各メンバーがチームにもたらすものを最大限に活用できるようにする必要がある。

多様性を備えたベンチャー・チームのほうが成功する可能性が高い

多様性を意識し始めるのに最適なタイミングは、ゼロの時点、何かを始めるときだ。新しい会社を始めるとき、新しいチームをつくるとき、新しいプロジェクトを立ち上げるとき。次に適したタイミングは、今だ。(6)

──ダーメッシュ・シャア　ハブスポット共同創業者

創造的擦り合い

すべてのチームが同じようにつくられているわけではなく、多様なチームのほうが起業で成功しやすいことがわかっている。多様性が多くの場面で強みとなることを考えると、これは驚くにはあたらない。自然界での生物多様性の例は、組織における多様性の利点を考えるときに説得力を持つ。「多様性が高まれば植物群落の生産性が上がり、生態系における栄養保持力が高まり、安定性も高まる」[7]。ブラウン大学の同僚オデッド・ガローとウィリアムズ大学のクアムル・アシュラフは「文化の同化と伝播の相互作用が、世界各地で経済発展パターンの差異の発生に大きな役割を果たしてきた」と論じている[8]。都市研究の理論家であるリチャード・フロリダは、ガローの研究をこう解釈している。「多様性が経済発展を促し、同質性は遅らせる」[9]

アントレプレナーシップにおいて、受けてきたトレーニングも考え方も似通ったメンバーによる「モノトーンのコーラス」(ハーバード・ビジネス・スクールの教授ドロシー・レナードと、タフツ大学教授のウォルター・スワップによる命名)を避けることが重要だ。経営者やマネジャーは、さまざまな経験、思考スタイル、文化、考え方を持つ、できるだけ異なるメンバーを選ぶべきなのだ[10][11]。

それはなぜなのか。多様性のあるチームの利点とは正確には何なのだろう。簡単に言うと「世界を違う角度から見られる」ことだ。互いに不足しているものを補い合う材料が〝創造のスープ〟の味を向上させる。多様なチームに求めるものを説明する言葉として、私が特に気に入っているのが創造的擦り合いである。これは日産デザイン・インターナショナルの創業者兼社長であるジェリー・ハーシュバーグの造語で[12]、ハーバード・ビジネス・スクールのリンダ・ヒル教授らは、これを「議論や討論を通してアイデアを生み出す能力」と定義している[13]。

私は「発見・解決・拡大」の証拠をあらゆるところで、ときには思いがけない場所で指摘して、家族をいらだたせることがある。たとえば映画『ボヘミアン・ラプソディ』で、クイーンのフレディ・マーキュリーが、この多様性は絶対に必要だとその価値を認めている。それはバンドを離れて一人で活動しようとしたことを、他のメンバーに謝る場面だ。「ミュンヘンに行って、何人もの男を雇い、彼らにやってほしいことを正確に伝えた。それで問題は……彼らがそれをやったことだ。ロジャーから の反発もない、ブライアンが書き直すこともない、ジョンが変な目で見てくることもない。おれには君たちが必要なんだ。それに君たちにもおれが必要だ[14]」。これは私が共感できる、創造的擦り合いの利点の例だ。それはおそらくあなたにとっても同じはずだ。

リベラル・アーツの利点についての私の発言に戻ると、私が教えているリベラル・アーツの学生たちは、自信を持てないと感じることが多い。彼らは歴史や哲学を専攻している自分たちは、スタートアップのチームに何の貢献もできないのではないかと考えるのだ。そんなとき、私は『RANGE』を読ませる。そこで著者のデイビッド・エプスタインは、とりわけ特別に価値あるトレーニングを受けていないと思っている人々の、多様な視点を取り入れることの利点を語っている。エプスタインは、ノースウェスタン大学の社会学者ブライアン・ウッツィの言葉を引用し、成功するチームはさまざまな経歴を持つメンバーで構成されていることが多いと指摘している。ここで私自身の経験を思い出した人もいるかもしれない。私は歴史学を専攻していたが、クリアビュー・ソフトウェアのチームの一員で、同社をアップル社に売却した。ウッツィの調査では、さまざまな経験を持つ、異なる組織から集められたメンバーのいるチームのほうが成功する可能性が高く……異なる国に在住しているメンバーがいるチームも有利だった[15]。

あなたが企業で働いているのなら、ソデクソ社の北米部門のＣＥＯであるスティーヴン・ダンモアの見識の価値がわかるだろう。彼はハーバード・ビジネス・スクールの同窓会で、学生がスタディ・グループをつくる際に用いたさまざまな戦略について語ったとき、ＨＢＳで学んだ最も意外な教訓について話した。「いちばん成績がよかったのは、さまざまな学生の集まるグループでした。ビジネス志向の学生をはじめ、芸術、法律、医学を学んできた学生、軍隊出身者もいました。彼らは互いの異なる経歴や考え方を尊重し合っていたんです。そういうグループが、先々まで考えた創造的な解決策や革新的なやり方を見つけていました」[16]。スティーヴンはこの教訓を胸に刻み、それは彼の職業人生を通して、問題解決を目指し、新しいチャンスを開拓しようとするグループのマネジメント法に影響を与えていた。「私の会社はダイバーシティ&インクルージョン（多様性とその受け入れ）の面で数々の賞を受賞しています。そして社員の多くが、それこそがソデクソ最大の強みだと考えています。そう、それは正しい行ないであると同時に、私たちの成長と競争力の強化にとって重要な、顧客の問題解決開発において創造性と革新性を高めるものなのです」

多様な性格タイプと労働スタイル

話が上手であることとアイデアが優れていることの間に、相関はまったくない[17]。

——スーザン・ケイン

イントロダクションで述べたように、起業で成功しやすい性格タイプというものはない。左脳優位でも右脳優位でもない。創造的でも分析的でもない。マイヤーズ - ブリッグス・タイプ指標の、性格タイプに当てはまるものではないのだ。そしてこのことに驚く人も、安堵する人もいるだろうが、外向的な人が内向的な人より起業で成功しやすいという証拠もない。私がそれを強調するのは、起業家向きの性格タイプがあるという神話が、未来の起業家たちの邪魔をしているからだ。私は内向的な学生たちにスーザン・ケインの『内向型人間の時代　社会を変える静かな人の力』（古草秀子訳　講談社）を渡したとき、その表情がほっとしたように緩むのを見るのが好きだ。またその本で彼女が出している結論を好んで伝えてもいる。外向的な人が好むやり方を無理に取り入れるよりも、一人で問題を解決するという、自分が好むスタイルを貫いたほうが、チーム全体の目標達成の助けとなることが多いのだと。起業はチーム・スポーツになる傾向があるが、成功するスタートアップは、チームの他のメンバーとは異なるワークスタイル（単独行動も含めて）で働けるスペースもつくっている。[18]

ケインはさまざまな分野で超一流になった人が、どのように専門知識を身につけたかを調べた、心理学者のアンダース・エリクソンの研究に言及している。彼が「限界的な練習」と呼ぶものについての説明で、重要なのはスキルを開発して磨くためにどれだけの時間を割いたかではなく、一人でそれを行なっているという事実だと結論している。ケインは次のように書いている。「限界的な練習は一人で行なうのが最適である理由がいくつかある。それは高度な集中力が必要で、他人がいると気が散ってしまうからだ」。ケインはチャールズ・ダーウィン、スティーブ・ウォズニアック、マドレーン・レングル（『リンクル・イン・タイム』の著者）など、さまざまな超一流の人物を引き合いに出しながら、彼ら全員、一人で仕事ができる能力を備えていたからこそ偉業を成し遂げられたと説明している。[19] 成功する解決策がチームから生まれるなら、チーム内の〝前線〟での作業はすべて集団で行なう必要があると考える、起業を目指す若者の多くがこれに驚くことが多い。

あなたが外向的なら、これで自分のチームに入れたいと思う人材の幅を広げてほしい。またあなたが内向的なら、これがあなたの起業家としての自信を高め、チームに外向的な人材を受け入れて多様化を目指してほしい。

衝突によって異なるスキルと視点を組み合わせる

テクノロジーだけではじゅうぶんでなく、リベラル・アーツや人文科学と融合したテクノロジーこそが、人の心を揺さぶるという考えが、アップルのDNAに組み込まれている。

——スティーブ・ジョブズ[20]

リベラル・アーツを重視する大学は、もちろんブラウン大学だけではない。オープン・カリキュラム〔自分の属する学科だけでなく、他の学科の専門教育も履修できる〕を採用する大学もたくさんある。しかし私は世界中の大学で教えてきた経験から、ブラウン大学はその学際的な文化では群を抜いた存在であることを知った。他の多くのキャンパスでは科学分野の教授が、関連する科学分野の教授にさえ声をかけることはまれで、前例がない場合もある。社会科学や人文科学分野ならなおさらだ。ブラウン大学では、声をかけないほうがおかしい。〝チョコレート〟を持ち歩く研究者は、常に〝ピーナッツバター〟を持ち歩く人をさがしている。それらを合わせれば、さらにおいしいものができると知っているからだ。私たちのアントレプレナーシップ・センターのすばらしいところは、特定の学部と結びついていないことだ。私たちはむしろ互いをつなげるもので、コラボレーションを推し進めるハブである。私はその作業を通して多くのコラボレーションを見たり、自ら参加したりしてきたが、そこで異なる視点から生まれたアイデアの組み合わせが、困難な問題を解決するのに大きな力を発揮するのを目の当たりにした。

異なるものがぶつかり合う現象には歴史上たくさんの前例があり、物理的な空間がその発生確率を向上させるという例さえ存在する。スティーヴン・ジョンソンは『よいアイデアはどこから来るか（Where Good Ideas Come From）』の中で、大きなアイデアが、どのように〝小さな直感〟のぶつかり合いから生じるかを語っている。歴史を専攻していた私は、啓蒙時代のコーヒーハウスやパリのサロンが、その種のぶつかり合いの豊かな土壌であり、知的、政治的、経済的、社会的、科学の大きな進歩がそこから生まれたという言葉が気に入っている。起業家としての自分は「チャンスはつながった考えに味方する」という言い回しが好きだ[21]。

これと同じ力が働いていた現代の例が、一九七〇年代半ばにシリコンバレーを拠点としたホームブリュー・コンピュータ・クラブで、そのメンバーは多様であり、それがこんにちのコンピュータ産業を立ち上げた。このクラブは、ウォルター・アイザックソン〔アメリカの作家・ジャーナリスト〕が言う「カウンターカルチャーとテクノロジーの融合」を凝縮したようなものだった。これはやがてパーソナルコンピュータ時代において、ジョンソン博士の時代のコーヒーハウスタ「タークス・ヘッド」のような、アイデアを交換して広める場となる[22]。

リベラル・アーツの学校全般、とりわけブラウン大学のリベラル・アーツのオープン・カリキュラムは、二一世紀版のパリのサロンさながら、学際的なコラボレーションを促進している。ブラウン大学のアントレプレナーシップ・センターは、〝偶然のぶつかり合い〟を促す場を提供しているのだ。このセンターでは、さまざまな分野の学生や教授を、学問の密室から引っぱり出している。そして多様なチームとして力を合わせ、満たされていないさまざまなニーズを見つけて確認し、補完的な視点とスキルセットを組み合わせてニーズを満たすことを目指し、分野を超えた見識を活かしてサステナビリティ・モデルをつくることを促している。この活動はきわめて意図的に行なわれるので、〝故意のぶつかり合い〟と呼ぶべきかもしれない。

私の講座の学生たちが立ち上げたベンチャー事業の一つであるエンボネット（EmboNet）は、二層構造で袋状のメッシュを開発している。これは心臓バイパス手術の患者の血液から塞栓物質の破片を捕捉・除去するためにつくられたもので、脳卒中と脳損傷のリスクを軽減できる。賞を受賞したこの学生チームについて、私にとっては何より刺激的で、多くの人（創業者たちにとっても）予想外だったのは、このチームが生物医学のエンジニアと医学部生二人、そしてロードアイランド・デザイン大学テキスタイル科卒業生一人が組んでいたことだ。

しかし常にぶつかり合っている状態は逆効果になることもある。ここでもう一つ、スーザン・ケインによる警告を伝えておきたい。それは仕事のやり方への期待という観点から、多くの人がワークスペースをデザインしていること、そしてそれが何を意味し、何かを押しつけてさえいることだ。スーザンの調査によると、アメリカ人の約七〇パーセントは、間仕切りのないオープンプランのオフィスで仕事をしていて、そこには〝自分だけの部屋〟がないという。このような「オープンプランのオフィス」では、労働者がとげとげしくなり、不安で、注意散漫になりやすい。また高血圧、ストレス、インフルエンザ、疲労のリスクも高まる。そして仕事を中断されると間違いが五〇パーセント以上増え、仕事を終えるのに二倍の時間がかかる。(23) 困った事態におちいるのだ!

コーディング・ウォー・ゲームズという、ワークスペースが生産性に与える影響を調べる有名な研究で、トム・ディマルコとティモシー・リスターは一〇〇社近い企業の数百人のプログラマーの仕事を比較した。すると生産性の高い会社のプログラマーが他と違ったのは、経験や給与が高いことではなかった。プライバシーが守られ、自分だけのワークスペースがあり、作業を中断されることのない環境かどうかだった。(24) ディマルコとリスターは『プログラマーの成績と職場の影響（Programmer Performance and the Effects of the Workplace）』の中で次のように述べている。

私たちは二つのグループが大きく異なる環境で仕事をしていると結論づけた。上位のプログラマーたちは、わりと広めの部屋で仕事をしていて、少なくともある程度は集中できる環境にあった……スペースはまあまあ快適で……かなり長い時間、中断されずに仕事ができる。下位二五パーセントは仕切られた小さなスペースで働き……誰かが取るまで電話が鳴り続け……短時間で作業を中断されていた。(25)

創業したばかりのアップルについてのケインの話は、多様なチームの価値を活かしながら、各人が好むワークスタイルや職場環境の違いを尊重し、ちょうどよいバランスを考えるうえで役に立つ。「起業時のアップルは力を合わせることの重要性を訴えていた。ウォズニアックはジョブズがいなければアップルを立ち上げてはいなかっただろう。しかしこれは一人で行なう精神の物語でもある。ウォズニアックの仕事のやり方に注目すれば、何もないところから何かを生み出すという大変な作業を、彼は一人でやってのけたのだ。夜遅く、たった一人で[26]」

デジタル・ダイバーシティ

ターミネーターは潜入部隊だ。一部は人間で、一部は機械。その下は超合金製で、マイクロプロセッサー制御の完全武装戦闘ロボットである。きわめてタフだが……外側は生きた人間の組織だ。肉、皮膚、髪……血液。サイボーグとなるため育てられた[27]。

――『ターミネーター』

多様性のあるチームをつくるよう勧めるとき、私は学術的な研究や、その価値を認めている組織で使われている定義よりも、もっと広い意味で「多様性」という言葉を使っている。そのような分野のリーダーが多様性を研究して意味を明確にしているように、私も共同創業者やその他の社員を採用するときは、チームのジェンダー、人種、民族が多様になるように勧めている。これまで述べてきたように、多様性のあるチームは、さまざまなスキルセットや視点を備えていることが有利となる。そしてこのあと、もっと多様な人を集める方法、そのために避けるべきよくある間違い、そして多様性が裏目に出る場合もあるということについて、より詳しく説明していく。その前に、私がデジタル・ダイバーシティと呼んでいる、チームにコンピュータやロボットをメンバーとして加えることで、多様性の視点をさらに広げることを考えてみてほしいと思っている。デジタルの装置が人間に取って代わることもある（たとえば工場のロボット）。〝コボット（協働ロボット）〟のように、人間のそばで作業を助けたり、対話したりするものもある。患者をベッドから持ち上げるのを助けるために、人間の体に取りつけるコボットもある。[28] 人工知能（ＡＩ）は、すでに多くのチームにソフトウェアという形で付加されていて、急速に普及が進んでいる。

人工知能やロボット工学の進歩が何をもたらすかは予測できないが、起業家として、少なくともこうした進化しつつあるトレンドは知っておく必要がある。楽観的な見方をすれば、かつてないレベルの、人間の限界をも超える多様性が生まれ、コンピュータが人間のチームの補完をするようになると考えられる。ＩＢＭリサーチ・アンド・ソリューションズ・ポートフォリオのコグニティブ・ソリューション担当上級副社長であるジョン・ケリー博士は『スマート・マシンズ　ＩＢＭワトソンと認知コンピューティングの時代（Smart Machines: IBM's Watson and the Era of Cognitive Computing）』で、こうしたコラボレーションが生まれることを予告している。「人間と認知システムが協調することで、私たちにとって重要な問題を大幅に改善し、結果を出す速さを上げ、地球上の生命をより持続可能にする可能性がある。この人間と機械の協力によって、大規模な進歩が起こることは間違いない」

チェスの元世界チャンピオン、ガルリ・カスパロフは、フリースタイルのトーナメントで、人間とコンピュータが協力することの利点を実証した。そこでいちばん成績がよかったのは、人間の技量にコンピュータの補助をつけた選手だった。「人間と機械のチームは、最強のコンピュータでさえ凌いでいた。人間の戦略的な手引きと、コンピュータの戦術的鋭敏さの組み合わせは圧倒的だった」とカスパロフは述べている。[29] ケリーは金融、政府規制、医療診断など、他の例をあげながら、人間とコンピュータの多様性の真の可能性は「機械のデータ解析と統計的推論を、人間特有の性質、たとえば目標の自己決定、常識、倫理価値などと組み合わせることで実現する」と論じている。[30]

デザインの世界では、オートデスクの前CEOであるカール・バスが、この進化する多様性を見て、私たちが人間と機械のコラボレーションへと向かっていることを認めている。「なぜならデザイナーはコンピュータの助けを借りて、どんな人間であろうと頭だけで理解できる範囲を超えて、あらゆるシステムの全容を理解できるからだ[31]」

デジタル・ダイバーシティの例として、すでに外科医が機械を用いることで、手術の成功率を向上させている。ダ・ヴィンチ・サージカル・システムズは、さまざまな種類の手術室に五〇〇〇台以上導入され、毎年一〇〇万件の手術に使用されている。たとえばピッツバーグ大学医学部の泌尿器科教授であるベン・デイヴィーズ医師は、過去一〇年間で、毎週六〜七件の前立腺切除術にこのシステムを使用してきた。それが導入される前、ロボットの助けなしに自分だけで手術を行なっていたときは、このきわめて侵襲的な開腹手術はとても難しいものだった。前立腺はとても繊細な組織に囲まれていて、ていねいに手術しなければならなかったからだ。技術が拙いと大量の出血が起こることもあった。ダ・ヴィンチ・サージカル・システムズを使えば、医師は患者の体内に設置されたカメラの映像を見ながら、正確に器具を操作することができる。出血はごくわずかですむ、とデイヴィーズ医師は言う。[32]

この流れはその後も大きくなり続け、世界的な医療機器メーカーであるメドトロニックや、ヴァーブ・サージカル社（ジョンソン・エンド・ジョンソン社とグーグル社の合弁会社）が、まもなく手術用ロボット市場に参入すると予測されている。

私の以前の教え子（そして歴史学専攻の仲間）のダニエル・ブレイヤーは、現在、最先端のテクノロジー・ベンチャー専門の投資家である。その経験に基づき、ＡＩには創造性と自律性を高める可能性があると私に語った。最高のケースでは、ＡＩのおかげで反復的な作業から解放され、より戦略的な活動ができる。

これを裏付けるデータもある。オラクル社とフューチャー・ワークプレイス社が行なった調査では、ロボットのほうが、仕事のスケジュール管理（三四パーセント）、偏りのない情報の提供（二六パーセント）、問題解決（二九パーセント）、予算管理（二六パーセント）に優れていると、従業員たちは感じていた。また彼らは人間と機械のハイブリッドなアプローチを支持し、全般的にマネジャーたちよりロボットを信頼すると言っていたが、人間のほうがロボットよりも優れていることもあると考えていた。その上位三つは「部下の気持ちを理解してくれる」（四五パーセント）、「コーチング」（三三パーセント）、「ワークカルチャーの構築」（二九パーセント）だった。[33]

同時にダニエルは、デジタル・ダイバーシティの活用は、よい結果しか生まないと考えるのはナイーブすぎるという意見に同意している。それは他のどんな多様性のあるチームを活用するときと同じである。人工知能は現在すでに仕事に大きな影響を及ぼしていて、未来の仕事にも大きな影響を与えるだろうが、すべてがうまくいくわけではない。私たちは慎重になるべきだし、「野放図で、規制もなく、ときによって望まれないＡＩシステムは、人種差別、性差別、能力差別、その他の形の差別を増幅させる危険がある」ことを忘れてはならない。[34]私はＡＩを広く利用して、世界を修復する解決策を生み出すことを望んでいるが、どんな画期的な手法も、本来の目的以外のことに使われる可能性があることも知っている。私がこの進化する人間とコンピュータの多様性の形を明確にする目的は、起業を有利に進めるための要因として、多様性を備えたチームをつくる新しい方法について考えるのを助けるためだ。それをどのように展開するかは、あなた方次第である。「発見・解決・拡大」起業プロセスは方法論であり、イデオロギーではないことを忘れないでほしい。

家族や友人での起業は不安定になる

前に約束した通り、チームをつくるとき避けるべきことについて、重要な注意点を伝えておきたい。これらの難しい点は、直感に従ったときに起きるということだ。その一つは家族や友人とチームを組むことだ。これはごく自然なことだと感じるかもしれないが、チームの多様性が失われ、その結果、成功の可能性が低くなる。直感や心地よさ、そして恐怖心やリスク回避のために、人はつい似た者同士で集まりたがるのだ。そのため自分たちと見た目も行動も似た人を、チームに加える傾向がある。これもまた、チームの多様性を失わせ、成功率を下げる可能性があるので危険である。

たとえばノーム・ワッサーマンのデータでは、創業チームの四〇パーセントに、少なくとも一組の「友人と起業した」共同創業者がいて、一七・三パーセントに「家族と起業した」共同創業者がいた。この傾向の問題点は、ご想像の通り、家族や友人だと経歴が似たり寄ったりになりがちだということだ。彼らは互いに似たような行動をするため、リンダ・ヒルらが、成功する可能性が高いと証明したような、多様性に富むチームになれないと考えられる。このようなチームは前に述べた「モノトーンのコーラス」のようなものだ。さらに、これも想像がつくかもしれないが、友人や家族は、これまでの関係を守ろうとする傾向があり、自分たちの会社にとっていちばんいい行動をとらないこともある。

この同質性の危機の他に、ワッサーマンのデータは、前に社会的な関係を持っていた共同創立者は、安定度がはるかに低いことを示している。仕事上の関係になると、その関係を解消してしまう可能性が高く、しかも以前も仕事上の関係だった共同創業者より早くそれが起こる。そして本当の驚きはここからなのだが、前に何の関係もなかった人より、はるかに早く解消するのだ[35]。言い換えると、友人や家族と起業するよりも、知らない人と起業したほうが成功する可能性が高いのである。

その他の同質のチームも不安定である

家族や友人だけでなく、「性別や人種、出身地、学歴、職務経験が似ている人が共同で会社を設立する確率が極端に高い[36]」。それは一部には、社会全般の傾向が反映されている。類は友を呼ぶという考えは本当なのだ。たとえば私たちは見た目、宗教、食べ物、行動が、自分と似ている人とつきあったり交流したりしがちである。またすでに知っている人の中から共同創業者候補を選んでチームを組むほうが早い。したがってベンチャー企業の創業チームは、特別な配慮をしないと、同質になりがちで、先に述べたような多様性の恩恵を受けられなくなるのだが、これは驚くにはあたらないだろう。

同時にこの傾向の一部は、意識的な性差別や民族差別の表われだと認識する必要がある。これは重要でありながら、気づきにくい害なのだが、たとえ無意識のバイアスの結果であったとしても、この「同質性のサイクル[37]」が、スタートアップにおいて女性や有色人種の数が、嘆かわしいほど少ないことの一因となっている。白人のアメリカ人男性である私が、自分のキャリアを通じてこの特権の恩恵を受けてきたことは間違いない。したがってこうした傾向で不利益を被っている女性や有色人種の人々を代弁する資格はない。また本書のサブタイトル（「誰でも未解決の問題を大きな成功に変えられる」）が、女性や有色人種が依然として直面している根強い障壁を無視していると思われたくはない[38]。世界中で教えてきた経験から、この言葉が真実であることを私は知っている。誰でもできるというのは、「発見・解決・拡大」プロセスは誰でも学べるという意味だ。しかしさまざまな背景を持つ起業家が、それを活用しようとするフィールドは平坦ではない。ステップ3のこの部分については、次のような私の考えがナイーブと受け取られないことを願う。多様性のないチームは不利だと証明されていると伝えることで、少なくとも一部の起業家は自らの偏見を意識するようになり、より多様なチームを形成しようと考えるだろう。この多様性の要素については、ベンチャー企業の創業者の意思でコントロールできる部分である。

あなたが企業で働いているのなら、豊富なリソースに恵まれていること以外にも、取締役会には二つ目の盲点があることを知っておいて損はないだろう。別の言い方をするなら、本書における「発見：満たされていないニーズを見つけて確認する」である。J・ヨー・ジャド・チェンとボリス・グロイスバーグは《ハーバード・ビジネス・レビュー》の記事、「イノベーションを取締役会の最優先事項にするべき理由（Innovation Should Be a Top Priority for Boards. So Why Isn't It?）」で、世界中の五〇〇〇人の取締役を対象に行なった調査結果を報告している。「大多数の取締役会で、イノベーションは戦略上の最重要課題として位置づけられていない……そして全体的に取締役会レベルでイノベーションのプロセスに関与していないことが大きな盲点であり、潜在的な障害になりうる」[39]。彼らにそれが見えないのはなぜなのか。取締役会のイノベーション能力を抑えつけている要因は、多様性の欠如にあるとグロイスバーグは指摘する。取締役たちのバックグラウンドは「きわめて似かよっていることが多い。これでは既成概念を超えることができない」と述べている。最近の調査がそれを裏づけているとチェンは言う。「取締役の多くはソーシャルネットワークや非公式チャネルを通じて採用される。取締役は自分と同じような人を採りやすく、積極的に自分たちの知識に欠落しているものを見極めたり、自分たちの欠点を直視したりしないことが、調査結果は示唆している」[40]

> ⚠ 友人や家族で形成されるベンチャー・チームは半数を超えるが、そのようなチームが成功する可能性は低いという調査結果が出ている。ベンチャー・チームは、特別な配慮をしないと同質のものが集まりやすく、前述したような多様性の恩恵を受けられない。

元同僚のチームは長続きする

では共同創業者が、以前ともに仕事をしていた元同僚というチームはどうだろうか。ここでもワッサーマンのデータが示唆的で、それによれば創業者が前からの知り合いや親戚である企業よりも、そうした企業のほうが成長が速く、消滅する可能性も低いという。それを実証するため、彼は親しい友人同士で会社を起こしたがそれが仇になった企業と、オッカム・テクノロジーズを対比している。オッカムの創業者も以前から一緒に仕事をしていて、さまざまな難しい問題（株式の分配を含め）を乗り越えている。[41]オッカムについては、このあとチームの株式の分配について述べるときに詳しく説明する。

三つの群（1. 前の協力者　2. 以前から知っている家族や友人のチーム　3. 他人）についてのワッサーマンのデータから上記の結論を検討したとき、前に一緒に仕事をしたことのある人のチームがいちばん成績がいいというのが妥当に思えた。驚いたのは、友人や家族で構成されたチームよりも、他人同士のチームのほうが結果がよかったことだ。これらはデータから浮かび上がった平均値であり、友人や家族とチームを組んではいけないということではない。しかしこの傾向を知っておけば、当たり前に思えることをして、流れに従うのを避ける助けにはなる。当たり前に思えることが、常に正しいとは限らないのだ。

友人や家族によるチームが半分を超える起業ベンチャーの世界で[42]、同類が集まりやすくなる性質を克服するため、私の講座では、すべてのチームに、最大限に多様化することを求めている。友人同士でチームを組むことは避けるよう促し、前に他のプロジェクトにともに関わって成功させたことがある者同士でチームを組むように勧め、さらに知らない者同士を引き合わせてやる。こうした取り組みの効果は明らかで、最も多様なチーム（ジェンダーや人種が多様で、まったく異なる経歴、学問分野、スキルを持つメンバーで構成されている）が、最も重要な満たされていないニーズを満たす、革新的な価値提案を生み出し、成果を上げている。

毎学期、ロードアイランド・スクール・オブ・デザイン（ＲＩＳＤ）から数名の学生が私の講座に参加する。ＲＩＳＤは世界有数のデザイン学校であり、そこの学生たちがブラウン大学の学生たちとは異なる専門知識や経験、そして世界を見る視点をもたらしてくれることはよくある。前述のファニウムの例では、ＲＩＳＤの優秀な産業デザイン学科の学生だったアリシア・ルーが、ブラウン大学で数学を専攻していたグラント・ガーティンに、ファーム・ビルというゲームアプリの成功に触発されて考えたコンセプトについてプレゼンを行なった。スポーツの記念グッズを集めるブームに乗じて、バーチャル・スポーツのグッズのプラットフォームをつくったらどうだろう？　他の三人とチームを組み（それぞれ開発学、環境学と建築学、認知神経科学と経済学を専攻）、ビジネスプランを完成させ、学期末にベンチャー・キャピタリストにプレゼンを行なった。グラントとアリシアは、その後も長年にわたりメンターとして、講座の後輩たちに力を貸してくれていた。グラントは彼らの異なるスキルが互いに補いあっていたと述べている。「アリシアと一緒に仕事をすることで、私は起業家として成長し、創造的な能力を高めることができました。ダニーの講座を受ける前、私はアリシアのような製品デザインにおける深い能力と経験の持ち主を見たことがありませんでした。彼女の製品を視覚化する能力と私の分析力が組み合わされて、個人ではとてもできなかった、大きなビジネスのビジョンを描くことができました」。講座が終わったあと、グラントは多様で優秀な人材を集め、初のモバイル専用ファンタジー・サッカーゲーム、ファニウムを開発し、それを最終的にCBSスポーツに売却した。

講座での経験を振り返り、さらにその後、開始したベンチャー事業に関して、グラントは多様性の大切さを訴え続けている。

チームをつくるとき、私はいつも経験、ジェンダー、年齢、スキル、経歴が多様化するようにしています。多様性は人種やジェンダーだけで語られることが多いですが、私はできるだけ多くの視点を取り入れることだと考えるようにしています。私が仕事で最大のステップを踏み出したのはファニウム買収のあとで、CBSスポーツに入社し、それまでよりはるかに多様な、自分より年上ばかりの社員を管理する立場になったときです。最初は衝突しましたが、時間がたつにつれて、異なる視点を持つことで、製品がはるかにいいものになっていきました。

グラントは現在、アーリーステージのベンチャー企業への投資も頻繁に行なっていて、そのさいにもやはりチームの多様性を重視している。「投資するときは必ずチームを組んだ経緯を聞き、各人がどのようなユニークなスキルを会社で発揮できるか判断します。三人が同じようなツールを持っているより、異なる分野の能力を持っていたほうが、はるかに価値があるのです」

チーム編成のスイートスポットと弱いつながりの強み

多様なチームの衝突が、画期的な解決策につながるような創造的擦り合いを生み出すとしたら、私は「スイートスポット」と呼ぶものを伝えたいと思う。これは多様な起業チームの、理想的な構成のことである。

ノースウェスタン大学の社会学者ブライアン・ウッツィの調査で、最大級の影響力を持つ、科学的・創造的成功につながる、多様なチーム構成の「スイートスポット」が特定された。ウッツィのこの考えはワッサーマンの三つの群の調査（1．前の協力者　2．以前から知っている家族や友人のチーム　3．他人）ですでにわかっていることを組み合わせたものであり、ウッツィはそこからさらに踏み込み、最も成果をあげるチームは、1と3の組み合わせであると結論づけている。このようなチームにはすでに一緒に働いて成功したメンバーもいれば、新しいメンバーには、他の人よりその分野の経験が少なく、かつ他のメンバーとともに仕事をしたことがないメンバーも混ざっている。

私がこれまで参加してきたさまざまなスタートアップにおいて、私がその分野の専門家だったことはない。クリアビューやスペシャライズド・システムズで技術に精通したソフトウェア開発者でもなかったし、ゲートウェイズで出版の専門家でもなかった。キャスパー社のルークやニールは、知識リソースが欠如していたのに利益を得られたように、私は刑事コロンボのように質問をすることができた。何も知らなかったので、スペシャライズド・システムズのパートナーに、なぜ自分たちのシステムを、もっと大きな顧客に売り込まないのか尋ねた。この無邪気な質問をきっかけに、私たちのチームはもっと利益が期待できる、フォーチュン一〇〇社へ目を向けるようになった。ゲートウェイズを立ち上げたときも、出版業界での経験があった同僚に、これからはマルチ・プラットフォーム、つまり印刷物だけでなくオンラインで販売する商品を始めることを提案した。スイートスポットは、業界の専門家と私のような、その領域の経験はなくてもチームに違う視点をもたらす人間の組み合わせだったのだ。

しかしこのスイートスポットを知っているだけでは十分ではない。それならベンチャーを起こすとき、知りもしない人の中からどうやってチームメイトをさがせばいいのかという話になる。近年はフェイスブックやリンクトインといった、オンラインのネットワークに頼っているかもしれない。これらのネットワークは、すべてのデバイスに入っていて、たくさんのチームメイト候補に、すばやく簡単にこれまでなかった方法でアクセスすることができる。しかしこのアプローチにもやはり問題がある。フェイスブックやリンクトインのお勧めアルゴリズムが、すでに〝強いつながり〟と呼ぶべきものを持つメンバーを優先するようになっている。フェイスブックのレコメンデーション・エンジンは、一次的につながっている人を共通の友達としてお勧めしてくる。リンクトインも同様で、〝リンク・イン〟できる相手を、現在のネットワークの二次的、三次的メンバーに限定している。

たとえ知らない相手でも、こうした〝強いつながり〟のある人は、自分が知っている直接の知り合いや、以前一緒に仕事をしたことがある人、さらに好き嫌いや専門分野が同じ人と、よく似た特徴を数多く持っている可能性が高い。フェイスブックやリンクトインに頼りすぎると、ワッサーマンが警告した、同質性の罠にはまることになる。新しいアイデア、スキル、視点、やり方を持つ、多様なチームにしたいのであれば、この戦略を用いればいいというものではない。

前に一緒に仕事をしたことがなく、友人や家族でもなく、ウッツィが言うように知り合いでもない人を何人かチームに入れようとするときは、スタンフォード大学社会学部教授のマーク・グラノベッターが言う〝弱いつながりの強み〟を活かすことを勧める。一九七三年の有名な研究論文で、グラノベッターは新しい仕事を獲得し、新しい情報にアクセスし、新しいアイデア実現のために協力するためいちばんいいのは、近しい人々より、遠い知り合いを利用することであると示した(43)。グラノベッターは、弱いつながりを拡張することは、広く浅いソーシャルネットワークに関わることと特徴づけ、そこから新たなつながり、新しい視点、そして予期せぬチャンスがもたらされるとしている。マルコム・グラッドウェルは、ワッサーマンと似ていると思える言葉を使って、《ニューヨーカー》に掲載された「六次のロイス・ワイズバーグ」という記事で、グラノベッターの独自の研究を引き合いに出して、補完している。

弱いつながりのほうが、強いつながりよりも重要であることが多い。結局のところ、友人はあなたと同じ世界にいる。一緒に働いていたり、近くに住んでいたり、同じ教会や学校やパーティーに行ったりしている。では彼らは、あなたが知らないことをどれだけ知っているだろうか？一方で、ただの知り合いは、あなたが知らないことを知っている可能性がはるかに高い。(44)

自分のチームにあらゆる種類の多様性を持たせたいとき、ウッツィのスイートスポットを手に入れるために重要なのは、いまや当たり前の現代のネットワークのプラットフォームに頼らないことだ。むしろ「共通の友達」や三次のつながりの先に目を向け、弱いつながりの強みを活用する必要がある。ノーム・ワッサーマン、ブライアン・ウッツィ、リンダ・ヒル、ドロシー・レナード、そして多分あなたも、グラッドウェルがこの重大な見識を補強して、強力なベンチャー・チームの構成について導き出した結論を、気に入るかどうかはあやしいところかもしれない。「あなたの人生で最も大切な人々とは、ある重要な領域においては、いちばん近いところにいる人々ではない。親しすぎない知り合いが増えるほど、あなたの立場はより強固になる」(45)

私はこの本を書くにあたって、ウッツィの言うスイートスポットの力におおいに助けられていると思うようになった。表紙には私の名前が載っているが、それは決して一人で成し遂げたことではない。

近しい知人からも、遠くの協力者からも、多くの意味で助けられている。そしてこの本の教えが人の心を動かすのは、多くの人が関わった成果だからだということもわかっている。本書の内容は、スロベニア、エジプト、ジンバブエ、イスラエル、ロードアイランドなど、世界各地から集まった参加者と、幅広い分野の専門家の視点を反映している。経験豊かな起業家もいる一方で、新たな視点と、他の分野（デザイン、法律、政治、執筆など）の専門知識をチームにもたらしてくれている人もいる。私はその協力者たちと前にも一緒に仕事をして成功した経験があった。そしてウッツィとグラノベッターの研究成果と一致していたのは、チームメンバーの中に、私のチームに入るのも、そもそも起業の世界は初めてというメンバー（エージェントや編集者など）もいることだ。彼らは私が慣れすぎていてつい使ってしまう専門用語を知らない読者の代理人として、私の主張をもっとわかりやすくするよう手を貸してくれる。彼らがこのチームに加えられたのは、強いつながりではなく、弱いつながりのネットワークのおかげだ。

あなたの起業の計画に誰を加えるか考えるとき、チームを基盤としたほうが単独で行なうより成功する可能性が高いこと、多様なチームのほうが同質のチームより成功する可能性が高いこと、そして〝スイートスポット〟は以前からの協力者と新しい参加者の両方が力を発揮することであると、心に刻んでおいてほしい。

チームに入れたいメンバーをさがすとき、つい親しい知人に目を向けてしまうが、強いつながりより、弱いつながりから選んだ方がいい。

インクルージョンなしのダイバーシティは裏目に出る

ベンチャーのチームに多様性は必須だが、起業後に飛躍するためには、それだけでは十分ではない。どんなチームであっても、メンバーはそのスキルや知識が重なり合う、共通の分野に注目してしまう傾向があるからだ。前述のバーチャル記念グッズの例では、数学専攻のグラントとＲＩＳＤ卒のデザイナーであるアリシアがチームを組んだが、両者の得意が重なる分野だけに注目していたらどうなっただろう。二人に共通する分野といえば、数値に基づく設計詳細のような分野は充実するかもしれないが、重ならない分野で、それぞれが事業にもたらしうる豊富なスキルは無駄になっていたのではないかと思う。

これを聞くと驚く人がいるかもしれないが、多様性のあるチームでもその違いをうまく活用、評価できなければ、同質なチームよりも成績が向上するどころか低下してしまう。フランシス・フレイとアン・モリスが『信頼から始めよ（Begin With Trust）』で指摘しているように、「多様性のあるチームは、定義からして、全体的な意思決定の場で使える共通の情報は少ない」のだ[46]。だからこそ最近では多様性《ダイバーシティ》の対極にある、インクルージョンという言葉をよく耳にするようになったのだ。あなたのチームが多様性から利益を得るために重要なのは、全員がメンバーそれぞれの経験や視点を、安心してすべて共有できるような信頼関係を構築することだ。

フレイとモリスの本から引用した次の簡単な図は、同質なチームの限界と、多様なチームが大きな成果をあげる可能性と潜在的な危険を示している。それは互いを尊重できる（インクルーシブ）かどうかで決まる。いちばん左の図は、多様なチームでも三人のメンバーの知識やスキルの重なる部分が少ないため、真ん中の同質なチームよりも得られるものが少ないことを示している。いちばん右はインクルーシブなチームで、多様なメンバーが提供する知識やスキルをすべて活用している。

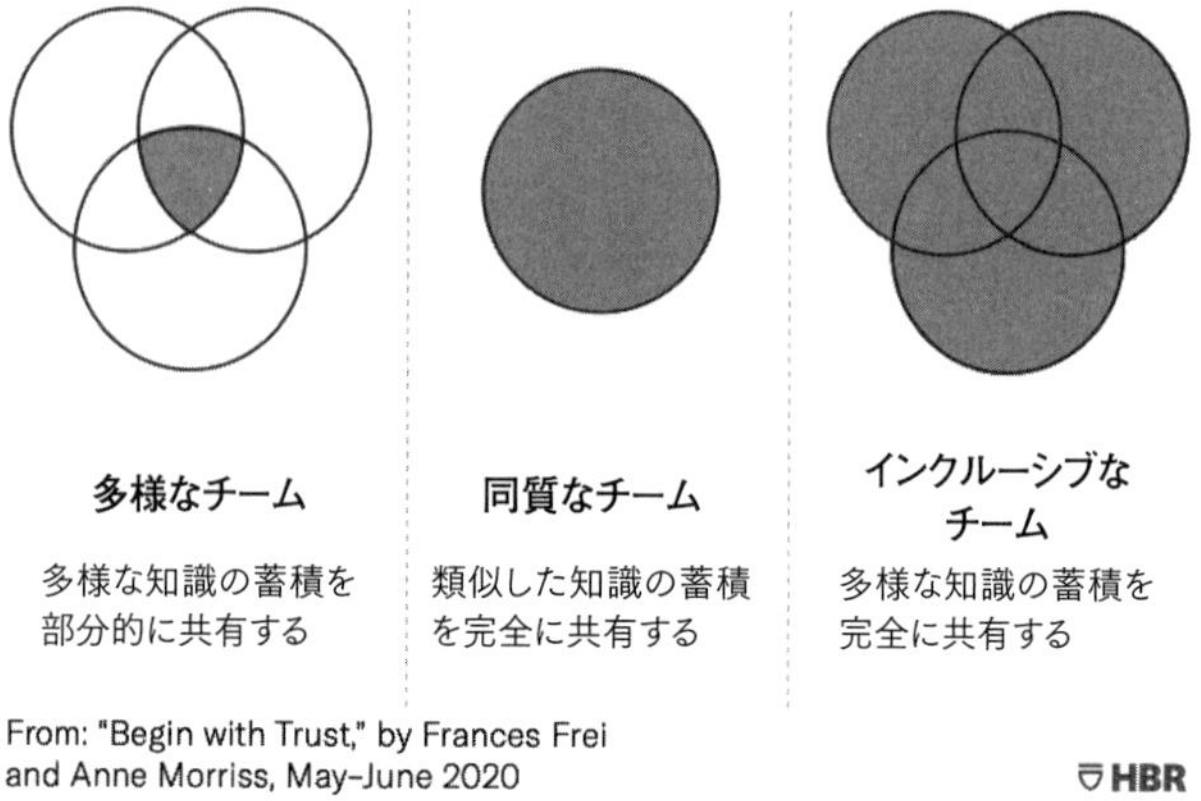

From: "Begin with Trust," by Frances Frei and Anne Morriss, May-June 2020

《ハーバード・ビジネス・レビュー》の記事のタイトルの最初に、ニューロリーダーシップ・インスティテュートの三人の部長が、一部の人々が感じているであろうことをずばりと指摘している。「多様なチームは居心地が悪い」。それはその通りだ。はじめのうち、多様性を持つチームは、なじみがあって〝心地よい〟同質なチームよりも居心地が悪く感じられる。しかし私たちが覚えておかなければならないのはタイトルの次の部分「だからこそより高い業績をあげられる」のほうだ。違和感の中を進み続け、チームの多様性を受け入れ、チーム全員の力を発揮できるようにすることが、よりよい結果につながる。

　ここで、そのわかりやすい例をあげてみよう。二〇一二年に行なわれたある実験で、三人組のチームに劇場のビジネスプランを作成するよう依頼した。多様性のあるチームは、同質のチームよりもよいアイデアを出したが、それは全員の視点を取り入れるように指示されていた場合だけだった。多様性の恩恵を得るには、はじめに感じる違和感をおしのけ、違いを受け入れる必要があったのだ[47]。

多様性のあるチームでも、その多様な専門知識やアイデアをフルに活用できず、共通するものに注目してしまうことが多い。

私がブラウン大学で教えるようになったばかりのころは、（恥ずかしながら）いまほど多様性やインクルージョンについて語られていなかったし、先に引用したような研究も見ていなかった。白人男性という特権とその無意識のバイアスのせいで、最初のころの私のクラスにいた学生の大半が自分と似ていることにも気づいていなかった。アントレプレナーシップは大学内のさまざまなタイプの学生にとって役立つものなので、有色人種や女性の受講生が少ない理由を理解したいと思った。そこでダイバーシティとインクルージョンの問題を、教員やスタッフに学ばせた、ブラウン大学の何人かの専門家に会って話を聞いた。

この研修で理解できた重要な問題は、講義の初日には参加していた有色人種や女子学生の多くが、その後に参加しなくなってしまったことだ。そのうち何人かを追跡調査し、卒業生の中で特に有色人種や女性と腹を割って話すことで、私はインクルージョンについて重要な教訓を学んだ。二回目以降の講義に参加しなかった学生たちは、彼らに対する明白な敵意を感じたわけではなかった。しかし私はずっと、この講座は彼ら、彼女らのものではないという微妙なシグナルを送り続けていたのだ。R&Rのケースで私が絶賛したボブ・ライスは白人男性である。そしてその学期にとりあげる他の多様な起業家を紹介することもなかった。さらに悪いことに、初日は学生のほとんどが白人男性だったため、少数の有色人種や女性の学生は周囲を見て、この講座は自分たちのためのものではないと判断した。そうでないと頭ではわかっていても、その居心地の悪さを乗り越えて留まるのは難しかったという声もある。

重要なのは、意識して彼らを受け入れていかなければならなかったということだ。そこで私は二つのことを行なったが、最初はみせかけだけのように思われるのではないかと心配していた。しかしどちらについても、女性や有色人種の学生は以前よりも歓迎され、受け入れられていると感じたことがわかった。私は女性と有色人種の卒業生に頼んで、この講座が彼らの職業と起業家としての進路に与えた影響についてどう考えるか話してもらった。そして私は多様な卒業生の顔写真と、この講義を勧める言葉を、初日に学生たちが教室に入ってくる間に、スライドで映し出した（新型コロナのパンデミックのときZｏｏｍで授業を行なったことに比べれば簡単だった）。またその学期に講義でとりあげる、多様な起業家の顔写真を集めて並べた。私が明確にしておきたかったのは、多様性こそが起業の成功の核をなすものなので、ここで学ぶ対象として多様な起業家を選んだということだ。どちらの方法も教訓じみてはいないが、講義の初日に、私が幅広い多様な学生を歓迎すること、本書に書いているように、誰もが起業家になれること、そして教室でベンチャーのチームをつくるとき、多様性が最も重要な特性になることを、はっきりと伝えている。

ダイバーシティとインクルージョンをより意識するようになってから、講座に登録し、受講を続ける多様な学生の数が大幅に増加した。

所有権の分配率は変更可能に

創業者が経験不足かどうかは、株式をどう分配するかを見ればすぐにわかる。これは新米の創業者について目にする、最大の危険信号だ。

——ダニエル・ブレイヤー　ベンチャー・キャピタリスト

創業チームが直面する問題の中で、何よりも不安の種となるのは、新しい事業の所有権をどのように分けるかということだ。創業者たちは自分が公平な取り分をもらえるか、他の創業者に不公平なことをしてしまうのではないかと心配する。それは自分や他人が将来、どのくらい成果をあげられるか予測できず、長期的にどう分ければ公平なのかわからないからだ。誰かが会社を離れる決意をしたらどうなるか。所有権の分配を正しく行なう〝秘訣〟がわからないと心配する。もしここで失敗したら投資家が離れていくのではないかと不安になるのはもっともである。その理由は二つあり、一つは分配ができなくなること、もう一つは投資家に実力不足と思われることだ。そして何より、こうした悩みを明かすこと自体が、共同創業者や事業そのものに対して不誠実と思われるのではないかと心配するのだ。結婚式の準備をしているときに離婚の話題を出したら、どう思われるだろうか。創業者がこうした不安に対処する方法としてよく目にするのは、無視することだ。決定を先延ばしにする。遅らせる。これをすると、貢献やそれに見合った所有権についての創業者たちの認識が固定化され、事態はさらに悪化する。すると公正で客観的な分配の交渉はさらに難しくなる。

このダイナミクスをいくつかの例をあげて説明する前に、私の助言は、それが正しいかどうかの指標になることを伝えておきたい。何より重要なのは、私が命名した〝気持ちいい〟分配を成し遂げることだ。気持ちいい分配とは、あなたとパートナーの両方が、会社に貢献していることの価値に見合った分配だと納得できることだ。ノーム・ワッサーマンならば、時間、機会費用、過去の貢献、将来の貢献、そして自分たちの野心なども考慮するよう助言するだろう。気持ちいい分配は、あなたとチームが事業を成功させようと懸命に働く動機づけとなる。もし事前に完璧な分配ができるような、科学的な秘訣があると想像していたら、びっくりするかもしれない。それをあなたに伝えたいと思う。株式の分配は科学と言うよりはアートなのだ。これを正しく理解することは、その割合の数値が最良かどうかではない。時間とともに起こる変化すべてのことを前もって知ることはできないと認識した上で、時間がたって、各人の貢献度がわかったとき、割合をどのように変えるかを契約に盛り込んでおく必要がある。

R&Rの気持ちいい株式の分配

前にとりあげたR&Rは、この気持ちいい分配とは何かを伝える好例である。このケースでは、ボブ・ライスがカナダに行ってトリビア・ゲームがヒットする可能性に気づき、これまでの経験を活かし、業界とのネットワークを駆使して、アメリカでゲームのベンチャー事業を立ち上げようと決めた。ライスの共同創業者で、他のベンチャー事業も共同で行なっていたことがあるサム・カプランが五万ドルを出資し、ゲームの製造会社を含めて、貴重なサプライチェーンを同社に提供した。流行の波が激しいゲーム業界では、このチャンスをつかむための時間が一八カ月しかなかったため、ライスとカプランには、株式をどう分けるかの話し合いに時間をかけている余裕はなかった。これまでの共同作業で培った信頼関係から、互いにとって気持ちよく、働くモチベーションが上がる比率に落ち着いた。彼らは株主所有権を五〇対五〇に分けた。あなたはこれを公平だと思うだろうか?

この質問をされた学生の中には、ボブの割合をもっと高くするべきだという者もいた。なんと言ってもこのアイデアは、ボブの長年の経験とゲームがカナダからアメリカに持ち込まれるときのパターンを読んだ能力に基づくものだからだ。一方で、カプランの割合を高くするべきだったと言う人もいた。彼は唯一の出資者だし、貴重な業界のコネクションを使わせてくれたからこそ、このベンチャーが成功したのだ。クラスの大半は、ライスとカプランが互いに同じだけの価値を生み出したと〝心の内で〟感じられるなら、半々で分けることに納得するようだった。また学生たちは、前に共同で仕事をしたことのある相手のほうが、次のベンチャーでも成功する確率が高いという、ノーム・ワッサーマンの洞察の正しさにも気づいている。製品のライフサイクルが短いのに、そこで数パーセントを上乗せするため、何カ月も浪費するのは無益であることがわかっているので、「小さなパイの大きな割合よりも、大きなパイの小さな割合をもらうほうがいい」とたいていの人は考える。起業の世界のこの名言については、あとでもっと詳しく説明する。

もちろん一つのデータから推測して、株式を半々に分けることが常に最良だと結論づけるのは危険である。状況の違いにより、それに合わせたやり方が求められる。「ウォーシェイは五〇対五〇の分配を推奨している」などと誰かに言われたくはない。これもあとでわかることだが、そうすることもあるし、しないこともあるからだ。

割合の数字よりも私が気にすること、そしてあなたも気にするべきことは、最初の分配率は変更不能なのか、あるいは最初に決めたときには誰も予想できない、不可避の変化に応じて変更するのかということだ。ノーム・ワッサーマンのデータから浮かび上がった衝撃的な知見の一つは、スタートアップの七三パーセントが創業後数カ月以内に株式の分け方を決め、ほとんどの場合、その割合が永久的なものであるということだ。R&Rにおけるライスとカプランの場合は気持ちいい分配の例ではあるものの、欠点はある。五〇対五〇という数字が悪いのではなく、その数字が固定化されているということだ。これがもたらす弊害を説明するために、株式分配の問題に対処した他の二社、ジップカーとオッカム・テクノロジーズの例を見てみよう。

思慮が浅かったジップカーの合意

ジップカーでは、ロビン・チェイスとアンジェ・ダニエルソンという二人の創業者が、まだ共に働き始める前、ベンチャーの成長プロセスの初めに、五〇対五〇で分けることに同意した。しかも将来どんなことが起こっても、その率を変えることはできないということになっていた。チェイスはそれまでの仕事を辞め、フルタイムでジップカーの仕事に専心したが、ダニエルソンはそれまでの仕事を続け、ジップカーにはパートタイムで関わり、やがてそこでの仕事を完全に止めてしまった。ダニエルソンの働き方の大きな変化に合わせて、割合を変える条項がなかったため、チェイスは五〇対五〇をそのまま受け入れるしかなかった。ハーバード・ビジネス・スクールでの講演で、チェイスはダニエルソンの計画への変更に対応できるよう、変更可能な契約にしておかなかったことへの後悔を口にした。「私たちは五〇対五〇という契約で同意し、私はそれをすばらしいことだと思っていました。でもそれは思慮が浅い決定でした。この先、どのようなスキル、どのような出来事、どのような成果が価値を持つのか、誰にもわからないからです。この最初の取り決めによって、その後一年半の間、大きな悩みを抱えることになりました[48]」

人生にはさまざまなことが起こる。創業者が病気になったり、子どもができてワークライフバランスを変えたいと思ったり、飽きたり、別の職業に興味を持ったり。こうした避けがたい変化によって、創業者の事業への関わりかたが変化することは、ベンチャーのスタート時には誰も予想できないことであり、批判するべきことでもない。同時に、創業時の状況が変化することがわかっていれば、チェイスとダニエルソンのように、最初の分配を変更不可能なものにするのは筋が通らない。

オッカムの変更可能な分配

オッカム・テクノロジーズの株式を分けるストーリーは、また違っている。元同僚のジム、マイク、ケンの三人は、コンサルティング会社で一緒に働いていたときに見つけた営業マネジメントのニーズを満たすべく、ソフトウェア会社を設立した。その会社の驚くべき点は、創業者にプログラミングの経験を持つ者がいないということだった。顧客のニーズに対する彼らのビジネス上の洞察力が、価値を生み出したのだ。プログラミングは外注することで、彼らは起業からたった数カ月で、販売管理のソフトウェアをＩＢＭに売り込んで、一〇〇万ドルの契約を勝ち取ることができた。このプロセスでの重要な考え方は、三人の創業者が、一五万ドルの最初の資金調達で、それぞれの出資額に応じて株式を分けたことだ。ジムは七万五〇〇〇ドルで五〇パーセント、マイクは四万五〇〇〇ドルで三〇パーセント、このベンチャーにパートタイムでしか関わっていなかったケンは三万ドルで二〇パーセント。しかしこの比率は変更不可能なものではなかった。最初の取り決めを絶対的なものにせず、契約には、一年目が終わった時点で比率を変更する可能性があることが示されている。ジップカーのダニエルソンと同じく、ケンもまだオッカムでフルタイムで働くかどうか決まっていない。分配の比率を流動的にしておくことは、ケンがフルタイムで働き、ジムとマイクが今後も会社にいる動機づけとなる。以下は、ＨＢＳでとりあげたオッカムのケーススタディで説明されている、株主の契約からの抜粋である。

１．２．１　**創業時株主の株式購入権**

ｂ．創業時株主の誰かが、二〇〇〇年四月一九日［最初の分配から一年後］までに当会社での業務を辞めた場合……他の創業時株主は、辞職しようとしている株主が保有する株式の一部または全部を比例配分で購入する権利を有する。

ｃ．二〇〇〇年四月一九日までに、ケン・バロウズが当社の正社員でなくなった場合、他の創業時株主は……バロウズの所有する株式の五〇パーセントを購入する権利を有する。

４．２．２．創業時株主が支払う買取価格。創業時株主が辞職する株主から株を買い取るときに

支払う価格は、第2．1項（a）に従って、辞職する株主が当該株式に対して最初に支払った価格とする。(49)

ジムとマイクがパートタイムでもオッカム社で働いている場合、二人はすべての株式を保持する権利を有し、他の人が株を買えるようになるのは、彼らがまったく働いていない場合だけだ。ケンがオッカム社でまったく働いていない場合、持分のすべてを放棄しなければならない。彼の場合に限り、フルタイムで働かないのであれば、最高で五〇パーセントの持ち株を放棄しなければならない。気をつけなければならないのは、放棄するときの株式の価格は、もともとの購入価格となり、会社が大きく成長していた場合、懲罰的になりうる。

これはジップカーのように分配率を固定してしまった問題に対する解決策にはなるが、他の要素が入り込んでくる可能性がある。この取り決めは一年後のことしか書かれていない。二〇〇〇年四月一九日以降に状況が変化した場合はどうなるのだろうか。この契約ではその日付を、会社への関わりかたを評価する、ある種の区切りとして使っている。その日までの一年間がどうだったかと。ケンの場合はフルタイム、ジムとマイクの場合はパートタイムという二つの尺度を、社への関わりと貢献についての単独の尺度として使っているため、他に生み出した価値の尺度を見落とす可能性がある。しかし私の経験では、時間がたったときに得られた新しい情報に基づいて、最初の分配案を調整することは、完璧とは言えない試みであっても、分配率を固定した場合に生じる多くの弊害を是正することができる。たとえばチェイスとダニエルソンが、これらのことを契約に織り込んでいれば、チェイスの心労は大幅に軽減され、ダニエルソンが会社を去ったあとも保持していたかなりの数の株式も保全されたはずだ。

株の分配を最初に決めた割合で〝固定〟してしまうほうが落ち着くと感じられるのはわかるが、新しいベンチャーの世界では、固定は避けるのが常識である。そのために最も一般的で簡単な方法は、その会社での勤務年数に応じて権利を確定することだ。最初から所有するのではなく、時間をかけて株を獲得するのだ。標準的な権利確定スケジュールは一年のクリフ（崖）と呼ばれる期間を含めて四年である。つまり少なくとも一年以上会社に留まらなければ、株の持ち分を保持することはできない。上記のオッカムの取り決めは、ある種のクリフを設定した例で、二〇〇〇年四月一九日を一年目のクリフが終了する日としている。標準的な契約では、一年後に二五パーセント、二年後にさらに二五パーセント、三年後にさらに二五パーセント、そして四年後に一〇〇パーセントを所有することになる。この時間経過に応じた権利確定のメカニズムを導入すれば、時間が経たなければ株式を所有できないので、自分の貢献に見合わない株を手に会社を去ることはできなくなる。

外部の投資家は、創業者を含めて、全従業員の持分について権利確定条項を盛り込ませようとする。興味を持ってくれたベンチャー・キャピタルから、すでに所有していると思っていた株の分配をやり直せと言われたらショックを受けるだろう。しかし投資家の視点で考えてみてほしい。その人は何を気にしているのだろうか？　投資家としては、株式を所有することが、社にとどまり、がんばって働くモチベーションになる人に、持っていてほしいと考える。ジップカーはチェイスとダニエルソンの「思慮の浅い合意」から立ち直ったものの、チェイスは大きな悩みを抱えることになった。そして分配の比率を固定したことで、どのくらいの投資家が離れていったかわからない。残念ながら、少なくとも創業者に株式を付与しないベンチャーは、たいていの場合、外部から資金調達を考えるときにうまくいかなくなる。ブラウン大学での私の教え子でベンチャー・キャピタリストのダニエル・ブレイヤーはこう言っている。「それは新米の創業者に見られる、とても大きな危険信号だ」。分配の比率を固定してしまうと、外部の投資家から資金調達することがとても難しくなる。最初から分配比率は変更可能にしておくと、自分たちが経営をわかっている創業者であると、投資家に示すことができる。

勤務年数に応じた付与の他にも、自分たちに合ったさまざまな方法が考えられる。オッカムのジムとマイクとケンが行なったように、買い戻しの条件など、他の細かい取り決めを織り込むこともできる。私としては、最低限、功績に応じて分配の比率を変える方式を勧める。ジップカーの例はその逆で、誰が何をしたか、誰が残って業務に専心したかにかかわらず、分配の比率を最初に固定してしまっていた。

学生たちからは、この教訓を実践しておけばよかったという声が聞かれる。そういう人たちは、注意をしていなかったか、自分たちのパートナーシップの性質はジップカーの創業者たちとは違って、将来も変わることはないと信じていたのだろう。

しかし時間がたって、彼らのパートナーたちが社を去ったり、働きかたを変えたりする。その難局を乗り越える交渉を行なおうとしても、パートナーにはその気がない。私はこのような状況を打開するために協力を求められたことが何度かある。しかしまずは、このような状況に陥らないようにすることだ。問題が起こってからの交渉は困難だ。いちばんいいのは、自分がどちらの立場になるか、誰が辞めて誰が残るのかわからない最初の段階で、交渉して取り決めておくことだ。起業したばかりのころは、誰にとっても公平で変更可能な取り決めをしようという動機を全員が持っている。

このシナリオは婚前契約書のようなものだと感じるかもしれない。結婚する前から離婚を予期するのは、ある意味、気の滅入ることではある。しかし人間は変わるものだ。あなたもパートナーも私生活で問題を抱えているかもしれないし、健康上の問題を経験するかもしれない、悲劇に見舞われるかもしれない、あるいは興味を失う可能性もある。パートナーの誰かが、ベンチャーへの関わり方を変える可能性は高い。世界最大の不動産会社の創設者であるゲイリー・ケラーは、これを同意書ではなく〝不同意書〟と名づけている。「これを読むのは意見が一致しないときだけだからだ」[50]。最低でも勤続年数を基準にして株式を確定させること。それだけでも将来の頭痛の種を減らすことができる。

この話し合いで難しいのは、前に述べたように、創業者たちが綿密に立てた計画の変更を求めることなので、そんなことを口にすると、相手を信用しないせいだととられかねないからだ。そこで私は必ず誰かの助けを借りて行なうよう勧めている。信頼できるアドバイザー、メンター、教師などに、この議論を進める手助けをしてもらうのだ。その人たちに圧力をかけてもらい、創業者全員でこの問題をきちんと話し合い、変更可能な合意を形成するよう導いてもらう。この話し合いをする前に、多少の居心地の悪さは感じるかもしれないが、きちんとした取り決めができれば、将来の悩みをはるかに減らすことができる。

ネクストビュー・ベンチャーズのデイヴィッド・ベイゼルは、この難しい話し合いをうまく進めるための、すばらしいアドバイスをしている。株式の分配を決定するための基準についての話と、それぞれが具体的にどのくらいの株式を受け取るかについての話を切り離すべき、ということだ。これは株式を獲得するという観点から議論を組み立てていて、創業者が一歩下がって客観的になり、全員にとって何が公平なアプローチかを考えるのに役立つからだ。

アイデアは無価値

世界中のどんなすばらしいアイデアやビジョンも、実行できなければ価値がない……
――コリン・パウエル

株式の分け方の基準について考えるとき、ここまで示したように、時間、機会費用、過去の貢献、将来の貢献、さらには成功への野心、やる気といった要素も入れることができる。多くの場合、創業チームはアイデアを重視しがちである。ここで伝えておきたいことがある。アイデアそれ自体には価値はない。私は毎日シャワーを浴びながら、あるいはキャンパスまで歩きながら、新しいアイデアを考えるが、そのアイデアに一〇セントですら払おうとする人はいない。また払うべきでもない。きっと私のアイデアはすべてくだらないのかもしれない。しかしたとえよいアイデアを思いついたとしても、それをチャンスに変換するのは「発見・解決・拡大」プロセスの三つのステップだ。それを実践するまで、ただのアイデアには何の価値もない。

アイデアそのものに価値がないという理由の一つは、あなたが考えていることを、少なくとも他の誰かがすでに考えていると言えるからだ。一八世紀初頭の数学者ニュートンとライプニッツは、ほぼ同時期にそれぞれ微積分のアイデアを思いついた。なぜそんなことが起こったのだろうか。人類の歴史の中で、それまで誰も考えつかなかった、漸進的な変化を測定する数学的枠組みについてのアイデアを、二人がほぼ同時に思いついたというのだろうか。そのとおり。誰かが微積分を考えつく時期が来ていて、二人の人間が（私たちが知らないだけでもっといたかもしれない）それを考えついたのだ。

あなたはきっとチャールズ・ダーウィンについて聞いたことがあり、彼が進化の基礎となる自然選択の概念をつくりあげた人物だと知っているだろう。しかしアルフレッド・ラッセル・ウォレスも同じことを考えていたこと、またダーウィン以前にも考えていた人がいたことは知らないのではないだろうか。自然選択という概念を思いついたこと自体に価値があったわけではない。それについての論文を書き、世に広め、応用したからこそ（「発見・解決・拡大」プロセスでの言葉を使うと、価値提案とサステナビリティ・モデルをつくることで、アイデアをチャンスに転換する）科学を学ぶすべての中学生が、ウォレスではなくダーウィンの名を知ることになったのだ。

チームを形成して、社員が会社に提供できるものに基づいて、株の価値を査定するこの段階で、アイデア自体に大きな価値を付与するには注意が必要だ。ネクストビュー・ベンチャーズのデイヴィッド・ベイゼルは、次のように述べている。「一般的に、スタートアップの成功を左右するのは、アイデアだけでなく、それを実行する力があるかどうかなので、株式を分配するとき考慮する要素として、個人的にアイデアはそれほど重視しない(51)」

第八章　ステップ3　拡大：サステナビリティ・モデルをつくる——資金調達する

この章を書くにあたって資金調達について考え始めたとき、資金を提供する方法の詳細が、分野や状況の違いによっていかに多様であるかに気づき、いったん立ち止まってしまった。学術方面での助成金には、独自の規則と特性がある。非営利団体は他の方法で資金を調達している。高成長の技術的なベンチャーで一般的な典型的なエンジェル・キャピタルやベンチャー・キャピタルにも、独特のゲームのルールがある。グーグルで検索するだけでも、これについて詳しい情報が得られるところがたくさん見つかる。ここではそのような情報をそのまま写すのではなく、どのような形態の事業にも当てはまる資金調達プロセスを抽出して伝えたいと思う。

創業者のジレンマ

ノーム・ワッサーマンは、起業家が事業を主導し続けるか、規模拡大のためにリソースを調達するかの選択を迫られたときに表面化する、基本的なジレンマを明らかにした。簡単に言うと、資金を選ぶか、王であり続けるかということだ。私の考えとしては、ベンチャー企業が長期的な影響力を持つまでに成長するには、少なくともある程度の主導権を放棄する覚悟を持たないと、持続可能性を制限することになるので、アントレプレナーシップを実践しているとは言えなくなると主張したい。投資家やその他のパートナーの力に頼らず、独力で事業を最大限に成長させることを実現する方法はあるかもしれない。もしあるなら、それを追求し続けてほしい。しかし私（とワッサーマン）の経験から言うと、これら二つのうちどちらかを選ばなければならなくなる。

このジレンマは、他の状況でも起こりうる。たとえば研究者が国立衛生研究所（ＮＩＨ）などの助成金を申請しようとするとき、研究過程において主導権をある程度まで譲り渡すことを覚悟しなければならない。ＮＩＨなどの助成金を申請し、それを授与されるということは、研究者に対して彼らが求める条件を受け入れること、研究の倫理基準を守ること、研究結果を公表すること、その他多くの条件の受け入れに同意するということだ。研究者としてＮＩＨからの助成金の受け入れを強制されることはないが、ＮＩＨを研究のパートナーとして迎え、その資金提供を受けた時点で、あなたは自分の研究を思い通りにできる王様ではなくなってしまう。大半の研究者がそのトレードオフを進んで受け入れるのは、ＮＩＨの助成金や承認が、自分の研究は価値のあるものだと認めてもらううえで重要であることを知っているからだ。

前に述べたオープンソースのサステナビリティ・モデルは、創業者のジレンマの極端な例とみなすことができる。今後、あなたが長期的に大きな影響力を持てるよう迅速に動くことを助けてくれる、たくさんの開発者の力と引き換えに、製品をどのように開発するか、誰がその製品を使う権利を持つかを決定する権利の一部を明け渡すのだ。それを研究の場でも行なうことを想像してみよう。主導権の一部をＮＩＨに委ねるだけでなく、主導権をすべて、多様な研究者コミュニティに委ねるのだ。そのほうが、あなたと少数の協力者で行なうよりも、はるかに大きな力をもたらしてくれる。本書ではその一つの形として、トップコーダー・コム（Topcoder.com）が開催した、肺がんについてのオープン・イノベーション・コンテストを取り上げている。簡単に言うと、いま自分が単独で動かせるリソースにこだわらずに研究目的を追求する、それをアントレプレナーとして行なうと考えてみてほしい。またスコット・フレンドが社のサステナビリティ・モデルを、ライセンス付きソフトウェアに転換しなければならなくなり、自分には適切な経験がないことに気づいたときにも、創業者のジレンマが見て取れた。繰り返しになるが、私は、あなたがどのくらいの主導権を保持するべきか説くつもりはない。しかし長期にわたるサステナビリティ・モデルをつくるときは、少なくともこれらのさまざまな選択肢について、知識を持って評価する必要がある。

出口戦略《エグジット》

〝大きく考える〟こと、大きな影響力を持つこと、そのために外部の出資者からのリソースと支援が必要な、リターンを最大限にするためのアプローチを選んだのなら、次は支援者の最初の出資額に加えてリターンを回収するべく、ベンチャーのエグジットについて考える必要がある。「でもこれは私の子どもだ。手放すなんて耐えられない」。そう思うのはもっともであり、熱意にあふれたアントレプレナーで、そう感じない人がいたら、そのほうが驚きである。しかしこれもまた、創業者のジレンマに内在するトレードオフの一つなのだ。自分のベンチャー事業を成長させるため、外部の投資家から資金やその他のリソースを集めようとするなら、その投資家が投資に対するリターンを得て、金を手にできる方法を提供する必要がある。営利目的のスタートアップの場合、主な方法は合併や買収（M&A）で、新規株式公開（IPO）はごく少数だ。助成金や基金の場合でも、同様の考え方があてはまり、あなたのベンチャー事業を支援する人は、何らかの形で結果が出ることを期待している。成功のための時間は永遠にあるわけではなく、エグジットのような何らかの形での結果を出さなくてはならないと考える精神的な訓練も、少ないリソースの恩恵の一例と言える。この場合、時間というリソースが少ない状態の中で、私たちの心が鍛えられ、目的を達成するための行動に集中できるのだ。

大きなパイの小さな一片

すべて自分で管理することと、長期的に大きな影響力を維持することのトレードオフについてのもう一つの考え方、そして大きく考えることで必然的に生じる結果は、ベンチャー事業を成長させ、投資家の力を借りると、自分が所有する割合が小さくなることだ。これは将来、自分でコントロールできる部分が少なくなるということを、正確に表現したものだ。もしあなたが、自分の思い通りにやることを重視したいなら、ここでそれを押しつけるようなことを言うつもりはない。しかしあなたが起業家として、長期にわたり大きな影響力を維持したいのであれば、慣れる必要のある重要な考え方だ。個人的な利益（たとえば金持ちになること）と創業者のジレンマの〝大きな影響力を持つ〟ことを気にする、特に抜け目ないアントレプレナーは、所有する株式の割合は問題ではないことを知っている。重要なのは、その価値である。エグジットにさいして自分の持ち分を換金するとき価値を最大化したいなら、それが全体に占める割合を気にする意味はない。重要なのは、それがどれほどの価値を持つかである。たとえばＩＢＭの株を買うとき、それが会社の何パーセントを占めるかを気にするだろうか？　もちろん、そんなことはない。計算しようとさえ思わないだろう。考えるのは安く買って高く売ることだけだ。新しいベンチャー企業を立ち上げるときは、他にもいろいろと考えるべき内容があるのはわかっている。ただ〝自分のパーセンテージ〟にとらわれないようにすることだ。

資金ではなく時間を調達する

金銭的なリソースを調達するときは、金額ではなく時間で考えることだ。ベンチャーのアーリーステージでは、一二カ月から一八カ月分の、いわゆる〝追加のランウェイ〟を調達するのが目安だ。この追加のランウェイで、次に資金調達する時期まで事業を継続させる。それは適当な時点ではなく、何か特別なことを成し遂げる転換点である。開発の道筋での技術的な転換点かもしれない。あるいは経営面で、最初の顧客獲得など、収益に関する転換点も考えられる。現金を増やすことばかり想像していると、段階的資金調達の本質を見誤ることになる。この段階的資金調達の考え方は、このあとで説明する。考え方としては、その追加資金で、何か価値あることを成し遂げるための時間をより多く買うということだ。ハーバード・ビジネス・スクールのビル・サールマンは、「時は金なり」という古い格言をひっくり返し、「金は時なり」と表現している。

デット＋エクイティ→デクイティ

資金調達のやり方は数多くあるが、ここではそのうちの三つについて簡単に説明する。もっと詳しく知りたいという方は、ネット上にたくさん資料があるので参照してほしい。デット（借金・負債）とは短期的な融資のことで、返済しなければならない。エクイティ（株式）とは、投資家があなたの会社の一部を購入し、長期的なパートナーになることである。そしてこの二つのハイブリッド（デクイティとでも言おうか）が、アーリーステージにあるベンチャー企業が一般的に行なっている、資金調達法である。

デットで資金を調達する場合、お金を借りて、決められた期間に利息をつけて返済することを約束し、価値のあるものを担保とする。貸し手にとってのリスクは返済されないことで、メリットは利子がつくことだ。つまりデットでは、貸し手のリターンは利子だけに限定され、担保によってその不利益が限定される。デットでは、いつまでに返済しなければならないかを定める〝期日《ターム》〟という言葉がある。借金と同じようなものだと感じる人もいるだろう。アパートを借りるのと同じように、短期間で何かをする予定で、利子という形で家賃を支払い、担保という形で保証金を入れる。

エクイティで資金を調達するということは、会社の一部を売るということになるが、この場合リスクとリターンの性質が逆になる。会社側は出資金を返済する義務はないが、ベンチャーが成功したとき出資者が享受できる利益も無限になる。ここでは二者の関係がどのくらい長く続くかを決める〝ターム〟はない。エクイティ投資家はあなたのパートナーになることで、多くの法的権利（それまであなただけで決定できたことに、どのように、そしてどの程度まで命令できたことを、どのように、そしてどの程度まで参加できるか）を持つようになることを忘れてはならない。この章で後述する「エクイティ・タームシートの考え方」の項で、これらの権利について詳しく説明する。

転換社債《コンバーチブル・デット》とは、デットとエクイティのハイブリッドである。これは投資家が将来の投資ラウンドで、株式に転換することを選択できる資金である。これがなぜアーリーステージの資金調達によく使われる投資形態なのだろうか。その理由の一つは、エクイティ投資で必要となる評価額の申告が、アーリーステージでは決定が難しいことが多いという問題をうまく解決できるからだ。転換社債を利用すれば、将来の投資ラウンドまでの猶予期間ができる。そのときにはあとに続く経験豊富でより多くの情報を持つ投資家も、ベンチャー企業の評価が容易にできるようになる。また転換社債は文書化も簡単で費用もかからない。「転換社債の書類」で検索すれば、ダウンロードできる数ページの標準的な書類の形式が何百例も見つかる。一方でエクイティは複雑で、文書化するのに高額な費用がかかる。

転換社債には案件によって微妙に異なるものがある。それがディスカウントとキャップである。転換社債の投資家は早い時期に投資して、より大きなリスクを負うため、デットをエクイティに転換する際、エクイティの価格に通常二〇パーセントの割引を受けられる。またあらかじめ決められた最大評価額（「キャップ」）でエクイティに転換することができる。たとえその価格が、転換時の評価額より低かったとしてもだ。

自分が評価の高いアーリーステージのスタートアップ企業に、転換社債で投資していると考えてみよう。あえて評価額を決定し、次のエクイティ投資ラウンドで、デットをエクイティに転換する選択肢を確保しておく。そしてエクイティに転換する前に、そのスタートアップ企業が軌道に乗り、評価額が急上昇する。ここでたとえ二〇パーセントのディスカウントがあったとしても、早い時期の会社の価値がはるかに低かったときに投資したことで負った大きなリスクを補うことはできない。そこで現在では転換社債への投資を促すため、転換するときの評価額の上限を設定する。たとえば評価額の上限を六〇〇万ドルに設定しておくと、次の投資ラウンドでの実際の市場評価額が一〇〇〇万ドルであっても、六〇〇万ドルで計算してエクイティに転換し、さらに二〇パーセントの割引を受けることができる。このラウンドの新規投資家はすべて一〇〇〇万ドルという評価額で投資し、割引を受けることはできない。このディスカウントと評価額のキャップという二つの魅力が、早期に投資する動機となる。

現実的に、転換社債では債務不履行の場合、貸し手が出資金を取り戻す権利が与えられるという性質は絵空事である。担保が何であれ、会社が倒産すればそれらは無価値になる可能性が高いので、デットとして構成されていても、現実にはデットとまったく同じようには機能しない。そういう意味で、転換社債は通常の銀行融資とは異なっている。

このような絵空事を回避するため、より透明で直接的な取引の仕組みとして、ＳＡＦＥ（Simple Agreement for Future Equity／将来株式取得略式契約）と呼ばれるものがある。これは人気のベンチャー・アクセラレーターであるＹコンビネーターが考案したもので、不必要な複雑さや転換社債の複雑さと、絵空事を排除して、初期段階の投資を構成するメカニズムである。Ｙコンビネーターのウェブサイトでは、ＳＡＦＥについてのより詳細な説明が読め、それに関する資料がダウンロードできるが(1)、さしあたってはＳＡＦＥとは転換社債の簡易版と考えていいだろう。またどちらもアーリーステージのベンチャー企業に資金を提供するための、一般的でシンプルかつ安価な手段であると考えてかまわない。

Ｅインクがベンチャーの展開に合わせて段階的に資金調達を行なった理由

起業家はなぜ段階《ステージ》ごとに資金調達をするのだろうか。大企業や政府機関、非営利団体では、プロジェクトに必要な資金を全額調達しようとすることが多く、資金提供元から全額かゼロかという二者択一で資金を受け取る。それは投資家がベンチャー企業の成長の節目ごとに出資する理由と関係がある。段階分けすることで、その会社の将来について限られた情報しか持たない投資家が負うリスクは軽減される。またそれで経営チームの分別と意欲が保たれる。段階ごとの投資は投資家と創業者の両方に利益をもたらし、結果的に両者の利害を一致させることになる。

ベンチャー企業Ｅインクでは、この段階的投資の利点が大いに発揮され、その利点について細かいところまで理解できる。アマゾン・キンドルが誕生する一二年前、Ｅインク社の〝電子インク〟技術は、見た目も感触も本物の紙に近い、ラジオペーパーと呼ばれるものを、電気で動かすことを想定していた。発明者であるＭＩＴメディアラボの物理学者、ジョー・ジェイコブソンが根底にあるニーズを見つけたのは、ビーチに間違った本を持ってきた日のことだった。彼はその場で別の本を選べる電子版の書籍を思いつき、それを価値提案とした(2)。タブレット端末のおかげでそれが可能になったことは誰もが知るところである。そしてたまたまＥインクの技術はキンドルの中核をなしている。

Eインクの主要なテーマの一つに、クリティカル・パスと呼ばれる考え方がある。これは同社の開発チームが、大手小売店向けの粗い大型ディスプレイから、消費者向けのフラットパネル・ディスプレイ、そして最終的にはラジオペーパーの構想へと、技術を進歩させたときのステップを説明するための言葉だった。各ステップで、追加された専門的技術を示し、各ステップで会社が最終的な目標を達成する可能性が高まり、各ステップでこのパス（経路）を進むことに関する、追加的な情報を明らかにするとともに、そこにあるリスクを減少させる。クリティカル・パスは製品開発において不可欠な概念であり、長期的な大きな影響を保つサステナビリティ・モデルを構築する上で重要な役割を果たす。Eインクの大型ディスプレイは、電子インクの技術がどんなレベルでも機能することを実証するものだ。同社の長期的な目標であるラジオペーパーのために必要なものとはほど遠い、大型で目の粗いスケールであっても。もしこの規模でうまくいかなければ次の目標である、もっと解像度が高く電力使用効率がよい、フラットパネル・ディスプレイに進む理由はない。そしてフラットパネルが達成できないなら、次の目標である、感触も機能も紙に近い、ラジオペーパーに進む理由もない。言い換えるなら、これら三つの進歩は無作為の選択ではなく、売上などのビジネス上で魅力のある選択ですらない。それらは根底にある開発のクリティカル・パスを反映している。

同時に、投資家（ここではベンチャー・キャピタリスト）は、このクリティカル・パスの各ステップを、その企業が技術的な発展を実現する能力があること、あるいはないことを証明するための実験とみなす。その結果を見て、出資を継続するかしないかの選択をする。出資しないのであれば、それまでの成果で収穫を得ようとするか、放棄するかを選ぶ。ポーカーの用語を使うと、追加のカードが配られて、新しい情報がわかれば、プレーヤーは掛け金を増やすか降りるかを選択できる。

次の二つのシナリオを考えてみよう。一つ目は、Eインク社が今後一〇年間でラジオペーパーを開発するのに必要な一億七〇〇〇万ドル全額を出す。もう一つは段階的に、クリティカル・パスの第一段階である大型ディスプレイに二〇〇〇万ドル、そしてその実験が成功した場合にのみ、次の段階であるフラットパネル・ディスプレイ開発に五〇〇〇万ドルを追加投資し、さらにそれが成功した場合にのみ、次の段階のラジオペーパー開発に一億ドルを追加投資する。

もし一億七〇〇〇万ドルを全額投資し、ジョー・ジェイコブソンと彼のチームに「一〇年後に会おう」と告げたと想像してみよう。常に例外はあるが、これより短い期間を設定され、進歩を証明することを迫られた人々のほうが、できる限り努力をしようという意欲が持続するのではないだろうか。これも少ないリソースがもたらす恩恵の好例である。資金と時間が限られているため、Ｅインクのチームは緊張感をもって行動する必要がある。それは投資家と起業家の双方に利益をもたらす。

また段階的なアプローチでは、投資家に十分な数のエクイティを配分しつつ、創業者も働く動機づけとなる十分な資金を維持できる。新規の投資家がどれだけのエクイティを所有し、既存の株主にどれだけのエクイティが残るかは、プレバリューとポストバリューと呼ばれる方法で、簡単に計算できる。プレバリューとは、新規の投資が行なわれる前の、その企業の価値である。ポストバリューとは、投資が行なわれたあとの価値である。プレバリュー＋新規投資＝ポストバリュー。新規投資分の所有率＝新規投資／ポストバリュー。他の株主の持ち株比率＝プレバリュー／ポストバリューとなる。アーリーステージでは、投資家は約三〇パーセントを所有して、創業チームのモチベーション維持のために七〇パーセントを残すといった形が考えられる。

初期のＥインクは、プレバリューが一〇〇万ドルだったと考えてみよう。もし一億七〇〇〇万ドルをいっぺんに投資した場合、ポストバリューは一億七一〇〇万ドルで、新規投資家である私たちは、一億七〇〇〇万ドル／一億七一〇〇万ドルの計算で、九九・四パーセントを所有し、ジョーと彼のチームは〇・六パーセントしか所有していないことになる。たとえ投資家が途中で追加情報を得ることなく一億七〇〇〇万ドルを出そうとしても、その取り決めではＥインクの取り分はわずかしか残らない。そんな契約を受け入れる創業者はいないだろう。またそれを受け入れる投資家もいない。彼らも高いモチベーションを維持できるよう、かなりの割合の株をチームに所有してもらいたいと考えるからだ。投資の段階が進んでいくと、前のステージでチームが成功していれば、会社の価値は上がっていく。つまり創業者が投資家に売却しなければならないエクイティの割合が減り、自分たちが保持できる割合が大きくなる。つまりこの段階的アプローチは、起業家チームに追加のリソースを提供する投資家たちの利益を、会社の利益と一致させるものなのだ。

大企業など大手の組織は、社内プロジェクトへの投資を段階分けしないことが多い。たとえばナイト・リッダーは、インターネットに参入するとき、段階分けする手法をとらなかった。トニー・リッダーは、グーグルやヤフーのような新規参入組が、自社の最も収益性の高い広告分野を侵食していくのを見たとき、この新たなメディアに対してそれまでは無関心だったのが、自分たちの存続を脅かす脅威とみなすようになった。「ここで適切な手を打たなければ、フランチャイズ・チェーン全体を危険にさらしてしまう[3]」と彼は思った。このようなパニックに陥ったとき、大企業は何をするか。少しずつ段階的にではなく、巨額のリソースを大博打に注ぎ込み、脅威を撃退しようとするのだ。

ナイト・リッダーが、ウェブを基盤とする競合他社からの圧力を感じ始める前、ボブ・イングルは、早く安く失敗するほうがいいと感じ、お金をかけずに、何百もの実験を、あまり注目も集めることなく繰り返し行なった。先に述べたように、ボブは少ないリソースの恩恵により、新聞をオンライン化することができたのだ。次のパートでは、ナイト・リッダーが新たな競争の熱が高まっているのを感じていたときには、逆の行動を目にすることになる。トニーと社の上層部のチームは自分たちの牙城を守るため、多大なリソースをつぎ込んだ。ボブからリソースを奪う一方、三年で七〇〇〇万ドル以上を費やした。それはEインクのチームに、ラジオペーパーを開発するまでに必要な資金を全額一度に与えるようなものだ。つまりナイト・リッダーはいま動かせるリソースを使って問題を解決しようとしたのだ。その手法はアントレプレナー的ではなかった。段階的な資金調達は、私たちがアントレプレナーとしてふるまうよう規定する、サステナビリティ・モデルの資金調達システムである。

理想的な投資家とは

私たちは事業の財務パートナーを見る目を養っておかなければならない。なにしろその人は私たちのパートナーになるのだから。投資家に求めるべき重要な特性は二つある。出資額以上の価値を与えてくれること、そして一緒にいて楽しい相手であることだ。前章で述べたように、よいパートナーがいると、専門知識、視点、人間関係などで足りないところを補い合いながら、私たちも成長できる。生活のどんな領域でも同じだが、パートナーと合わないと、目的意識が損なわれ、目標を見失い、熱意が吸い取られてしまうことがある。新しいパートナーは、多くの時間を共にしたいと思う相手であることが重要だ。パートナーになったら一緒に過ごす時間はどうしても増えるのだから。自分の目指す事業が何であれ、それに対する情熱を共有し、認めてくれる人がいるというのは、うっとりするような経験だ。しかしそれだけでは十分ではない。

付加価値を持つ投資家は、資本金をはるかに上回る価値を提供してくれる。ボブ・ライスが、旧友でかつてのパートナーであったサム・カプランをトリビア・ゲームのベンチャー事業に誘ったとき、カプランがそれに当てはまる人物だったことは明らかだ。カプランの役割を説明するとき、たとえば人脈、印刷の知識、オフィスのスペースなど、カプランが社にもたらしてくれることをたくさん並べ、最後に「ああ、それから彼は五万ドルの小切手も書いてくれた」と言うかもしれない。カプランがもたらしたものの価値を順番に並べたら、資金が最後になるというところが私は好きだ。そう、カプランが資金を提供してくれたのは本当だが、それより他の貢献の方がはるかに価値があったのだ。

私がよい投資家の二つの特徴を、直接この目で見て学んだのは、まだベンチャー・キャピタリストになりたてのころ、グリーンツリーというビタミン剤のオンライン販売ベンチャー企業に初めて大きな投資をしたときのことだった。資金だけでなく、消費者向け健康食品を専門としていた私たちの会社は、関連する専門知識と貴重な人脈の両方を提供することができた。私たちはグリーンツリー社にとって、資本金よりも業界の専門知識や人脈を提供できる、付加価値のある投資家だったのだ。私たちはリード・インベスターではなく、別の大企業が資金調達業務を先導する役割を担うことになっていた。その企業は、契約条件を交渉し、投資家の適正評価《デューデリジェンス》を行ない、相当の（最大ではないにしても）割合を出資することになる。

もう一つの特徴、つまり一緒にいて楽しい相手であることが重要だとわかったのは、グリーンツリーの共同創業者であるエリックが、リード・インベスターの候補者と、サンフランシスコ・ジャイアンツの野球の試合を観戦して、数時間を共に過ごしたときのことだった。試合後、エリックはその投資家候補とは、数時間過ごすのさえ大変だったと言っていた。彼は無愛想で感じが悪く、エリックのようにビタミン剤業界に興味があるわけでもない。私は彼らがうまくいくといいと願ってはいたが、野球観戦ですら大変なら、取締役会などのもっとストレスのかかる場面ではどうだろうと、エリックに尋ねた。それが私の投資家に対するリトマス試験紙になった。ハーバード・ビジネス・スクールのクラスメートだったマイク・トロイアーノはこう言っている。「標準的なベンチャー・キャピタルとの関係は、標準的な結婚よりも長く続くことを覚えておいてほしい。交際期間は両者とも、一緒に働くのが楽しみと感じていることが重要だ。その先に現実が入り込んでくると、そこまで有頂天になれることはめったにないのだから[4]」。

ハーバード・ロー・スクールの卒業生で、ベンチャー・キャピタルの専門家で、アウトサイドＧＣという革新的な法律事務所の共同創業者であるビル・ストーンが、私の講座で授業を行なったとき、長くて細かいベンチャー・キャピタルの条件規定書で最も重要な条件は何か学生に問いかけた。私たちは一時間以上かけて、希薄化防止、優先株、取締役会の構成、配当など、難解な概念についてじっくり検討した（これらについてはあとで説明する）。授業終了のベルが鳴ったとき、ビルは最も重要な用語を指差した。それは規定書のいちばん上に書かれていたベンチャー・キャピタル会社の名前、チータム・ファンドⅣだった。ビルがこの授業を行なうようになって何年もたつが、〝チータム〟という名を最も重要な部分と指摘した、あるいはそのような名前に懸念を示した学生は一人しかいなかった。しかし私がグリーンツリーのエリックにアドバイスしたように、あなたと投資家との間に築かれるパートナーシップが、成功か不成功かを左右する。

どのようなタイプの投資家も、あなたについて徹底的な調査を行なうはずだ。それならあなたも同じことをするべきではないだろうか。その会社の投資ポートフォリオにある他の企業に、どのようなパートナーか尋ねてみるといいだろう。積極的に支援をして、付加価値のある投資家であるという定評を得ているだろうか。成功しなかった企業にも話を聞いてみよう。その投資会社は、出資先の企業が窮地に立たされたときでも、彼らの味方をして、価値を高めようとしてくれただろうか。ネクストビュー・ベンチャーズのパートナーであり、共同創業者であるロブ・ゴーからの、貴重なアドバイスを紹介しておこう。彼は投資会社の調査を行なうときは、ネットで確認できる現在のポートフォリオよりも、もう少し深く掘り下げることを勧めている。「そのＶＣが投資した企業の中に、その後、ネットのプロフィールから消えてしまった企業がないかどうか確かめる。倒産したりうまくいかなかったりした企業はＶＣのプロフィールから消えてしまうが、そのような企業にこそ、どこかの時点で話を聞くべき相手なのだ[5]」

投資家をパートナーにするのであれば、そのパートナーシップはどのようなものになるかを考え、どんな投資家とパートナーになりたいか評価するときは、出資金以上のものを考慮することを忘れてはいけない。

まずはリード・インベスターをさがすことに集中する

投資のどの段階にあっても、投資家は二つのタイプに分けられる。一つはリード・インベスターで、このタイプはあなたと契約条件を交渉し、投資家の適正評価を行ない、相当額の資本（大部分ではないにしろ）を出資する。もう一つはフォロワーと呼ばれ、このタイプは決まった条件を受け入れ、資金を出す。たとえ付加価値を与え、一緒に楽しく仕事ができる投資家であっても、そのすべてが信頼できるリード・インベスターになる能力や関心を持っているわけではない。信頼できるとは、投資で成功した実績があること、そしてリード・インベスターとして求められる役割が何か知っているということだ。経験の浅い起業家は、候補として名のあがる投資家がすべてリード・インベスターになる力があると思い込み、時間を浪費することがよくある。信頼できるリード・インベスターを確保するまでは、フォロワーをさがしたり、会ったりする必要はない。リード・インベスターを確保すれば、それに続いて他も見つかるものだ。たとえば医療関連の人道的ベンチャー事業のための資金調達を目指しているなら、ゲイツ財団のような有力な団体がリード・インベスターとして関わったほうが、他のあまり知られていない後援者が強い関心を示す可能性が高くなる。ではリード・インベスターになれる能力と関心を持つのは誰かを知るには、どうすればいいのだろうか。相手に直接尋ねてみることだ。それは合理的でスマートな質問であり、リード・インベスターであれフォロワーであれ、尋ねられた側もあなたの率直さを高く評価するはずだ。

エクイティ・タームシートの考え方

エクイティ・タームシートは、投資家があなたに提案する契約の概要を数ページにまとめたものだ。これで自分と投資家が合意していることを確認し、正式な契約として記録されるもっと細かく複雑な法的文書を作成する前に、概要を理解し交渉することができる。このようなタームシートで使われるさまざまな用語の定義は、グーグル検索すればすぐに出てくるので、ここでは取り上げない。ここではそれらの用語が主に二つの基本的なカテゴリーに分類されることを示すために、いくつかの用語を紹介する。その二つとは、会社のコントロールと、投資家へのリターンである。

コントロール

優先株：二つの異なるタイプの株式を理解することが重要だ。一つは普通株で、創業者や従業員が所有するもの。所有者には会社の所有権、配当、倒産したときの残余財産の請求権、取締役選出の議決権が付与される。アウトサイドGC社のビル・ストーンは、普通株のことを〝バニラ〟と呼ぶ。優先株はさまざまなトッピングがかかった〝ロッキーロード〟だと言う。つまり優先株は普通株と同じ権利に加え、他にもたくさんの権利が付与されている。取締役会に代表を送り込むなど、経営への影響力をさらに強めるものや、配当金や売却代金の分割のさいの優先権といった、投資に対するリターンに影響するものがある。

議決権：社外投資家は、株主投票に参加する法的権利を有する。

取締役会：投資家は、ほとんどの場合、取締役会の一員である。

制限と制約：上記に加え、投資家は数多くの重要な問題について、会社の行動を制限する権利を有する。コントロールとは会社の所有権が五〇パーセントを超えることだと考えている人にとっては驚きかもしれないが、実はそうではない。優先株を一株を売却するだけで、多くの重要事項に関するコントロール権を放棄することになる。ここでも「創業者のジレンマ」の精神で、理論的にはいいも悪いもないのだが、新しい投資家を決定するときは、制約と制限は、考慮しなければならない事項である。このような制約の詳細、範囲、程度を理解してもらうために、ビル・ストーンが学生を教えるのに使っているタームシートのサンプルからその項を抜粋したものを以下に掲載する。

シリーズBの優先株が発行されている限り、当社はその時点のシリーズB優先株主の過半数の投票または書面による同意なしに、以下のような行為を行なわないものとする。（Ⅰ）どのシリーズの優先株でも、権利、優先順位、特典を変更または修正すること、（Ⅱ）配当権、議決権、買い戻し権または残余財産優先分配権に関して、どのシリーズの優先株より上位または同等にある持分証券を承認または発行すること、（Ⅲ）当社の定款または副定款の条項を、あらゆる優先株に付随する権利、優先権、特権を改訂または変更するような方法で修正または撤回すること、（Ⅳ）普通株または優先株の授権株式数を増加または減少させること、（Ⅴ）結果として普通株の償還または買い戻しにつながること（サービス提供者との株式インセンティブ契約による、サービス終了時に株式を買い戻す権利を当社に付与する場合を除く）。（Ⅵ）結果的に、合併、統合、その他の会社組織再編、または当社の議決権の五〇パーセント超が譲渡される取引、または当社の資産のすべて、あるいは実質的にすべてを売却する取引につながること、（Ⅶ）優先株を所有する取締役を含む、取締役会の承認がある場合を除き、当社の取締役会の授権規模を増減すること、（Ⅷ）結果的に普通株または優先株に対する配当の支払いまたは宣言につながること、（Ⅸ）二〇万ドルを超える社債の発行、（Ⅹ）当社の事業内容の変更をもたらすこと、（Ⅺ）通常の事業以外で、当社の製品に関し合弁事業、ライセンス契約、独占販売契約、その他の販売契約を締結することを当社が約束すること。

CEOさがし：このタームシートの別の項にある、最も驚くべき条件の一つは、新しいCEOを見つけることについて述べたものだ。これほどあからさまな創業者のジレンマは他にないだろう。タームシートの中で堂々と、投資家が創業者に対して、CEOを交代させると告げているのだ。

リターン

配当：優先株の投資家が財務リターンを確定する方法の一つが配当である。配当は、もともとの投資額に対して一定の割合で毎年支払われるもので、その割合は八パーセント台である。投資家は出資額の一〇倍といった、巨額のリターンを求めているため、八パーセントでそれほど喜ぶことはない。しかしこれで企業は投資家にリターンをもたらす責任をしっかりと受け入れる。配当のわかりづらいところは、累積型と非累積型という、二つの形態があることだ。非累積型は、ある年に配当が支払われなかった場合でも、それが繰り越して蓄積されない。累積型は繰り越されて蓄積され、さらにそれが複利となる。八パーセントという当たり障りのない配当でも、数年間続けば、かなり大きな額になることがある。

残余財産優先分配権：優先株が投資家にもたらす利益でさらに重要なのは、資産を清算するさいの分配優先権である。ビル・ストーンが明言しているが、資産の清算は業務がうまくいかず、ベンチャー企業の資産を売却しなければならないような、よくない状況でのみ起こるものではない。企業が買収されたとき、まれに株式公開される場合、清算はすばらしいことだと考えられる。どのようなシナリオであっても、優先分配権によって、投資家は他の誰より（たとえば創業者であるあなたより）も早く自分の出資金を取り戻すことができる。場合によっては、出資額の何倍もの額を、誰よりも早く受け取れることがある（二倍、三倍、私が知っている中では最高四倍）。そのようなケースでは、投資家には選択肢がある。優先株のリターンを受け取るか、普通株に転換して、他の株主と同じように比例配分で利益を得るか、である。また〝参加型〟と呼ばれる投資家なら、取り分がもっと増えることがある。まず優先分配権（複数のこともある）による利益を受け取り、さらに普通株に転換して、残余財産を比例配分で受け取ることができる。

希薄化防止：優先株主は株価が下がったときの保護を受けられる。投資先のベンチャー企業がその後の資金調達ラウンドで、既発行株を下回る価格で新規株式を発行した場合、希薄化防止条項により、将来の転換価格が下がる。新たな資金調達が、以前の出資者の株価に影響するかは、希薄化防止条項の条件による。

資金調達のダンス

資金調達はダンスに似ていると感じることがある。パートナーはどちらのステップも理解してくれていると思っている。どちらかが大きくステップを変えようとすると、相手もダンスそのものも混乱してしまう。

「満たされていないニーズを見つけて確認する」、そして「価値提案を決定する」の項で見たように、独創性を発揮できる場面はたくさんある。しかし資金調達のさいには、創業者と資金提供者の力に差があるため、経験不足の起業家はできるだけ慣例に従うべきだ。

エクアドルのエナジードリンクのベンチャー企業ルナを覚えているだろうか。私のクラスで、ルナほど環境と消費者の両方のニーズに対応するさまざまな価値提案をつくったチームはない。しかし資金調達を始めたとき、あまり前例のないやり方を提案するので、投資家が引いてしまうのではないかと感じた。それで私は前例があり正しいとされている方法に従うことを勧めた。私が先に述べた力の差は明らかで、ルナが投資家からの資金を必要としているほど、投資家はルナを必要とはしていなかったのだ。彼らはその理屈に納得し、私が知るスタートアップ企業の中でも特にうまくことを運び、連続するラウンドで転換社債を発行し、資金をすべて調達することができた。のちにベンチャー・キャピタリストから正式に株式を調達すると、その初期資金は株式に変換された。

オネストティーはなぜルールを破ったか

音楽を学ぶにはルールを学ばなければならない。音楽を創るには、それを壊さなければならない。

――ナディア・ブーランジェ　作曲家・指揮者・教師

ルールなんてくだらない。

――ジョン・コルトレーン　ジャズ・ミュージシャン

多くの分野で起こることだが、ルールに従うことが常になっていると、ルールを破るほうが適切という場面に遭遇することが出てくる。たとえば音楽家が何年もの修行を経てクラシック音楽を学んだあと、ジャズ・ミュージシャンとして即興演奏を始めたと考えてみよう。慣習に従った一般的な方法で資金調達してきたベテラン起業家の中にも、独創的な発想を武器に、融資条件を変える方法を思いついた人がいる。

ブランディングのセクションで紹介したオネストティー(6)の創業者たちの、独創的な資金調達方法を考えてみよう。一見すると、彼らのアプローチは慣習にのっとったものに思える。一九九八年にこの飲料会社を立ち上げたとき、バリー・ナレルバフとセス・ゴールドマンは、自己資金で合計三〇万ドルを投資し、それはオネストティーの最初の製品の開発・改良、最初の販売契約の獲得に使われた。その後しばらくして、追加コストをまかなうために、初期資本の補塡として友人や家族から二一万七五〇〇ドルを集めた。同じ年に彼らはもう一度、資金を調達したが、そのソースは思いがけないところだった。オネストティーの熱狂的なファンとなった顧客である。製品を本当に気に入って、投資したいと持ちかけてきたのだ。バリーとセスはそうした顧客からの誠意である一二〇万ドルを受け入れた。

一般的な株式取引では評価額と明確な株価が設定されるため、投資家は自分の資金でその会社のどのくらいの株式を所有できるかを確実に把握できる。評価額と株価を決める交渉は、投資家が評価額を提示することから始まる。その後の、両者の業績の予測を中心として議論を戦わせることになる。楽観的な創業者は、自分たちは目標を達成して、予測通りうまくいくと主張する。投資家はその予測の穴を突き、たとえば販売拡大の予測が楽観的過ぎると主張する。創業者がなんとか評価額と想定上の株価を決定するとき、投資家はとにかく全面的に彼らを信頼する必要がある。

バリーとセスはそれとは違う方法をとった。「私たちを信頼しないでください」というところから始めた。将来何が起こると考えるか、私たちの予測ではどうなるか、このゲームがどう展開するか、そのようなものを根拠に、会社の所有比率を決めるのはやめる。成り行きを見守って状況がはっきりするまで待ち、それからさかのぼって所有権の割合を確定する、ということだ。バリーとセスは、なぜそのような形の取り決めを考えたのだろうか。まずこのやり方なら、まず創業者も投資家も予測できない将来について、限られた情報をもとに評価額を決めなければならないという、まるで下手なダンスを踊るような状況を回避することができる。転換社債ではあえて評価額を決めると言ったように、バリーとセスはそれと同じようになる取り決めにしたのだ。未来を予測する水晶玉は必要ない。予測するのではなく、まずその未来まで行き、起こったことについての新しい情報を使って、誰が何を所有するか確認する。

第二に、これはゲーム理論の実践であり、バリーとセスが自分たちの製品にたいへん自信を持っていて、一般的な資金調達で必要とされる以上のリスクを進んで負っていたことが示されている。このやり方は、彼らの所有権を危険にさらすものだ。もし予測がはずれた場合、自分たちの会社の所有権をさらに放棄することになる。しかし予測を上回れば、放棄する分は少なくなる。この場合、投資家はバリーとセスが約束したとおりの実績をあげると信頼する必要はない。彼らは実績をあげられないことの異例のマイナス面と、予測以上の実績をあげるプラス面を組み入れていたのだ。そしてその力学が励みとなり、一般的な評価法よりも、投資家のモチベーションが高まる。

この方法のマイナス面は考えられるだろうか。なぜこれは例外であり、ルールとならないのだろうか。このやり方だと、投資家のインセンティブと、バリーとセスのインセンティブがずれてしまうことはあるだろうか。どういうときにそれが起こるか想像できるだろうか。少なくとも短期的には、会社が予測を誤ったとき、日和見的な投資家がより多くの所有権（株式）を保有できる。しかしそうなる可能性はあまり高くないだろう。投資家にしても創業者にしても、目先の失敗にとらわれず、長期的な成功を目指すほうがはるかに得るものが多い。要するに、これは危険なゲームなのだ。アーリーステージのベンチャー企業では、一つの方向に突き進み、成功を目指すのは困難である。だからといって、しばらく一方へ進んでいたのに、別の方向へとハンドルを切ろうとするのは、もっと困難である。

私はバリーやセスのように「成果に基づく支払い」的な条件を盛り込んで自分の投資を複雑にすることには抵抗がある。また投資家は利害の不一致は避けようとするものだ。

とはいえ古典的なステップをマスターして踊れるようになったら、場合によっては、バリーやセスのように独創的なステップを、少なくとも検討はしてもいいかもしれない。ルナの創業者たちも、初期の資金を一般的な転換社債で調達したあと、エクアドルに財団を設立して政府からの助成金を申請するなど、さまざまなやり方を採用している。そのような創造的な工夫が隔たりを埋め、契約を成立させることがある。また現在ではごく一般的と思われている取引条件も、かつては革新的な手法だったのだ。あなたが考案した方法が、いつか標準的な方法になるかもしれない。

ヌードルズとフランチャイズ

フランチャイズには、本書で説明しているアントレプレナーシップの基本原則のいくつかが示されている。それはある事業のフランチャイザー（本部）がいま動かせるリソースにかかわらず成長することを可能にするサステナビリティ・モデルである。本部はアントレプレナーとして自分の資金をそのフランチャイズに投資するフランチャイジー（加盟店）の金銭的リソースを利用する。それに対して、加盟店は本部のリソースを活用する。本部は何年もかけて、満たされていないニーズを見つけて確認し、価値提案、標準化された運用システム、厳密な企業文化、認知されるブランドを構築する。フランチャイズはまた、ボブ・ライスがトリビアル・パスートのカナダでの成功を米国市場へと持ち込んだときの戦略（ジオグラフィック・フォロワー）の優れた例でもある。

ヌードルズ&カンパニー[7]は、アジア料理、地中海料理をとりいれた便利でおいしい麺料理を、手頃な価格で提供するカジュアル・レストランチェーンである。創業者のアーロン・ケネディは、ペプシでマーケティングを長年担当していたが、何度かボトムアップ・リサーチを行なったところ、ファストフードと一般的なレストランとの間に、市場の空白があることを発見した。そしてニューヨークシティで本格的なヌードル・ダイナーを体験したのちに会社を辞めた。一九九五年、彼は食事の価値とそのダイナーの本格的な料理を活かした価値提案をつくりあげた。最初の三つの店舗は苦労したが、彼はヌードルズ＆カンパニーのモデルに磨きをかけ、拡大に値する店へと育て上げた。二〇〇一年には富裕層の個人投資家からの出資もあり、いくつかの州で二七店舗を展開するまでに成長し、二〇〇六年には三〇〇店舗まで拡大する計画だった。アーロンと彼のチームは、長期的な規模拡大を目指していたが、その際に直面する重要な問題は、どのような形態にするかだった。直営店を増やしていくか、フランチャイズにするかということである。

私がブラウン大学の学生にヌードルズ＆カンパニーの事例を紹介するとき、大学入試の論文で、卒業後にレストランのフランチャイズ店を所有する構想をテーマに書いた学生がいるかどうか質問するのだが、ほとんど手はあがらない。しかしフランチャイズは、本部と加盟店の双方に利益をもたらし、効率的に規模拡大することが可能な有望な形態である。ヌードルズ＆カンパニーにおいて、特に有能な起業家として考えるべきことの一つは、直営店だけ成長を続けるために必要な資金が八〇〇〇万ドルなのに対し、フランチャイズなら二五〇〇万ドルという違いである。(8) また、ボブ・ライスが事業をアウトソーシングしたことで、パートナーに金銭的なインセンティブを与えていたのと同じように、フランチャイズ・モデルは、自分でビジネスを成長させたいという加盟店を引き寄せる。ヌードルズ＆カンパニーの加盟店は、本部よりも地元の市場をよく知っており、その土地における魅力的な立地を見つけてそこに新しい店舗をオープンさせる。自己資金を投入する起業家として、リソースを最大限に活用するが、それは自分たちで生み出したものでもなく、自分たちで勝手に動かせるものでもない。たとえばファスト・カジュアル・レストランというコンセプト、メニューとレシピ、標準化された運用システム、業界平均の二倍もの愛社精神をはぐくむ企業文化、そしてヌードルズ＆カンパニーというブランド。フランチャイズ・モデルにも、貴重なブランドを、アーロンたちの手が届かない加盟店に委ねるという潜在的な危険はあるが、相乗効果を見れば、フランチャイズがなぜ多くのベンチャー企業が展開するサステナビリティ・モデルであるのかよくわかるだろう。もしあなたがブラウン大学の私の教え子のように、フランチャイズを所有することを想像したこともなかったら、少なくともそれは長期的に規模拡大できるモデルの一つとしてリストに入れておいてほしい。

クラウドファンディング

クラウドファンディングは最近の現象だが、すでにアーリーステージのベンチャー企業にとって重要なリソースとなっている。オープンソース（外部の群衆から自分のチームに人を入れる）や、オープン・イノベーション（外部の群衆の創造的な解決策を利用する）と同じように、クラウドファンディングは群衆の金銭的リソースを活用する。二〇〇六年、私の最初の授業に参加したジョン・マーゴリックは、未公開企業へのオンライン投資プラットフォームを提案した。彼はこのアイデアを熱心に推していたが、多くの革新的なビジョンと同様に、時代の先を行き過ぎていて、彼の考えを実現するための規制環境が整っていなかった。現在でもまだ十分とは言えないが、規制環境がしだいにジョンに追いついてきて、オンライン・プラットフォームを通じて株式を売却し、資金を調達することは可能になっている。ベンチャー・キャピタルの授業は、学生たちにさまざまな資金調達先をリストアップさせることから始めている。クラウドファンディングは、最初の数年間はリストにすら入っていなかったが、今年学生たちが最初にあげたのがクラウドファンディングだった。

クラウドファンディングの最も一般的な形態は、自己資本を調達するための代替手段を提供する、キックスターターやインディゴーゴーのような定評のあるプラットフォームを通じて行なうものだ。ベンチャー企業が株式を発売するのではなく、製品の初期バージョン、少なくともプレオーダー品を販売する。この方法での資金調達には大きな利点がある一方で、いくつかの欠点もある。利点としては、従来の資金調達方法よりも迅速に資金調達ができること。初期に生じる利益が、株式販売と違って〝希薄化されない〟ため、あなたの所有分の割合が下がることがない。「歩き回り資金」と同じように、こうした初期の収益は、投資家から資金調達しようとする際の信頼性を高める。ミニマル・バイアブル・プロダクトのユーザーと同じように、初期の顧客からは貴重なフィードバックを得られる。顧客からの支払いが前払いなので、キャッシュフローも魅力的だ（きょうの一ドルは明日の一ドルより価値がある、という名言を思い出してほしい）。そしてオネストティーの大ファンになり、出資した顧客を覚えているだろうか。そうした初期の顧客が、会社を愛する〝出資者〟になり、会社を励まし続け、会社のよさを広め、長年にわたってあなたの事業を支援してくれる可能性があるのだ。これは大手の企業が新製品を発売する際に活用できるリソースでもある。

クラウドファンディングがどれほど成功し、資金調達の主流になりつつあるかを実感してもらうため、次の統計について考えてみてほしい。

○世界のクラウドファンディングの市場規模は二〇二一年には一一四〇億ドルに達し、二〇二〇年から二〇二五年にかけて毎年一六パーセントの成長を続けると考えられている。
○クラウドファンディングで成功するプロジェクトは平均三万三四三〇ドルを集めている。
○クラウドファンディングの投資対象は、四〇パーセントをビジネスや起業、二〇パーセントを社会貢献活動が占めている。
○キックスターターは、一八万五四〇〇件以上のプロジェクトの資金調達を成功させている。
○慈善活動のためのプラットフォームであるゴーファンドミーは、世界中で一億二〇〇〇万件以上の寄付で、九〇億ドルを超える資金を集めている。(9)

クラウドファンディングにもいくつかの欠点はある。有名なプラットフォームへの申請と資格認定プロセスは、厳格で時間がかかり、競争も激しい。応募しても受理されないこともある。また受理されたら、次は自分自身のマーケティング戦略で人々に関心を持ってもらわなければならない。そのためには時間、資金、専門知識が求められる。プラットフォームによっては目標額に達しない場合、その時点までに集まった資金を保持できないものもある。このような失敗があると、あなたのベンチャー事業の評判を落としてしまう。[10]

この章で「大きく考える」と同じくらい重要で基本的なこととして、おぼえておかなければならないのは、「どのように・どのくらい（how）」である。大きく考えているとき、サステナビリティ・モデルの基盤となるのがどのように、であり、あらゆるタイプのアントレプレナーがつまずくところでもある。たとえ強力で永続的に満たされないニーズを発見し確認したとしても、価値連鎖の誤った部分に注目してしまう可能性がある。ルナはもう少しでそれをしてしまうところだった。ほとんどの人がつまずくような障害を乗り越えたにもかかわらず、プッシーハットを口コミで拡大しているときに、ジェイナがこのプロジェクトのサステナビリティにだけ意識を向けて、他の社会・政治運動を拡大する手芸運動家のコミュニティの潜在力を見逃してしまっていたかもしれないのだ。トレヴァのグウェンも認めているように、彼女と彼女のパートナーであるケレチュクは、自分たちが思い描く規模で長期的な影響力を維持しようとするなら、サステナビリティ・モデルの問題点を解決しなければならない。キャスパーは短期間でとほうもない規模に成長したが、株式公開以降、市場価値の多くを失っている。ブランド力だけでは、長期的な競争上の優位性を維持できないのだ。いつ自分たちの規模を拡大し、いつ業務を外注するか、どのような組織をつくるか、オープンソースのリソースからどのように利益を得るかを決める。顧客を獲得するコストがいくらかかるか予測し、そのコストを下げるブランドを築く。金融リソースの調達の〝ダンス〟で標準的なルールを踏襲しつつ、アドリブをするチャンスを見極める。失敗からの学びを成功につなげる。これらすべて「価値提案で明言した約束を、どのように実現するのか」という問いに、答えるための手段となっている。そして何より、あなたの価値提案が、長期的に大きな影響力を維持することで、あなたが発見して確認した問題にどう取り組むのか、もうあなたはわかっているはずだ。

第三部　ピッチ

コミュニケーションにおける唯一にして最大の問題は、それがきちんとなされたかのように錯覚してしまうことである。

——ジョージ・バーナード・ショー

私はオハイオ州シェーカーハイツで育った。クリーブランドの郊外で、公教育に熱心なことで知られている。この街のモットーは「地域社会はそこが運営している学校によって知られる」であり、私たちの多くがそれを当たり前のことと受け止めてきた。前に教育関係団体が科学のマグネットスクール〔何かに特化したカリキュラムを提供できる学校〕の開設を検討し始めたとき、当時の計画立案者たちが、NASAの化学技術者だった私の父に連絡してきて、どの科目を重視すべきか助言を求めた。父はそのとき「書くことです」と答え、相手は思いがけない答えに不意を突かれたようで「すみません、お聞きになっていないかもしれませんが、科学のマグネットスクールのことですよ」と言い直した。「ええ、わかっています」と父は答えた。「書くことは科学者が身につけるべき最も重要なスキルです。化学や物理、生物をいくら学んでも、学んだこと、発見したことを伝えられなければまったく意味はありません」。私が子どものとき、父が何十回もこの話を聞かせたのは、私にもその優先順位を理解させたかったからだろう。

文書による効果的なコミュニケーションができれば、「発見・解決・拡大」プロセスの三つの要素(問題を特定し、どう解決し、その解決策を長期的にどのように拡大しようとしているのか)を明確に伝える形で、あなたのベンチャー事業をアピールすることができる。これはちょっとした工夫で、他と差をつけることができる分野である。一般的なやり方では、多くの起業家が的はずれな失敗をしてしまうから。

第九章　ピッチに関わる三つの文書

起業家は自分たちが発見、考案、実行しようとしていることを伝える行為、ビジネス用語で〝ピッチ〟を考えることに多くの時間を費やしている。最近では多くの起業家が、ピッチデッキに頼っている。ピッチデッキとは何枚ものこぎれいなスライドでつくられた資料で、自分たちのベンチャー事業のことや、規模拡大の計画についてのストーリーを伝えようとするものだ。視覚的なアピール力はあるものの、多くの場合、ピッチデッキの情報量は、相手の興味をかきたてるには多すぎ、興味を固めるには少なすぎる。

起業家がその事業への関心を持ってもらおうと、投資家や協力者になってくれそうな人に、eメールでピッチデッキを送ることがある。しかし詳しい情報が含まれていないため、ストーリーがよくわからないことが多い。またピッチデッキをその名のとおり、自分たちのアイデアを直接売り込む《ピッチ》ために使っていることもあり、その場合、スライドに含まれる情報が細かすぎる。ピッチを受け取る側の投資家やその他の人々にとっては、そこで言われていることと、自分たちの目から入ってくる情報の両方に集中するのが難しい。要するに、話の流れ《コンテキスト》がいくつもあって、だいたい「どっちつかず」になっているのだ。

さらに悪いことに、ピッチデッキはコミュニケーション・プロセスにおいて、求められることとは正反対の段階があることが見逃されている。最初はあまり詳しい情報は出さず、もっぱら投資家や協力者の興味をかきたてるよう努める段階。そしてその後、自分たちに興味を持ってくれた人々に、前よりずっと詳しい情報を提供する段階である。私たちはここで、ピッチデッキに代わる三つの文書を提案している。これらはそれぞれ目指す目的が違う。その三つとは、エグゼクティブ・サマリー、もう少し長いサステナビリティ・プラン、そして一〇枚のスライドによるプレゼンテーションである。

簡潔で包括的なエグゼクティブ・サマリー

最初に作成するのは、簡潔かつ包括的な一ページのエグゼクティブ・サマリーである。簡潔にというのは、相手の時間を尊重して、一ページという短いものであること。また包括的とは、その短いフォームに、あなたの計画の重要な要素をすべて詰め込むことだ。矛盾している、あるいは両立は難しいように思えるかもしれないが、マーク・トウェインは友人に宛てた手紙の添え書きにこう書いている。「短い手紙を書く時間がなかったので、長い手紙を書きました」。エグゼクティブ・サマリーは、履歴書のようなものと言えるかもしれない。就職活動において、履歴書で採用されることはないが、相手の目に留まるような書き方をしたいと思うだろう。その目的は自分に興味を持ってもらい、もっと知りたいと思わせることだ。そうなれば会合や面接に進む、あるいはもっと細かい質問をされるようになるだろう。

エグゼクティブ・サマリーは短いながらも、包括的なものであるべきだ。履歴書と同じように、将来の議論やもっと長い文書で詳しく説明する必要がある主要なテーマを、短縮版として網羅していることが望ましい。そのためには、読み手がさらに詳しく聞く価値があるかどうかを判断するために、理解したいと思うテーマを予測する必要がある。「発見・解決・拡大」プロセスはあらゆるタイプの問題に適用されるため、エグゼクティブ・サマリーの正確なテーマと内容は、それぞれ異なるものになるはずだ。まずピッチの中心となる要素を決める。キャスパーの場合、マットレスの販売と流通の仕組みが不合理なこと、キャスパーの解決策の要素、キャスパーのチーム、五年間の売上予測、顧客獲得の戦略（おそらく生涯価値と顧客獲得コストの比率を含む）、資金調達の目標額、最終的な出口戦略などが含まれていたと思われる。

この一ページのフォームを使うと、長い文書よりも簡単に、不足、欠陥、重複を発見し、修正することができる。パズルのすべてのピースが目の前に並べられるのだ。

ハーバード・ビジネス・スクールのビル・サールマンは、長年にわたり、人材、機会、コンテキスト、取り決めという重要な概念（ＰＯＣＤ）を明確にするための、効果的な枠組みを教えていた。彼の著書『ビジネスプランについてのいくつかの考え（Some Thoughts on Business Plans）』を、私は授業の初日に学生に読ませているが、その中でベンチャー企業を理解するうえで重要なのは、フィットに基づくと強調している。「フィットとは（これら四つの概念が）一緒になって、成功の可能性に影響を与える度合いとして定義される」と述べている[1]。学生たちはＰＯＣＤを使って、授業で議論したベンチャーを評価・分析し、このモデルを自分たちのベンチャーにも応用している。自分たちのベンチャー事業について伝えるとき、これら四つの概念をそのまま使うのではなく、もっと細かい重要な概念を分類するための大きなカテゴリーとして用いている。

投資家ガイ・カワサキは著書『アート・オブ・ザ・エグゼクティブ・サマリー』で、補足的なコミュニケーション法として、もっと細かい九つの重要な段階的な考え方で構成された方法を紹介している。最初から読者の心をとらえ、自分の事業について詳しく説明して、相手がもっと知りたいと思うよう仕向けることができる[2]。細かい部分はそれぞれ変更しても、基本的なコンセプトはすべて押さえられていることを確認しよう。またこれらの見出しやセクションを、自分のサマリーでそのまま使用しないこと。

つかみ：冒頭で読者の興味を引き、さらに読み進めたくなるようにする。まず簡潔で説得力のある文章で、大きな問題のスケールの大きな解決策を提示する。「インパーフェクトの使命は、食品廃棄物との戦いです」といった抽象的で概念的な表現ではなく、「インパーフェクトは農家から形の悪い野菜を仕入れ、スーパーより約三〇パーセント安くお客様のもとへお届けすることで、廃棄される食品を減らしています」のような、直接的で具体的なものであるべきだ。すでにチームのメンバー、アドバイザー、投資家、戦略パートナー、固定客がいるのなら、必ずここで触れておく。投資家が六文を読んでようやく、驚くような共同創業者やアドバイザーがいることに気づく、という事態は避けなければならない。だいたいはそこにたどりつく前に読むのをやめてしまう。インパーフェクト社はシリーズBのサマリーの冒頭に、スターバックスの創業者であるハワード・シュルツのベンチャー・キャピタル企業マヴェロンから、すでに一四〇〇万ドルの投資を受けていることを書くだろう。

問題：ボトムアップ・リサーチを使って、あなたが指摘しようとしている、強力でずっと満たされていないニーズがあるという、直接的な証拠を持っていることを示す。そしてそれを言葉にするよりも、将来の顧客が経験している不便を見せるのだ。たとえば逃している売上、不必要なのに減らないコスト、作業を遅らせる軋轢、狭い流通網や市場の範囲、非効率性など、何であれ障害となっているものを特定して実証する。問題についての記述と、機会の大きさを混同してはいけない。インパーフェクトのケースでは、チームがリンゴの選別される様子を観察してデータを集め、新鮮な農産物の四〇パーセントが廃棄されていることが明らかになった、ボトムアップ・リサーチの結果を引用することができた。

解決策：価値提案の三つの問いを思い出そう。あなたは何を提供しようとしているのか。その相手は。

そしていちばん重要なのは、相手がそれを気に入る「理由」である。なじみのある言葉を使い、アルファベットを並べた略語は避ける。また自分たちがバリューチェーンや流通経路のどこに位置するのか――つまりその分野のエコシステムの中で誰と一緒に働くのか、そして彼らがあなたと一緒に働きたいと思う理由を明確に示しておく。すでに顧客や収益がある場合はそれも明記する。ない場合は、いつ発生すると思われるか見込みを記載する。インパーフェクト社ならば、廃棄されるはずの農作物を農家から直接買い付けて、スーパーより三〇パーセント安い価格で消費者に直接販売することを説明するところだ。ここで「理由」の部分には、環境への好影響を示す数値的データも入れるのが望ましい。二〇三〇年までに、廃棄予定だった一〇億ポンドの食品を販売し、廃棄される農産物の生産、輸送、埋め立てを行なう必要がなくなれば、二万トン以上の炭素排出を回避できる。インパーフェクト社の場合、こうした環境面でのメリットを、次のようなよりインパクトのある言葉に置き換えることもできる。「これは道路を走る自動車を二八〇〇台減らすのと同じです[3]」

機会：トップダウン・リサーチの結果を引用し、基本的な市場区分、規模、成長、その動態（市場の人口や企業数、売上の規模、成長速度、その分野の推進力など）を説明する。巨大で成熟した市場でわずかなシェアを獲得することを主張するよりも、範囲が決まった成長市場で相当のシェア獲得を目指すと主張するほうがいい。また自分たちの会社が参入できる市場をはっきりさせることを忘れてはいけない。たとえば二四〇億ドル規模の、何かの装置の市場に参入するのではなく、八五〇〇万ドル規模の、新興の自動運転車分野で使用される、特殊なアーク装置の市場に参入すると主張するべきなのだ。そして調査データの出典を明らかにする。インパーフェクト社はここに、読者の興味を刺激するため、ベンと彼のチームが解決しようとしている問題がどれほど大きいかを示す言葉を入れられるだろう。天然資源保護協議会（Natural Resources Defense Council）による次の言葉である。「アメリカ人が食料品を買いに行き、店を出るときには五つの袋を持っていたのに、二つを駐車場に落と

億ドルに相当するかを示すことによって機会の総計を算出する。

何パーセントが無駄になっているかだけではなく、それが重さ何十億ポンドに相当し、額として何十億ドルに相当するかを示すことによって機会の総計を算出する。

し、そのままにしておく。ふつうじゃないと思うだろうが、それが毎日起こっている」[4]。そして単に何パーセントが無駄になっているかだけではなく、それが重さ何十億ポンドに相当し、額として何十億ドルに相当するかを示すことによって機会の総計を算出する。

競争的優位性：あなたがどう考えようとも、競争は存在する。少なくとも、あなたはいまのビジネスのやり方と競争している。そしてたいていの場合、ライバルに近い企業、そして直接的なライバルになる企業がこれから現われる。本当の意味で、あなたにとってのサステナブルな競争上の優位性は何かを理解し、それを表明するのだ。ビル・ストーンならば、ただの競争上の優位性ではなく、投資家が「不公平《アンフェア》」と言うくらい、他とは大きく異なる優位性を追求するよう勧めているのを忘れてはいけない。政府から独占権を与えられた特許、希少資源を独占的に供給する契約、競合他社に乗り換えようとすると法外な費用がかかる切り替えコスト、これらはすべて「不公平な優位性」であり、他よりもはるかに永続性がある。自分たちの競争力は「先行者利益」だけという主張で、投資家を説得しようと思ってはいけない。あなたの会社独自の利点か優位性を、ここではっきりと伝える必要がある。それを一文か二文で伝えるようにする。

インパーフェクト社なら農産物を「農家から直送」するモデルと、消費者に直接販売する手法について説明する。こうした供給法と流通の差別化により、インパーフェクト社は、スーパーより三〇パーセント安い価格で販売できるという主張に信頼性が増す。

サステナビリティ・モデル：どのように、そして誰から収益をあげるのか。あなたの考えたモデルはレバレッジが効き、規模拡大が可能なのか。なぜ資本効率がいいのか。顧客、ライセンス、ユニット、収益、マージンなど、あなたの会社が評価されるべき重要な指標は何か。いずれにせよ、これから数年間で、どのくらい高いレベルにまで到達できると考えているか。インパーフェクト社なら、農家からの直接仕入れと消費者への直接販売モデルによる、魅力的なコスト構造と利益率を強調するだろう。

ルーク・シャーウィンが、仕入先への支払いより前に、マットレスの購入代金を現金で回収するというキャッシュフローの利点を説明したように、インパーフェクトも同様のキャッシュフローモデルによる資本効率のよさを訴えることができる。

チーム：なぜあなたのチームは成功する能力があるのか。創業者各人の履歴書をただ短くまとめるのではなく、それぞれの経歴がなぜ重要なのか説明する。できれば過去に雇われていた会社を明記しておく。それを見た人が問い合わせることを期待できる。インパーフェクト社のチームが具体的にどういうものかを示すため、ベンと共同創業者たちは、重要な経験によって企業の価値を高めてくれるアドバイザーの名や、ハワード・シュルツのベンチャー・キャピタル企業であるマヴェロンから一四〇〇万ドルの投資を受けていることを記載できる。

約束：投資家に売り込むとき、何より重要なのは大きなリターンを約束することだ。そのためには必要な資本金をはるかに超えるレベルの成功を収めるしかない。要約財務予測はそれを伝え、また信頼できるものでなければならない。そこでは今後五年にわたる収益、出費、損益、現金、従業員数（の予測）を示す必要がある。また顧客数や出荷台数など、会社の推進力となる主な要素を示すことも意味があるかもしれない。インパーフェクトは五年後の予想として、売上一億ドル、利益率をプラスにする、何百万ポンドもの食品ロスをなくして環境への影響を証明する、などがあげられるだろう。

見積り金額：ここにはあなたの資金調達の目標額、つまり次の大きな節目に到達するために必要な額を記載する。将来のラウンドで、いつごろ、どのくらいの額を調達するかの推測、そして現時点でどのようなエグジットを考えているかを示す。インパーフェクトならば、シリーズBラウンドで、三〇〇〇万ドルの収益と、最終的には新規株式公開か買収によるエグジットを目指すだろう。

私はどの文書についても譲れないことが一つだけある。エグゼクティブ・サマリーの段落の書き出しは、その段落を総括するものではなく、それだけで成立し、その段落のストーリーを伝える結論として書いていることを忘れないでほしい。（たとえばただ〝エグジット〟とするのではなく、「最近のケア・デバイスの買収は、有利な出口戦略ということが証明されている」のように結論づける）。そうすれば読者は、その段落で何がわかるかを把握し、ばらばらだった情報を結びつけることができる。読者が違う結論を引き出さないように気をつける。段落の書き出しをまとめて読んで全体の論理と流れを確かめ、それだけでストーリーが伝わっているか確かめる。以下はブラウン大学の前学期の講義を受講していたメリオール（Melior）というチームのエグゼクティブ・サマリーの例である。彼らは小売業者の在庫の廃棄の問題を解決し、ファストファッションブランドに生地の無駄をなくすためのプラットフォームを提供している。

毎年、衣類の八四パーセントが埋め立てられている現状にあって、メリオールはファストファッションの小売業者及びミレニアル世代とZ世代の消費者、両方にとっての問題に取り組んでいます。

消費者は持続可能《サステナブル》な選択肢を求めていますが、それはまだ存在していません。小売業者は売れ残った在庫を処分するという、物流上の悪夢に直面し、廃棄された衣服が山積みになっています。

メリオールは消費者のサステナビリティ指向と、小売業者の大量在庫管理の問題にビジネスチャンスを見出しています。

ソーシャルメディアを中心とした三段階のマーケティング戦略により、顧客の獲得とオーガニックな成長を維持できます。私たちはサステナブルな選択肢を欲しがっているZ世代とミレニアル世代のファストファッション消費者をターゲット市場としています。

メリオールのビジネス・モデルを動かしているのは、急増する顧客層へのリサイクル衣料販売と、業務改善に向けた資本コミットメントに支えられた経費削減策です。

メリオールのチームには、サステナブルなスタートアップ企業の設立、ベンチャー・キャピタル、金融、テクノロジー、マーケティングなど、多彩な経験を持つ人材が揃っています。アドバイザーはファッション、リバースロジスティクス、スタートアップ企業で幅広い経験を積んでいます。

提示された三〇〇万ドルの出資は、小売業者に提供する物流ソリューションの改善にあて、五年後には一億一二〇〇万ドルの売上を達成し、株式公開または買収によるエグジットを想定しています。

履歴書を用意するのと同じで、この便利な一ページのエグゼクティブ・サマリーがあれば、自分に興味を示してくれた相手とコミュニケーションを取れるという自信が生まれる。これがないと、自分から一回目の打ち合わせを求める立場になるチャンスを逃すことになる。私の講座の卒業生の多くは、これはどんな状況でも何かを伝えるための貴重なアドバイスだと考えている。リベラル・アーツの伝統の中で、この起業家的スキルは、典型的かつ古典的な起業だけでなく、さまざまなタイプの職務に役立つものなのだ。

エグゼクティブ・サマリーの概要に従うサステナビリティ・プラン

あなたはすばらしいエグゼクティブ・サマリーを書き、もっと詳しい情報が欲しいという依頼を受けた。次に必要なのは、同じ論理の流れとテーマに沿った、より詳細なサステナビリティ・プランである。効果的なエグゼクティブ・サマリーを作成できれば、サステナビリティ・プランは自然に書けるはずだ。エグゼクティブ・サマリーは計画のあらましを伝える役割を持ち、段落の書き出しは、計画のセクションの見出しとしてそのまま使うことができる。サステナビリティ・プランは、簡潔なサマリーやピッチデッキでは少し触れる程度しかできなかった問題点を、詳しく説明する役に立つ。協力者や投資家が興味を引かれたら、この計画についてあなたが持っている詳細な情報を求めるだろう。求めないということは、本気で検討してはいないということだ。そしてあなたがピッチデッキしか用意していないのなら、あなた自身も本気ではない。

同じ論理的流れに従う一〇枚のスライド

具体化されたプランを提示して、投資家の関心が固まったら、次のステップは投資家との会合（ミーティング）である。このとき投資家との議論の足場となる、第三のコミュニケーション・ツールが必要になる。ここではガイ・カワサキの、プレゼンに効果的なスライドを参考にしてみよう[5]。そのスライドは、カワサキがエグゼクティブ・サマリーのガイダンスで紹介したのと同じ構成となっている。協力者や投資家が興味を示したら、このスライドを使って、直接の話し合いの構成、枠組み、足場を築く。自分が相手に伝えたい重要ポイントを説明、強化、強調するためにそれを使うのだ。書き出しは結論にすることを忘れてはいけない。エグゼクティブ・サマリーの段落の書き出しと同じものにして、それをサステナビリティ・プランの項目（セクション）の書き出しまで持ち越す。注意してほしいのは、先方と会う前にスライドを送ってはいけないということだ。事前に送るのは最初の二つの資料である。

アウトサイドGCのビル・ストーンは、多くの投資家向けプレゼンテーションを見てきた経験に基づいた、すばらしいアドバイスをしている。「スライドには言葉はほとんど必要ない。イラストで問題や解決策を示すことができる。アプリのスクリーンショット、見本のスケッチや写真、実際に話しているときに強調したい数字や単語を、一つだけ書いて出すのでもよい。エグゼクティブ・サマリーとサステナビリティ・プランがあれば、たくさんの言葉を並べたスライドデッキは必要ない」。細かいことを言えば、マーケティングの専門家であるセス・ゴディンの経験則によると、どんなスライドも五語以内に収めるということだ(6)。

反復は効果的で価値のある言語表現術なので、三つの異なる形式で計画を伝えることは、プレゼンしようとしていることの論理を伝え、強化するのに役立つ。何の問題を解決しようとしているのか、どうやって解決するつもりなのか、あなたはその専門家になったと考えよう。読み手や聞き手にいくらかの共感を示し、自分が提案していることの可能性を理解してもらうためには、何度か繰り返す必要があることを認識する。違う感覚に訴えると効果も異なるため、文章で書かれた一ページのストーリーが力を発揮するケースもあるし、スライドのグラフィックが気に入られることもある。重要なのは、まずエグゼクティブ・サマリーで短いメッセージを完成させ、それができて初めて、サステナビリティ・プランと一〇枚のスライドで具体的な話をするということだ。

その一つの例が、ガイ・カワサキの「一〇／二〇／三〇ルール」である。これは（プレゼン用の）スライドなら一〇枚、時間は二〇分、文字のフォントは三〇ポイントということだ。三〇ポイントのフォントのありがたみは、二〇歳の学生にはわからないだろうが、五七歳の私にとっては重要なのだ！

前に取り上げたファニウムの創業者であるグラント・ガーティンは、スタートアップ企業に、このカワサキの手法を参考にするようアドバイスしている。「私は創業者として成功し、現在は投資家として活動しているので、資金調達についてよく質問される。私がいつも最初にするのは、ガイ・カワサキの「一〇／二〇／三〇ルール」メソッドを、スタートアップ企業にやらせてみることだ。私からすると、投資家に資料を提供するとき、年齢や経験に関係なく、『多ければ多いほどいい』と思っている起業家が多いのが驚きである。投資家は何千回もの売り込みのプレゼンテーションを経験している。だから自分たちのベンチャー事業が大金を得るチャンスになる理由と、自分たちのチームにはそれが実行できることを、できるだけ簡潔に伝えられるほうが、成功する確率が高くなる」。

第一〇章　ピッチでの失敗を避けるために

私は起業家、投資家、そして教師として、起業家たちが犯しがちな間違いをいろいろ目にしているので「ピッチでの失敗を避けるために注意すること」と題したリストを作成し、定期的に更新している。これを読むことは、テストの答えを事前に知ることに近い。あなたの計画は完璧ではない。しかし同じ間違いをしてはいけない。これまで誰もしていない間違いをするのだ！

投資家からのフィードバックはメモする

プレゼンを行なうチームが犯してしまう最も重大なコミュニケーション上の間違いの一つは、熱くなりすぎて、相手からのフィードバックをメモするのを忘れることだ。これをやると、聞き手を遠ざけ、自分よりはるかに経験豊富な人々からのフィードバックの価値を失わせてしまう。

欲しいものをきちんと伝える

コミュニケーションの目的が何であれ、相手に何を求めているのかを明確にすることを忘れてはいけない。何のためのプレゼンなのかを明記していないケースが多いのには驚かされる。投資家が相手なら、いくらくらいの資金を求めているのか示す必要がある。助成金申請書を提出する場合は、自分たちの希望を明記すること。チームのメンバーを集めようとしているなら、誰に何の仕事をしてほしいのかはっきりさせる。

依頼や希望ではなく、資金を募る《レイズ》

これはちょっとした言葉の選択の問題だが、あなたがビジネスをわかっていることを伝えられる。あなたは○○万ドルを募っているのであって、お願いや希望をしているのではない。

最初のデートで結婚が決まると思ってはいけない

投資リアリティ番組『シャークタンク』は現実的ではない。あれはあくまでテレビのバラエティであり、当然のことながら、投資家がその場で小切手にサインすることや、助成金がその場で交付されることはないし、チームに誘った相手がその場で加わってくれることもない。あなたがそこで相手に求めることは何か。自分たちに興味を持ってもらって、それらすべてに向かう次のステップに進むことだ。そして次のステップとは、その計画についてもっと詳しく話すための会合であったり、相手側が行なう適正評価であったりする。簡単に言うと、最初のデートで結婚を期待してはいけない。次のデートを取りつけるのだ。

数字について説明する

計画書の最後に財務予測その他の数字のデータを添付しても、説明がなければ効果はない。重要なのは、数字の裏にある論理と知識である。それはあなたの思考の論理と知識を実証するものだ。それをどう理解するか、読み手の解釈にまかせてはいけない。あなたがプレゼンテーションをする相手は、何百もの企画書を読み、何百ものプレゼンを受けてきているので、何に注目してほしいのか、ていねいに伝える必要がある。そうでないと相手がこちらが意図していない結論に帰結してしまう危険性がある。あるとき売上が急増することを示すのではなく、必ずその売上増の原因についての注釈をつけるようにする。

大きい数字を出す

計画書では、ベンチャー企業の規模を測る尺度として、利益を使うことが多い。投資家は企業の規模を収益で測る（「一億七五〇〇万ドルの企業」といえば、収益が一億七五〇〇万ドルという意味だ）ので、他の尺度を出して混乱させるのはよくない。利益や他の尺度が重要ではないということではない。これらも大切だが、大きなことを考えているときに、規模についてひとことで伝えようとするなら、できるだけ大きな数字を使うべきだ。それはボトムライン（利益や純利益）ではなく、トップライン（事業収益や、それに相当するもの）だ。

詳細を入れると計画がリアルになる

私は講座でとにかく「リアルにすること」と口をすっぱくして言っている。計画をリアルにすればするほどいい。そうするための一つの方法は、ボトムアップ・リサーチの結果を具体例として引用することだ。たとえば製造業務を依頼する架空の製造業者について説明するのではなく、いくつかの本当の製造業者に話を聞いて、そのときの会話を詳しく伝える。ホールフーズに製品を販売するという仮定の話をするのではなく、ホールフーズのバイヤー、少なくとも地元の店長に話を聞き、その結果を計画書に盛り込む。またミニマル・バイアブル・プロダクトのような試作品をつくることはできるだろうか。このようなリアルな内容を盛り込もうとすると、時間や労力が余分にかかりがちだ。しかしこれで読み手や投資家があなたの計画を検討するかどうかに、大きな違いが生じる。

POCDは最初が人（パースン）であることを忘れずに

ビル・サールマンのPOCD（人材、機会、コンテキスト、取り決め）モデルでは、最も重要な領域は「人」であることを忘れてはならない。若くて経験の浅いチームには、経験豊富なアドバイザーを補佐として入れるべきだ。こうした関係を築くのに心を砕いてプロ意識に徹すれば、それは見た目ほど難しいことではない。そしてそうすることは、計画書をリアルにするための最も重要な方法の一つである。

ほとんどの学生チームが、一学期の間に少なくとも二つか三つ、こうした関係を築いている。それはベンチャー・キャピタル会社へのプレゼンテーションにおいて、信用を高めることにつながる。ただし彼らを顧問団《ボード・オブ・アドバイザー》とか、諮問委員《アドバイザリー・ボード》とか呼んではいけない。ボードとつけると、あなたが意図していない意味に受け取られる可能性があるからだ（たとえば信託、責任、永続性）。こうしたアドバイザーに関しては、計画書のチームの項に名前を入れる許可を必ず事前に取っておく。投資家がアドバイザーに問い合わせをして、彼ら自身がアドバイザーであると認識していなかったことが明らかになるというのは最悪の事態である。またお飾りのようにアドバイザーの名を連ねるようなことをしてはいけない。各アドバイザーがこれまでにどのような貢献をしてくれたのか、そしてこれからも力を貸してくれること（信頼性、人脈、特定のビジネスや技術的専門知識など）を明確にしておく。エグゼクティブ・サマリー、サステナビリティ・プラン、プレゼンテーションでは、チームによって信頼性を獲得するため、チームの項を最初のほうに持ってくる。投資家はAクラスのアイデア以上に、Aクラスのチームに注目する。

問題と解決策をきちんと提示する

ボトムアップ・リサーチを十分に行なわないことに、弁解の余地はない。そして調査について十分に掘り下げていない計画書が多すぎる。それはあなたのチームが自分たちの製品を気に入ってもらえると予測するのとは、また別の話なのだ。調査は決定打にはならないが、相手に真剣に受け止めてもらえるかどうかに影響する。

データは一カ所にまとめて放り込むのではなく散りばめる

調査のデータを一つのセクションにまとめて放り込むのではなく、サステナビリティ・プランやプレゼンテーション全体にちりばめる。たとえば何か主張したり意見を言ったりするたびに、その裏づけとなる調査結果（トップダウンもボトムアップも）を載せる。

あまりに早くキャッシュフローが黒字になるという予測を出さないようにする

計画書の予測の多くは、収支がとんとんになる、あるいはキャッシュフローが黒字化する時期が早すぎる。スタートアップ企業の大半は、あなたが想像しているよりずっと長く、赤字の状態を続ける必要がある。企業の規模と成功は、初期にその会社がどれだけ投資したかに比例する。投資家はあなたが初期にどのくらいのキャッシュを使ったかを心配するより、大きなベンチャー事業を始めるには、時間がかかり、相当な投資を調査開発とマーケティングに注ぎ込む必要があるとあなたが理解していることに好印象を持つものだ。

理由をきちんと説明する

全体的に、計画書では〝理由〟が説明されないことが多い。多くのテーマに関する暗黙の質問に答えることは、あなたの計画書の見識と思考を実際に示すことだ。たとえば、そのベンチャー事業のいいところとして、市場に一番乗りできるという主張は多いが、なぜそうなのかには触れない。市場に一番乗りするのがいいことではない場合もあるので、それよりも、なぜそうなのかを議論する必要がある。他の例としてはアウトソーシングやフランチャイズがある。アウトソーシングを行なう（行なわない）と決定した理由が書いてあったほうが、あなたの計画書が優れていることが伝わる。単にアウトソーシングする、しないを示すだけでは、それが伝わらない。サイモン・シネックが〝何を〟よりも〝なぜ〟を強調していたことを思い出してほしい。

マーケティング予算は十分に確保し、その理由を伝える

これもまた理由についての暗黙の問いに答えていない好例である。なぜマーケティングにこれだけの額を使うと決めたのか。予測通りに市場に浸透させるのに、なぜそれが適正な額なのか。このテーマについてよくある間違いは、売上は増加すると予測しているのに、マーケティングの予算は横ばいというものだ。これら二つは因果関係がある。（そうでなければ、そもそもなぜマーケティングに金をかけるのか。）このトピックにアプローチする良い方法は、同業他社は売上高の何パーセントをマーケティングに費やしているかを調べることだ。そこに追いつこうとしているのだから、少なくとも同じか、それを超える割合で予算を組んでおけば悪いことはない。そうすること（たとえば「マイクロソフトがそうしているから」）は、少なくとも、あなたが伝えるべき最低限の思考と見識の好例となるはずだ。さらに望ましいのは、競合他社を超えるマーケティング戦略を考案することだ。

バランスシートの数字をきちんと合わせる

説明不要。

正確すぎるのはばかげている

アーリーステージのサステナビリティ・プランは、全体の方向性を示すもので、正確さはそれほど求められていない。たとえばときどき目にするのだが、財務予測をセント単位で出すのは、ばかげているとしか言いようがない。

火急のニーズをさがす

自分たちの製品やサービスに対する〝ニーズ〟があると主張する計画書がとにかく多いのだが、そうでないことがとにかく多い。前にも書いたが、髪の毛に火がついている人は、バケツの水を必要としている。しかし髪に火がついている人にバケツの水を売るというような、差し迫ったシナリオを書いている計画書はほとんどない。ニーズを誇張しすぎないように注意し、さらにボトムアップ・リサーチを利用して、対応すべき〝火急の〟ニーズをさがす。

従業員一人当たり売上高の予測を入れる

予測に問題があることを示す指標の一つが、従業員一人当たり売上高の計算である。製造業であれば従業員一人当たり一〇万ドル、ソフトウェア会社であればその二倍の二〇万ドルを見込んでおくべきだ。どうすればそれがわかるのかと、思うかもしれない。それはマーケティングに費やすべき金額と同じように、業界の規範に従えばいい。そしてその数字は、競合他社がいくら使っているかを調べればわかる。ネット検索すれば、ものの数分で明らかになることだ。

プロセスのどの段階にあるのかを示す

時系列を図で示したタイムラインをつけるのを忘れてはいけない（表より図のほうが見やすい）。そこにはこれまでに達成したことと、これから相手のリソースを活用して達成すべきことを入れる。当日をタイムラインの最初の地点にしないように注意する。資金調達を目指しているその時点までに、すでに達成している貴重な業績を相手に知らせるのだ。

資金の使い道は必ず説明する

これも信じられないことかもしれないが、集めた資金やその他のリソースの使い道について、計画書で説明しているケースがあまりにも少ない。読み手にあなたの会社への参加や出資に興味を持ってほしいのであれば、そのリソースで何をする予定なのかを必ず伝えること。

主張の根拠を必ず示す

もう一つ信頼性に関わるものだが、計画書での主張の根拠を必ず示すということだ。特にあなたが行なったトップダウン・リサーチとボトムアップ・リサーチの結果を明示する。計画書には市場規模、製品需要、重大な推論など、根拠のない主張が含まれていることが多い。根拠がきちんと示されていないと、あなたのおじさんが言った安易な意見だと思われてしまうかもしれない。

評価の予測を細かく書く必要はない

〝条件規定書《タームシート》〟の詳細をピッチに入れるのはきわめて悪手である。私の講座にゲストで来てくれたベンチャー・キャピタリストは、あるチームが評価額の予測をこと細かに書いたスライドを見せたとき、苦し気な声で、実際のビジネスの場でこんなものを見せられたら、話を聞くのをやめると言った。これは信頼性を損なう行為なのだ。彼女の意見でもあるのだが、会社の評価に対する質問への答えは

「評価は市場に任せます」以外にない。とはいえ自分たちの会社の評価額がどうなるかをじっくり考えるべきではないということではない。予測がまともでないように見えるなら、それを変えるきっかけとして、正当性をきちんとチェックするべきである。つまりその（株式）所有権と評価額の数字が妥当かどうか知る必要がある。しかし念を押しておくが、その数字をピッチや計画書に入れてはいけない。

スライドのタイトルや一枚目の貴重なスペースを無駄にしてはいけない

ビジネスプランのタイトルページやプレゼンテーション資料の最初のスライドには、投資家の興味をそそるような印象的な言葉を載せ、ポジティブなムードをつくる。その言葉は、ボトムアップ・リサーチを行なった際に出会った信頼できる人や、トップダウン・リサーチからの、知らない人の言葉でもいい。そのスライドが数分間も表示されたままになっていることがある。それなら有効に活用するべきだ。一つそうした言葉の例をあげてみよう。これは私が関わっている、糖尿病患者の足部潰瘍を予防する医療機器製造会社のものだ。「患者の脚を切除するために外科医に大金を払いながら、それを防ぐためには何も払わない社会には驚かされる」（ジョージ・バーナード・ショー）

常に契約締結を目指せ

これは『グレンギャリー・グレン・ロス』〔デイヴィッド・マメットの戯曲。映画『摩天楼を夢みて』の原作〕の有名なセリフだが、サステナビリティ・プランにも当てはまる。計画書に連絡先が書かれていなければ、あなたが真剣に連絡を求めているとは誰も思わない。すぐ目につくよう表紙に記載すること。

これから伝えようとしていることを伝え、本題を伝え、そして伝えたことを伝える

この古い格言は、プレゼンテーションの全体的な構成を考える役に立つ。最初と最後に言ったことをいちばんよく覚えているという、系列位置効果を活用するのだ。まず聞き手に覚えておいてもらいたい三つの主要なことがらをまとめた、エグゼクティブ・サマリーのスライドを提示する。（三つを超えるともう覚えられない。）そして最後のスライドで、これらの三つのポイントを強調する。

オチは先に言う

あなたのプレゼンテーションを聞いている人は、最初の三〇秒以内に、おもしろいかどうかを判断するので、ずばりと要点を告げ、すぐに長期的なビジョンを語ろう（例：年間一七パーセント成長中の三〇億ドルの規模の市場で、一五〇店舗を展開する、一億七五〇〇万ドルの価値のニシンの全国小売チェーンを目指しています）。そして最初に戻って、詳細を説明する。プレゼンターの多くは、現状の説明から始め（地下室で魚を販売しています）、その後に長期的なビジョンを語り始める。そのときには、すでに聞き手はいなくなっているので、まず必ずオチから始めること。

マーケティング戦術を細かく書き連ねてはいけない

マーケティング計画は、計画書でいちばん弱い項目になる傾向があるが、その解決策は細かい戦術

をいくつも書き連ねることではない（一七カ月目に購入する『スポーツイラストレーテッド』の広告サイズなど）。読者が求めているのは、顧客獲得の方法に関する、あなたの考え方を支えている論理なのだ。これにはバランスが大切で、マーケティングや販売の戦術を明確にすることは必要だが、それと引き換えに、モデル全体を明確にすることをないがしろにするべきではない。これを念頭に置き、顧客獲得とその顧客の生涯価値との比較を明らかにする。生涯価値が顧客獲得コストを上回っていることを証明できなければ、ビジネスとして成立しない。経験則によれば、生涯価値が、顧客獲得コストの少なくとも三倍であるべきだと言われている。

一パーセントという数字を信じすぎないこと

多くのベンチャー・チームが、巨大市場に一パーセント浸透すれば、巨大なビジネスができるという議論を既定路線としている。そうしたくなる気持ちはわかる。この趣旨は、巨大な市場のたった一パーセントに浸透して巨大なビジネスを構築できるのであれば、それほど控えめでなかったら、どのような姿になるのか想像してほしい、ということだ。私はこの言葉を聞くたびにうんざりするのだが、それにはいくつか理由がある。第一に、この一パーセントという主張は、指を立てて風向きを調べるようなものだ。一パーセントは恣意的な数字で、投資家をはじめ、あなたの機会を評価しようとしている人は、この種の予測について、ボトムアップ・リサーチを土台とした根拠を求めている。第二に、もしあなたが現実の問題を発見して確認し、それに対する画期的な解決策を提案しているのなら、なぜ市場の一パーセントにしか受け入れられないのか。第三に市場の一パーセントはサステナブルではない。あなたに期待されているのは将来を見通すことではなく、あなたが提示している数字が何であれ、その論理についてよく考えていること、そしてその数字が恣意的なものではなく、ボトムアップ

・リサーチに基づく、サステナブルなものであると確認できていることだ。

参入時と拡大時の戦略が同じではいけない

最終的な成長戦略（特に製品やマーケティングなど、計画のすべての要素を含む）が、会社を立ち上げたときと同じままだと考えるのは現実的ではない。最初の参入時と同じ戦略に基づいて成長予測を立てているケースが多すぎる。参入するときと拡大するときの戦略の性質は区別するべきだ（たとえば異なるリソースが必要になるか。参入を目指す市場が変わるか。どのような製品・サービスを発売するのか）。ハーバード・ビジネス・スクールのターレス・テイシェイラ教授は『一〇〇〇人の顧客を一〇〇万人に（Turning One Thousand Customers into One Million）』の中で、次のように述べている。「一〇〇〇人から一〇〇万人に増やすのは短期間で可能かもしれないが、それは企業が新しいことに挑戦するために戦術を変えることをいとわない場合だけだ。初期ユーザーに買う気を起こさせる戦略は、規模拡大のための戦略とは根本的に異なる」[1]。ここまでで、この考え方が「発見・解決・拡大」プロセスの三つのステップに不可欠なものだと気づいていてほしい。サステナビリティ・モデルの作成は、価値提案を作成するのとは異なるスキル、リソース、戦略を必要とするステップだ。これらのステップを伝えるときは、その違いを確実に理解しておこう。

砂糖をかける前にケーキを焼こう

これは前述の生涯価値／顧客獲得コストに関する懸念を、強調する点を変えて表現している。本質に関係ないことを細かく説明すると、根本的な経済モデルがわかりづらくなる。私の講座のプレゼンテーションを聞いたベンチャー・キャピタリストが、そのベンチャー企業の基本的な機能や、どのように収益をあげるのかが明確でないことが多すぎると言っていた。計画書やプレゼンテーションに業務の詳細を詰め込む前に、経済モデルについて明確にしておく必要がある。そのベンチャー・キャピタリストが、この点をはっきりさせるために、ある小売店の計画を例としてあげている。大きく考えることは重要だが、一五〇カ所に出店する方法について詳しく説明する前に、最初に試験的に出す店舗の経済力が、拡大する根拠として十分に説得力があることを確認しよう。多くの場合、計画書ではこうした参入計画についての重大な内容については、さらりと触れるだけのことが多い。プレゼンテーションでは、いったん話を止めて、拡大の項目に話を移す前に、これらの細かい財務が明快かどうか、相手に聞いてみてもいいだろう。これもまた、すでにおなじみのことになっているはずだ。言い換えると、サステナビリティ・モデルについて説明する前に、価値提案が明確になっていることを確かめる、ということだ。

カーシャとボルシチを混ぜてはいけない

そう、私の祖母のサディなら、こう言ったに違いない。この文脈での意味は、パーセンテージのようなものを使って、定性的なデータを定量的に見せようとしてはいけないということだ。(例:アンケートに答えた七五パーセントの人が、私たちの製品を好きだと言った)。このプロセスの特徴であるボトムアップ・リサーチは、定量的な手法ではなく、定性的な手法を用いている。定量的に聞こえる言葉よりも、インパクトのあるエピソードを引用し、〝散りばめる〟ことで、定性的なアイデアを活用するのだ。

参入障壁は悪いものではない

計画書やピッチでは参入障壁（ＢＴＥ）という言葉を間違って使っていることが多い。何か市場に参入するために乗り越えなければならないものとして扱っているのだ。まるで障壁が悪いもののように思える。ところが実際は逆で、参入障壁とは競合他社が市場に参入するのを防ぐために築かなければいけない壁で、つまり成功した事業を続けるためにはいいことどころか、不可欠なものなのだ。強力な参入障壁としては切り替えコストがある。顧客が競合他社に乗り換えようとすると、高くつくようにすることだ。電話会社は契約解除の際に料金を請求するという、あからさまな切り替えコストを設定している。もっと独創的なのは、写真を保存してコピーを購入できるグーグル・フォトのような、非明示的なコストである。ユーザーが写真を一度グーグル・フォトに保存したり整理したりすると、別の写真保存サイトに切り替えようとしたとき、コストが発生するようになっている。あなたの会社が市場に参入したあと、どのような障壁をつくれるかよく考えておこう。特許のような、多額の投資が必要になるとわかっているものには頼らない。またこの障壁ということばを、あなたが意図的につくろうとしているものという正しい意味で使ってほしい。これは市場参入するのに乗り越えなければならないものでは決してない。

すべてのリスクが同じではない

私が目にする計画書のほとんどに、そのベンチャー企業が直面すると思われるリスクを詳細に説明する項目がある。そのような項目をつくらないのは、それ自体が間違いだ。またそのリスクをどのように乗り越えるかについても言及するのを忘れずに。さらに望ましいのはリスクをサブカテゴリー

（たとえばオペレーション、競合性、規制、財務など）に分けて、何らかの論理に沿ってリスクをどこに記載するか決めることだ。このリスク項目で金メダルを獲得するには、二〇二〇年にブラウン大学の春のクラスで、あるチームが行なったことをまねることだ。彼らはすべてのリスクを二つの尺度で評価した。それは「可能性（Likelihood）」と「影響力（Impact）」である。これで投資家は、それぞれのリスクがどのくらいの確率で発生するとあなたが考えているのか、発生した場合、それがあなたのベンチャー事業にどの程度の影響を与えるのかを理解できる。

相手が求めていないリターンを約束しない

特にベンチャー・キャピタル投資家は、ベンチャー企業に現金配当を求めてはいない。彼らはできるだけ大きな事業体に成長させ、キャピタルゲインを得ようとするので、利益を株主に分配するのではなく、事業に再投資することを望む。大きな配当を予測することの問題は世間知らずに見えることだ。投資家が何を求めているのかを理解し、それを実現するための計画を立てることが重要である。

バリューチェーン全体に正当な利益を

あなたが売り込もうとしている事業が、流通網を通してサプライヤーや販売店が存在するものなら、そのバリューチェーンのすべて（サプライヤー、あなた、販売代理店、小売店など）が、利益を得られることを確認しておく。計画書でよくあるのは、自社が高い利益を得られることを確約していても、仕事上で頼っている他の業者すべての利益が十分に考慮されていないということだ。バリューチェーンの上流から下流までのすべてに、十分なインセンティブを与えることが重要である。そうでないと、重要な役目を担う人々が参加したいという気にならない。これはプランを書く人にとっても難しいことなのでバリューチェーンの各段階で、誰が何をつくっているのか、簡潔でわかりやすい図にしておくことを勧める。また各段階を業界の標準に照らして自社を評価し、自分たちが提案している内容が理にかなっているかどうか確認する。

順序とつながりは重要

コミュニケーションはすべて筋の通った議論をわかりやすく説明するものであるべきだ。そうなると計画書の項目をどんな順序で並べるかが重要になる。個々の項目はよく書けていても、その順序やつながりがうまくいっていないことがよくある。それは項目ごとに違う人が書いているからだ。たとえば財務の項目が他の項目と何も関連付けられず、計画書の中に放り込まれている。だいたいは出すのが早すぎて文脈から外れている。つながりとは、読み手を論旨に沿って誘導しながら、ある項目から別の項目へとスムーズに移行させるということだ。

痛みがないのにアスピリンを売ろうとするな

痛み止めの販売を提案する前に、本当に痛みがあることを示しておくこと。起業家はもともと自分たちが提案する解決策、つまり価値提案が最高にいいものだと思うものだし、そうあるべきだ。しかし痛みがないのに、痛み止めを提案しても、それは役に立たない。もう一つ、順序の話をすると、トップダウン・リサーチとボトムアップ・リサーチを駆使して、まずどのような問題を解決しようとしているのかを明確にし、そのあとで解決策の提案や製品の説明をすることが重要なのだ。

偉そうな肩書は不要

初期のチームのメンバー全員にしゃれた肩書きをつけるのはやめよう。多くのアーリーステージの計画書でよくそういった肩書を見かけるが、そういうチームは世間知らずで、大げさで、頭でっかちに見える。ほとんどのスタートアップ企業では、CEO、COO、CFO、CTO、CMOは必要ない。成長するうちに、これらの役職で雇いたい人が出てくる可能性もあるので、早いうちに埋めてしまうと、適切な時期が来るのを待って採用することに抵抗があるというシグナルになりかねない。肩書きをつける代わりに、主な業務領域を説明するという形にする（マーケティング、財務、エンジニアリングなど）。例外として、誰がCEO（またそれに相当する人物）かについては明記しておくべきだ。

CEOは一人に

この地位の名称はともかく、誰がチームのトップであるかは明確にしておく必要がある。これは難しいこともあるが、投資家や出資者は、何人かのチームではなく、一人が最終的な責任を負うことを望んでいる。自分たちに連絡してくる前に、企業のほうでそれをはっきりさせておいてもらいたいと思っているはずだ。両者での話し合いの場で決めるのではなく。ときどき複数のメンバーに共同CEOの肩書きをつけ、この決定から逃れようとするチームがある。ごくまれにそれでもうまくいくケースはあるが、投資家は責任者を一人に絞ることを望む。そして、実際には、共同CEOとは、誰もCEOの責任を負わないことを意味する。

創業者も報酬を受け取るべき

私は創業者が給料を受けとらず〝自らゲームに参加している〟とアピールするのも理解しているが、完全なスタートアップの段階を過ぎてまでそれを続けるのは合理的ではない。資金を調達したら、たとえ市場本位の額でなくても、創業者も何らかの報酬を受け取るものだと考えられている。そうしないと投資家は、あなたがどのくらいその事業を続けるのか不安を感じるし、給料を受け取らないということは、創業者の参加とは別に、そのベンチャー事業に必要な、正確なコストベースを示していないことになる。

資金が欲しいときはアドバイスを求めよう

アウトサイドGCのビル・ストーンの言葉は、自分がすべての専門家であることを期待している人はいないということを教えてくれる。質問することを恐れないこと、すべてに答えなければいけないと思わないことだ。投資家が知っていると思われることについて助言を求めると、それだけで多くのことが伝わる。あなたは（a）その投資家の経歴を知っている（b）他人からの意見やアドバイスを大切にしている（c）知らないことを知ったかぶりをしない（d）示唆に富む質問のしかたをしている。アドバイスを求めることで、良好な関係を築き、将来的に経済的な支援を受けるための基盤をつくることができる。

これらのよくある間違いを公開することで、それを避ける助けとなることを願っている。現在のリストとその他の関連コンテンツは、dannywarshay.com を参照のこと。

第一一章　説得力のあるコミュニケーション

ブラウン大学のスター教授であるバーバラ・タネンバウムは、大学で特に人気があり、かつ人生を変える講義を担当している。それが「説得力のあるコミュニケーション」である。私はこのコースの影響力を体験し（私が教わったのはバーバラの同僚であるナンシー・ダンバー）、それがなければいまこれほど頻繁に人前で話すことはなかっただろうと思っている。

二〇〇六年春、私が初めてブラウン大学で講義をしたとき、学生たちはベンチャー・キャピタリストへの長時間のピッチに備えて、リハーサルを行なった。やっておいて本当によかったと思う。何しろひどい出来だったのだ。内容が悪かったわけではない。これまで説明してきたフォーマットにきちんと沿ってはいた。しかし学生たちはプレゼンテーションのやり方をわかっていなかった。私はあわてた。彼らは数日後に、私の友人であるベンチャー・キャピタリストに事業プランを発表することになっていた。学生たちに恥をかかせたくないし、私も恥をかきたくない。私はバーバラを訪ね、助けてもらえないかと頼んだ。彼女は、博士課程の優秀な学生の一人、ペイジ・マギンレー（現ワシントン大学セントルイス校演劇・パフォーマンス研究科ディレクター）に、「説得力のあるコミュニケーション」の講義一回分を行なってもらうことを提案した。それが魔法のような効果をもたらしたのだ。ベンチャー・キャピタリストへのプレゼンは大成功だった。もちろん内容が大きく変わったからではなく、正式なプレゼンテーションを行なうための基本を学び、それを実践できたからだ。

私たちの大半は、生まれながらにして説得力のあるコミュニケーションのスキルを持っているわけではない。さらに悪いことに、人前で話すことへの恐怖は深刻で、どこにいてもそれがつきまとう。起業家として成功するためには、この恐怖心と経験不足を克服して、プレゼンテーションのスキルを身につけて発展させる必要がある。よいニュースは、「発見・解決・拡大」プロセスの他の重要な要素と同じく、上手なプレゼンテーションのやり方は、学ぶことができるということだ。

「説得力のあるコミュニケーション」の一学期分の内容を、ペイジに一回の授業で行なってもらったのは魔法に近いことだった。ここではさらに上をいき、数行の文章にそれをまとめている。

○話すことはすべて人に対して行なうことであり、そこで伝えることの九〇パーセントは内容ではなく、どう見えてどう聞こえるかの問題である。
○効果的なコミュニケーションは、目標がはっきりしていて、聞き手中心である。
○聞き手の関心に意識を向けることで、効果的なコミュニケーションを実現できる。

コミュニケーションは必須。話すことは人に聞かせること

バーバラのアプローチの根底にあるのは、意識しているかどうかにかかわらず、私たちは常にコミュニケーションしているということだ。彼女はどのワークショップや講座でも、最初に「私たちはコミュニケーションをとらないわけにはいかない」という二重否定から始める。コミュニケーションは自然に生まれるのにまかせることもできるし、コントロールしようと力を尽くすこともできる。バーバラと彼女の博士課程の学生の一学期の講座と、私たちへの一回のワークショップのほとんどが、それができるようになるための内容になっている。

彼女たちの最初のアドバイスは、簡単なようでいて実行するのは難しいこと、すなわち「話をきちんと整理すること」だ。二つから四つの要点（私は三つを推奨）を決め、それを二回から四回繰り返す（これも私は三回を推奨。「これから伝えようとしていることを伝え、本題を伝え、そして伝えたことを伝える」）。聞き手に覚えてもらいたいことを最初に述べ、最後にもう一度述べることで、初頭効果と親近性効果と呼ばれる二つの現象を利用するのだ。前述したとおり、最初と最後に聞いたことがいちばん記憶に残る。

目標をはっきりさせて聞き手中心で

バーバラはアリストテレスの説得術を活用し、どんな種類のコミュニケーションを取るにしても、その前に「自分が目指しているものは何か、誰とコミュニケーションをとるのか」と自問し、それに合わせることをアドバイスしている。私たちが変えられるのはただ一つ、自分たちの目標だけだ。聞き手を変えることはできない。価値提案の用語では、目標とは私たちのプレゼンテーションの主眼と考えられる。

WIIFM

バーバラによると、聞き手中心主義とは、WIIFMを覚えておくことだと言う。これはWhat's In It For Me「この話を聞くことで私（ここでは聞き手）にどんなメリットがあるのか」の頭文字をとったものだ。聞き手がなぜ耳を傾けるべきなのかという問いへの答えを教えてくれる。これは私たちが伝えようとしているメッセージと内容を伝える、また私たちが聞き手にとってほしい行動をするよう説得する役に立つ。目標がプレゼンテーションの主眼を反映しているとすれば、ＷＩＩＦＭは相手にとってのメリットと考えられる。バーバラが言うように「ＷＩＩＦＭを出すタイミングが早すぎることはないし、いくら出しても出しすぎることもない」のだ。投資家があなたの話を聞く理由があると思ってはいけない。何千もの投資機会を前にして、投資家があなたの話に耳を傾ける理由を、すばやく頻繁に提示する必要がある。

意識を聞き手に向けることで、プレゼン中に自分の緊張が気にならなくなる。私の学生を教えた経験では、この最後の点が重要だ。プレゼンに対する不安から、自分のことや、とりあえず終わらせることだけを意識しすぎる傾向がある。聞き手に意識を移すことで不安を感じなくなり、聞き手の反応を見てテクニックを修正することができるようになる。

信頼を築く

説得力を生み出す最強の材料の一つが信頼性である。ＷＩＩＦＭが自分の話に耳を傾けるべき理由を聞き手に伝えるものだとすれば、信頼性はさらに先、聞き手があなたの話を聞くべき理由を伝えるものだ。この言葉の語源（credo）が示すように（私が高校でラテン語を習ったストレイター博士は、これが「私は信じる」という意味であると、ここに書いていることを喜んでくれるだろう）、信頼性は聞き手があなたを信用する根拠となる。聞き手がプレゼンテーションの間じゅうずっと、あなたの言うことを信用してくれるよう、前もって信頼性を獲得しておくことが重要だ。チームの背景を最初ではなく最後に提示して、その機会を逃してしまうことは珍しくない。もしチームに印象的な経歴や経験を持つ人がいれば、それをプレゼンテーションの初めのほうに持ってきて、最初から信頼性を獲得しよう。またプレゼンの準備をしている間、聞き手が目にしている書類の表紙やスライドの一枚目という貴重なスペースを有効利用することについて前に提案したことを思い出してほしい。

積極的な売り込み、反対意見、緊張があるときは、共通の基盤を築く

信頼性を生み出す方法の一つは、聞き手との共通の基盤を築くことだ。「私」でも「あなた」でもなく、「私たち」という言葉を使う。「私」「あなた」と言いたくなったら、「私たちに」変えられないか考えてみよう。積極的な売り込みをしようとしているとき、反対や緊張がある場合、聞き手とあなたの意見が一致する領域を見極めることが役に立つ、そして重要でもある。

何を：外発的信頼性

信頼性のほとんどは、外発的と呼ばれるもので、生涯をかけて築き上げるものだ。何を勉強したか、何を経験から学んだか、そしてあなたがプレゼンテーションとベンチャーで示すものの中で、何に価値があるか。これらはすべて、プレゼンするときの自信につながり、聞き手を味方につけることができるだろう。実際にプレゼンテーションを行なう前から外的な信頼を確立しておくとうまくいく。事前のコミュニケーションで、あなたの経歴や背景の情報を伝えておく。できればあなたを紹介するときに、誰かにほめちぎってもらう。私はバーバラ・タネンバウムを紹介するときはいつも、彼女のすばらしい経歴、経験、最近の教育やコンサルティングの仕事について語り、彼女がプレゼンテーションを始めるころには、学生たちは感服し、彼女を外部的に信頼できる人物とみなすようにしている。

どのように：内発的信頼性：六〇／三〇／一〇

外発的信頼性の元がプレゼンテーションの前に存在していたら、プレゼンテーション中に自信を示すことによって、内発的信頼性を獲得できる。このような形の信憑性をどうすれば得られるか考える助けとして、私がバーバラから学んだ、印象的な三つの数字を紹介しよう。それが六〇、三〇、一〇である。これが何だかわかるだろうか。足すと一〇〇になるところを見るとパーセンテージだろうか。そのとおり。一九七〇年代に非言語コミュニケーションの重要性を研究した心理学者アルバート・メヘラビアンの研究に基づくもので、このパーセンテージは、あらゆるプレゼンテーションの三つの異なる構成要素の相対的な影響力を表している。[1][2]

大学生の多くは、影響力の大半は自分たちが何週間もかけて研究し、開発し、磨きをかけたコンテンツが占めていると思い込んでいるので、六〇パーセントがコンテンツだと答える。それは違う。では三〇？　それも違う。私たちはメッセージやコンテンツの制作に、時間と集中力、労力のすべてを費やすことが多いが、調査によると、コンテンツ、つまり**「何」の部分**が影響力に占める割合はわずか一〇パーセントに過ぎない。そして影響力の六〇パーセントは〝ビジュアル〟（見え方）、三〇パーセントは〝声〟（聞こえ方）が左右している。九〇パーセントは、プレゼンテーションの**やり方**なのだ。これはよいニュースだが、視覚的、聴覚的な影響は、変えることもできるし、コントロールすることもできる。それによって自信を示し、もっと信憑性を高めることができる。以下にそのやり方について、いくつかの提案をしている。

見せ方

バーバラと彼女が指導する博士課程の学生たちは、プレゼンテーションするときには「場所を取る」ようアドバイスしている。それで思い出すのが、選挙で勝つのは、最も効果的に場所を取った候補者であることだ。それが背の高い候補者ということもあるが、だいたいは多くの場所を取って見えるよう、何かしら工夫している候補者である。たとえば、

○足を腰幅に開く。
○肩をいからす。
○腕を胸の前で組む、あるいはバーバラがよく言う、両手を前で重ねる「イチジクの葉のポーズ」は、相手を近づけないように見えるので避ける。
○両足に等しく体重をかける。
○計算された意味のある動きを組み込んで、〝定位置〟から離れて少し動き回る。演台があっても、そこに立たなければならないわけではない。私はなるべく演台を使わず、聴衆に近づいていく。それが聴衆と信頼関係を築く助けとなる。
○腕や手をどこに置けばいいのかわからなければ、この簡単な動きをやってほしい。両手を頭の上にあげて脇に降ろすのだ。そこが自然な定位置である。
○ロボットのように見えたり感じたりするのを避けるため、その〝定位置〟が固定されないよう動かす。
○視線の〝定位置〟を決める。何か意味のあるところは避ける。情報を伝える時計や、天井や床ではなく、聴衆の頭のすぐ上くらいがよい。
○プレゼンテーションの間、聴衆すべてとアイコンタクトを取り続ける。そうすると聞き手は、あなたがただプレゼンしているのではなく、自分に対して特別にプレゼンしてくれていると感じられる。

○腰を動かしたり、物をいじったりしない。アクセサリーは身につけない。その他、鍵、小銭、髪（なでつける）、ペン（持たない）、ポケット（ポケットのある服を着ない、ピンで閉じる）も同じことだ。
○首を傾けるのは避ける。これは生物学的に服従すること、あるいは頸静脈を見せることで屈服を意味し、自信のなさを示すポーズである。
○紙ではなく、曲がらない硬めのカード型メモを使用する。
○話している相手に意識を向ける。
○事前にストレッチやヨガ、ランニングを行ない、不安のエネルギーを発散させて気持ちを落ち着かせる。

声の出し方

○聞き取れるボリュームで。最後まで続けられるピッチで。自然なトーンの変化。
○文を書くときは、斜体や太字、下線などで強調できるという利点がある。話すときは、ピッチ、スピード、ボリュームを変える。
○避けるべき習慣
★非言語的なつなぎ（えーと、みたいな、そう）。
★文末を上げる。
★付加疑問文（でしょう？　それで？　わかる？　だよね？　など）：きちんとした質問にしてフィードバックを得る（いま説明した製品について、みなさん理解されたでしょうか？）。
○沈黙には力がある（間をコントロールするのはあなたであり、聴衆は情報を整理する時間が必要だ：コミュニケーションはプレゼンテーションにとどまらない)。
○自分の目標や緊張にとらわれず、聞き手中心を貫く：聞き手の様子を確認する。
○息を腹まで吸い込む（特に頭が真っ白になったら）。

着陸を成功させる

プレゼンテーションを終了するときこそ、最も記憶に残るのは最初に話したこと（初頭効果）と、最後に話したこと（親近性効果）だと思い出そう。さらに効果を高めるには、これまで紹介した言語的・非言語的ツールを活用する。たとえばプレゼンテーションで、もうすぐ別の項に入ることを知らせるには、話す……スピードを……落とす。違う場所に移るのもいいだろう。たとえば演台のうしろに立っていたら、聴衆に近いところへ移動するなど。そして、バーバラが何度も言っていることだが、「着地を成功させる」ことだ。最後に「ありがとうございました、何か質問はありますか」という定番の言葉で締めくくるのは銅メダル。金メダルを狙うには、プレゼンテーションの最後のいくつかの文をうまく使う。あなたが設定した目標を達成するには、最後に三つの要点をもう一度説明し、質問に答えたあとでも、三つの要点にまた言及し、聴衆に印象づける。この「説得力のあるコミュニケーション」の場合、三つの要点は、

○コミュニケーションは、とらないわけにいかない。伝えようとすることの九〇パーセントは、見た目や声の出し方の問題で、プレゼンテーションの内容ではない。
○効果的なコミュニケーションは、目標が明確で、聞き手中心である。
○ＷＩＩＦＭは、聞き手にとって重要なことに意識を向け続ける役に立つ。

結論

私の講座やワークショップの最終回は、何か感動的な体験であるという評判になっている。誰かが泣くことも珍しくない。前年の卒業生が再登場することもよくある。その最終回で、私はいつも次の三つを紹介している。スティーブ・ジョブズの卒業式でのスピーチ、成功についての言葉、そしてこの経験が自分にとってどのような意味を持つのかの表明。

スティーブ・ジョブズ

未来を見て点をつなぐことはできない。過去を振り返ってつなぐことしかできないのだ。

――スティーブ・ジョブズ[1]

すでに見たという人も、一五分ほど時間を割いて、スティーブ・ジョブズのスタンフォード大学卒業式の、このスピーチの映像を見てほしい。これを起業家になるプロセスを学ぶという状況で見ると、なぜかふだんよりも心打たれ、涙を流すきっかけになることが多い。私自身、二〇一七年に父が膵臓《すいぞう》がんで亡くなってから、これを見るとこみあげるものがあると認めざるをえない（youtube.com/

watch?v=UF8uR6Z6KLc)[2]。

自分が好きなことをやるというのは、「発見・解決・拡大」プロセスで常に発信してきたメッセージと共鳴する。スティーブ・ジョブズががんを克服できなかったことを誰もが知っている中、そう語る姿を見ると、人生は短いという彼のメッセージが一層心に迫る。

また未来を見て「点と点を結ぶ」ことがいかに難しく、それは過去を振り返ることでしかできないという見識も、私は心に刻んでいる。私にとってこれは、歴史を学んできたこととアントレプレナーシップを教える熱意を結びつけるものだ。アントレプレナーシップは私たちの目を未来に向けさせ、新たな点を生み出させる。

成功

以下はベッシー・アンダーソン・スタンレーによる、成功の定義である（ラルフ・ウォルドー・エマーソンのものと間違えられることが多い）。

成功とは
　ベッシー・アンダーソン・スタンレー

しょっちゅう、そしてたくさん笑うこと
知的な人々から尊敬され
子どもたちから愛されること

正直な批評家の評価を得て
不実な友人の裏切りに耐えること
美しいものを鑑賞し、
他人のいちばんよいところを見つけること
世界を少しよくすること
健康なこどもであったり
庭の手入れであったり
社会状況の改善であったり
自分が生きたおかげで
誰か一人が楽に呼吸できるようになったと知ること
それが成功したということだ

これらの言葉は心揺さぶるものだが、あくまでスタンレーにとっての成功であり、誰にでも当てはまるわけではない。熱意と目的を忘れてはいけない。
成功の定義は個人的なものだ。スティーブ・ジョブズやベッシー・アンダーソン・スタンレーの成功の定義をそのまま用いるのではなく、彼らのひらめきを使って、自分自身の成功の定義を見つけてほしい。

POCD（人材、機会、コンテキスト、取り決め）の構造を使って、あなたとの交流が私にとってどんな意味を持つかをまとめると、どうしても陳腐な表現になってしまうのだが、それは大目にみてほしい。

人材（P）

「発見・解決・拡大」プロセスをここで紹介するさいの難しい点の一つは、読者がどんな人かわからないことだ。これは私にとって学術的な演習ではない。アントレプレナーシップを教えることは参加型スポーツなので、私が書くこととあなたが読むことは、この本を超えて続く関係の最初の部分に過ぎない。

機会（O）

私はバレット・ヘイゼルタインにずっと感謝をしている。彼が二〇〇五年に私に声をかけて、やる気に火をつけてくれたことが、いま職業としての人生の目的となっている。好きなことを教える機会を持っていることは、私のキャリアの中でも特に心を満たしてくれるもので、サイモン・シネックの言葉を借りれば、それこそが私のなぜであり続けている。これは当初は存在すら知らなかった、満たされていないニーズを解決するために、幸運にも私が取り組むことになった「価値提案」であり続けている。いま、この異なるメディアで、より大きな規模で、教えられていることにも、あらためて感謝している。この機会に共に参加してくれてありがとう。

コンテキスト（C）

ある意味で、この種の教育のコンテキストは明確である：書き言葉で教えることだ。ただコンテキストは、これを読んでいる人の状況によって異なる。本書を書くにあたって、私はナイト・リッダーの教訓を生かし「新聞をオンライン化する」という失敗を避けようとした。つまり、本書の内容やリズムは起業プロセスの授業と同じだが、コンテキストが変わることで、受け手がこの内容を吸収するために必要なものが違ってくることをすくい上げる配慮が必要になった。

ここでも私は自分自身が考案したプロセスのステップに従い、人類学的で共感的なボトムアップ・リサーチを行なった。本書のミニマル・バイアブル・プロダクトに近いことを、個人的な講座やワークショップを通じて教えた。その後、学生たちからの「大きく考えて、このプロセスを教える本を書いてほしい」という声の高まりを真剣に受け止めた。このプロセスが今後どうなるかはまだわからないが、時間がたつにつれて、この教えがさらに広がり、長きにわたって大きな影響力を持ち続けると思いたい。みなさんもそれについての考えや提案を、遠慮なく私に伝えてほしい。私がその項についてオープンソースに書いたときでさえ、《ニューヨーク・タイムズ》のコラムニストで作家のトーマス・フリードマンの「公開されている開発者コミュニティからの寄与を活用する」というアイデアが、私がどう活用できるか考え始めた。おそらくあなたたちに助けてもらえば、私一人だけでやるよりも、読者の〝集団〟の手を借りた方が、ずっと速くずっと大きな進歩を成し遂げられると理解し、その状況を思い描きやすくなるだろう。

取り決め（D）

サンクスギビングの課題

私は毎年一一月になると、サンクスギビングの課題を発送する。これはハーバード・ビジネス・スクールで、同じジェフ・ティモンズ教授（「大きく考える」コンテンツを前に引用している）に教わったものだ。二〇〇六年、最初のクラスの学生たちにこの課題を初めて送ったときは、その小さな行為が、これほど大きな影響を生み出すとは想像もしていなかった。いまでは毎年三〇〇〇人を超える卒業生に発送し、その数はまだ増えていて、届くのを楽しみにしている学生も多く、中には私が予定日に送るのを忘れているのではないかと心配する人もいる。この課題がどのような影響をもたらしたか答えてもらったところ、一つは周囲に広がっていくということだった。「発見・解決・拡大」プロセスの用語でいえば、長期的に大きな影響を与え続けているということだ。サンクスギビングの食卓で、あるいはホリデーシーズンに、この課題について話すようになったという卒業生もいる。それと同じ精神で、私はここでこの課題を出すのがとても楽しみだし、みなさんもこれをいろいろな人に紹介してほしい。


みなさん、こんにちは。

　もう何年も続けていますが、私はこれをブラウン大学の現在の教え子のすべて、そして米国や世界中のさまざまなプログラムやワークショップの卒業生に送っています。みなさんが元気であることを願っています。

　卒業生のみなさんはこの課題をきっと覚えているでしょうし、前に言ったように、アメリカのサンクスギビングを祝わない留学生にも、この課題を送っています。喜ばしいことに、今週すでに今年の課題を予想し、自分たちの経験を話せることがうれしいというメールを何通かもらいました。

　はるか昔の一九九四年、ハーバード・ビジネス・スクールでアントレプレナーシップを教えていた教授、ジェフ・ティモンズが出した課題を、私はとても意義深いものだと感じ、それをいまみなさん全員に手渡したいと思っています。いまのあなたをつくるのに手を貸してくれたすべての人のことを思い出して下さい。コーチ、アドバイザー、支援者、先生、雇用主、メンター、親族、友人たち。大学入学願書のために推薦状を書いて助けてくれた人たち。夏休みのアルバイト先からの信用照会に、あなたについて話してくれた人たち。個々の支援者はもちろんのこと、助けてくれた人のカテゴリーだけでも数えきれないくらいいるでしょう。

その中から一人か二人を選び、手書きの手紙を書いて、近況を知らせるとともに、ここまで助けてくれたことへの感謝の意を伝えましょう。私は一九九四年に、ブラウン大学のピーター・ヘイウッド教授とバレット・ヘイゼルタイン教授に手紙を送ったことを、いまでも覚えています。どちらもビジネス・スクールに願書を出すときに推薦状を書いてくれた人物です。私たちは誰もがどちらの立場にも立つことがあります。自分が人生に影響を与えた人たちから連絡をもらうことがどれほどうれしいか、特に「ありがとう」というシンプルで魔法のような言葉を聞くことがどれほどうれしいかは、誰もが知っていることでしょう。

これを行なうことで、あなたと、あなたから連絡を受ける人々のサンクスギビングに、少し特別な意味が加わればと思います。あなたがたが私に伝えてくれる、このシンプルな行為がもたらしたすばらしい体験に基づき、私はみなさんが、それをしてよかったと思うことを確信しています。

アメリカのサンクスギビングを祝うみなさん、休暇を楽しんでください。

いつも通り、みなさんからのお便りを楽しみにしていますし、どのような形であれ、少しでも助けになることを願っています。

それではまた

ダニー

本書全体、特に第七章で強調したように、起業の成功はチームの強さと多様性に負っていることが多いことを考えると、この手紙は時間の経過とともに弱くなっていく絆を強める機会だと考えてもいいかもしれない。

学生の見解

私の教え子の一人であるジョナ・フィッシャーは、私のアントレプレナーシップの講座やワークショップに参加したり主催したりする回数の記録を更新し続けている。だからジョナが「発見・解決・拡大」プロセスについて経験したさまざまな視点から、最後に学生からの見方をみなさんに伝える役を担うのに適任だと考えた。

ニューヨークの高層ビル群の中で育ち、ブラウン大学に入学した私からすると、〝ビジネス〟という概念は、無機質なオーラが漂う、金融という独自の気象パターンに支配された世界のように感じていました。しかしダニーの教室に初めて入った日、彼がホワイトボードに〝人〟と大きな文字で書いて授業を始めた瞬間、このイメージは崩壊しました。ダニーは私をはじめ多くの学生たちに、私生活でも仕事でも、人間関係をいちばん先に考えることで、何か強力なものを解き放つことができると教えてくれました。ダニーは説教臭かったり独断的だったりするところがなく、〝人〟の側面が整えば、機会、コンテキスト、取り決めは、自然にあるべきところに収まると、私たちに理解させてくれました。

この一五年、ジョナをはじめ多くの教え子たちが、私の指導が彼らに与えた影響について話してくれた。彼らはアントレプレナー向けの起業プロセスが、私が想像していたよりもはるかに広い場面で、彼らの職業や人生に、どれほど大きな影響を与えたかを語ってくれる。

その多くが、私が教えたプロセスを他の何千人もの起業志望者たちと分かち合えるよう、本を書くよう背中を押してくれたのだ。彼らから指摘されたのは、私は最初の二つのステップまでしか進んでいないということだった。私は起業を志す人がアントレプレナーシップを学べていないという、満たされていないニーズを発見し、それを確認した。そしてブラウン大学の教室や、世界中で集中的ワークショップを開催し、構造化された起業プロセスを教えるという価値提案をつくりあげた。教え子たちが私の尻を叩いて、この本を書かせるために主張したのは、私が自分自身で考案したプロセスを完遂していないということだった。まだサステナビリティ・モデルを構築していない。そして価値提案を拡大し、長期的に大きな影響力を維持できるものをつくっていない。大きく考えていない。私自身の教えを利用するという彼らの巧妙な戦略に、私は納得するしかなかった。

何かを学ぶのにいちばんいいのは、それを教えることだと、ほとんどの教師が言うだろう。この本で紹介されているジョナや他の学生たちから、私はどれだけのことを教えてもらったか！　そしていま、この本を書くことで、私が教えてきたプロセスを進化させられることにわくわくしている。

第一章で述べたように、元の学生やワークショップ参加者の組織的なネットワークを通し、実践することと教えることの両方を行なうことで、どちらもうまくなっていく。この継続的なフィードバック・ループのおかげで、彼らの起業経験を基に、私はこのプロセスに磨きをかけ向上させることができている。そのループに、本書を執筆するという事業を加えられることは、とても喜ばしい。

連絡を取り合おう

ここでの取り決めは、私や読者の仲間と連絡を取り合うことだ。私が教えた卒業生の多くは、新しい事業で協力し合い、外国に行った際に互いを訪ね合っている。私は何千人もの卒業生と、あらゆる方法で連絡を取り合っている。私は、卒業生が大学院などに入学するのを助けるために、何百通もの手紙を書いている。また多くの人々に、起業するさいのアドバイスをしている。

毎週のように、ときには一日に何人もの卒業生から連絡をもらっている。たとえばきのう、私が二〇〇五年にヨルダンで開催した〝シーズ・オブ・ピース〟のワークショップに参加したメリッサ・ダイアモンドから、こんな手紙を受け取った。メリッサは「ア・ボイス・フォー・オーティズム（自閉症のための声）」という団体の創設者である。この団体は難民や紛争地域のコミュニティが、自閉症スペクトラムの子どもたちや、発達障害の子どもたちを教室や家庭、コミュニティで支援できるようにすることを目指している。彼女は構想の段階からこの組織に関わり、いまでは紛争地域の一三のコミュニティで一万六〇〇〇人を超える人々を支援する非営利団体に育て上げた。きのうはワッツアップのメッセージの熱い調子に、卒業生のネットワークがいかに力強く有意義なものとなっているか、また私が知らないところで、いかに大きな影響を及ぼしているかがうかがえた。

昨年、ブラウン大学での教え子であるアメリを紹介していただきました。彼女が立ち上げたスタートアップ企業フォーマリー（Formally）のおかげで、難民がオンラインで亡命書類を記入できることが容易になっています。彼女は私をフォーム・アライ（form.ally）（仲間をつくるという意味になる）の会議で講演するよう招いてくれました。会議のあと、私は他の講演者の一人である移民弁護士と連絡を取りました。そのときヨルダンで私たちのグローバル・ボイスのチームを支援してくれたシリア人の家族が、その後シリアに戻って、とても危険な状況にあるという話をしました。その話を聞いて、弁護士が知り合いに連絡を取ってくれたおかげで、その家族をアメリカに呼び寄せる方法が見つかったんです！……これもすべて二〇一五年にヨルダンであなたと私が偶然出会ったこと、そしてアメリに紹介してくださったおかげです。私の次のステップは、この家族のスポンサーとなってくれる組織をさがすこと、彼らが一年間暮らせるだけの資金を集めること、そして彼らの到着を迎える準備をすることです。やることはたくさんありますが、私はこれまでにないほどわくわくしています。ありがとうございました！

その日の朝、このメールが届く前に、テルアビブ大学ＭＢＡ講座の教え子だったモー・マーニックから、ワッツアップの短いビデオメッセージを受け取っていた。その中で彼は、私たちが毎日行なっている一見ささいな意思表示が、思いがけない大きな影響を与えることがあると話していた。メリッサのメールを読んだとき、彼の言っていることの意味がわかった。

このように広がり続けている卒業生ネットワークのつながりを強化するために、私は毎年メモリアル・デー（戦没者追悼記念日、五月三〇日あるいは最終月曜日）の週末に、卒業生全員をある集まりに招待している。以前は私の家で行なっていたが、現在はブラウン大学のネルソン・センターで開催している。

私はそれと同じようなことを、この本を読んだ人だけが参加できる新しいオンライン・ネットワークを通じて行ないたいと思っている。このプロセスは観戦するだけではない、参加型スポーツであり、さまざまなチームの協力が求められることを忘れないでほしい。起業家を目指す道程の次のステップとして、ぜひ、最新のコンテンツやリソースにアクセスし、このオンライン・グループ（dannywarshay.com）に参加してほしい。

みなさんがどう進歩しているか（問題を発見し、解決し、それを拡大することで飛躍的な成功をおさめる）、そして他に私が助けられることがあるか、みなさんからの連絡をお待ちしている。

謝辞

起業に関わるあらゆる作業と同じように、この本を書くこともずっとチームによる作業だった。そのチームをつくるにあたって、私は多様な視点を持つために、強いつながりと弱いつながりの両方に頼るようにした。これまで語ってきたとおり、学生たちから背中を押されるまで、本を書くことは考えていなかった。この本を見た彼らに、誇らしく感じてもらえればうれしい。この本を書いたことが、教室での教えにどう役立つか、また本書が長期的に大きなスケールでどんな影響をもたらすのか知りたくてわくわくしている。

ここでは一般的な本のように無作為に名前を並べるのではなく、多数の寛大な恩人たちを立場によってカテゴリー分けしている。さまざまな形で協力してもらっているため、二つ以上のカテゴリーに名前があげられている人がいるのに気づかれるかもしれない。

起業プロセスの受講生：アリー・ドナヒュー、ラーフル・デイ、ジョナ・フィッシャー、ダニエル・ブレイヤー、リブ・シモンズ、エマ・バトラー、クリステン・マシキアン、タイラー・ゲイジ、ディラン・ジャードン、ローラ・トンプソン、ジュリー・シギール、ヒナ・カオ、グラント・ガーティン、アリシア・ルー、ジュード・ジェイコブ・ケイトン、マイカー・ヘンドラー、ライサ・ハコーヘン、スコット・グレイス、グウェン・ムゴディ、ケイティ・ユー、ヘイリー・ホフマン・スミス、ベン・チェスラー、ダン・アジズ、カーティス・スタイルズ、アネリス・ゲイツ、ルーク・シャーウィン、ニール・パリク、ニコル・シマー、ジャスティン・ヘフター、メリッサ・ダイアモンド、モリー・ウエスト・ダフィー。

教えることの専門家：バレット・ヘイゼルタイン（ブラウン大学）、バリー・ナレバフ（イエール大学スクール・オブ・マネジメント）、テレサ・アマビール（ハーバード・ビジネス・スクール）、ティファニー・ワトソン（スペルマン大学）、マリオネット・ホームズ（スペルマン大学）、バーバラ・タネンバウム（ブラウン大学）、エミリー・フェリアー（ブラウン大学）、アシュリー・シャンパーニュ（ブラウン大学）、ジェニファー・ナザレノ（ブラウン大学）、バヌ・オズカザンク・パン（ブラウン大学）、アーネル・ミルハウス（キャリアデブズ）、ジュード・ジェイコブ・ケイトン（テルアビブ大学）、ジョナ・フィッシャー（テルアビブ大学）、ダン・ニシムヤン（テルアビブ大学）、トロイ・ヘニコフ（ケロッグ・スクール・オブ・マネジメント）、ドリュー・ボイド（シンシナティ大学）、ノーム・ワッサーマン（イェシーバ大学）。

家族：デブ・ハーマン博士、マリン・ウォーシェイ、ギャビー・ウォーシェイ、マシュー・ウォーシェイ。

専門分野の協力者：ボブ・ジョンストン（ストラテジー・イノベーション・グループ）、マルタ・レイス（ストラテジー・イノベーション・グループ）、ダグ・ベイト（ストラテジー・イノベーション・グループ）、マニー・スターン、ビル・ストーン（アウトサイドGC）、ウォルター・カレンダー

（プラクティコ・イノベーション）、マヌエル・カーグネルッティ（インストゥルメンテーション・テクノロジーズ）、トム・ランコ、エミリー・クレイ（illume hire）、メイ・エル・バトラン（エジプト国会議員）、クリス・ブラウン（グッドウィン・プロクター）、ガイ・カワサキ。

本づくりの専門家：ティム・バートレット、アリス・ファイファー（セント・マーチンズ・プレスの編集者）、ジョン・マース（パーク&ファインの頼りになる代理人）、ハウィー・ジェイコブソン、アムノン・レバフ、ジョン・ランドリー、デブ・ハーマン博士、J・R・ロウリー、マット・カーシュ、テリー・アルパート、アナスタシア・オストロウスキー（RSAフェロー）、タイラー・ゲイジ、モル・リー・ウェスト・ダフィ。

本書でとりあげたプロジェクトの関係者：ジェイナ・ツワイマン（プッシーハット・プロジェクト）、パトリック・モイニハン（ハイチアン・プロジェクト）、アンジェラ・マセナ（ハイチアン・プロジェクト）、コルビー・ボウカー（ハイチアン・プロジェクト）、シャナ・グリーン（ヨガ教師）、ベン・チェスラー（インパーフェクト・フーズ）、エマ・バトラー（インティメイトリー）、ボブ・ライス（R&R）。

特別な感謝を：ここで特別に名を挙げるのは、私が思っていたよりもはるかに大きな支援をしてくれた人々だ。そして本書がこれほどレベルの高いものになったのは、私自身だけでなく彼らの勤勉さの賜物である。誰よりも忍耐強く良識的な支援をしてくれたのは妻のデブ・ハーマンである。このプロジェクトで彼女ほど私を支えてくれた人はいない。それは私の生涯を通して一貫している。J・R・ロウリーの著述の才能はハーバード・ビジネス・スクールの《ハーバス》紙のコラムを読んだときから知っていたが、その戦略的スキルと校閲スキルを発揮し、数えきれないほどの日々と時間を、惜しみなく本書の製作作業に費やしてくれた。マルチな才能の持ち主であるハウイー・ジェイコブソンは、私が二〇一八年にGoogleドキュメントで最初の原稿を書いたときから、私の執筆の指導者であり良心だった。本書を書いている期間ずっと変わらなかった、彼自身の豊富な経験を生かした的確な指導に加え、彼の正直さと発想の豊かさに、私は特に感服している。ビル・ストーンは私の起業家としてのすべての活動を、何年にもわたり弁護士として支え続け、特に本書を出版する過程の最初から最後まで世話になった。彼はまた、本書の初期の原稿を読み、貴重な助言を与えてくれた。そして私の旧友であるマット・カーシュにはこの先もずっと感謝するだろう。彼とはヘブライ小学校五年生のとき、チョークを投げつけられて以来のつきあいだ。彼とは互いに言おうとしていることはすぐにわかる関係である。本書の内容がずっといいものになったのは、マットのすばらしい見識、アントレプレナーシップの専門知識、そして書くことの才能のおかげである。何事も伝え方が重要なのだ。

解説

武蔵野大学アントレプレナーシップ学部　学部長
伊藤羊一

本書を手に取られているみなさん、こんにちは！

本書『すべては「起業」である』は、「アントレプレナーシップ」についての本です。アントレプレナーシップは日本語では通常「起業家精神」と訳されることが多く、才能に近いものであると考えられがちです。しかし本書ではそれを誰もが習得できる「構造化されたプロセス」として再定義しています。つまりこれを最後まで読み通せば、アントレプレナーシップがスキルとしてガチに身につくんです。これはすごいことですよ！

あなたが、これから起業や新規ビジネスで新しい価値を生み出していきたい！　と思われているのであれば、迷わず、本書を一気に読み進めてください。できれば2~3回読み返しながら、この流れに沿って動いてみてください。これは必ず、あなたの役に立ちます。そして新規ビジネスだけではなく、マーケティングや、人材育成、という観点でも色々なことが学べます。いや、ほんとやばいんですよ。そして盛りだくさんの内容ながら、非常にすっきり読めます。本当ですよ。試しに読んでみてください！

解説を書くにあたって手放しに褒めるより、もう少し冷静に本書が持つ価値を語った方がいいようにも思うのですが、やはり最初に「全力で推薦したい！」という想いをみなさんにお伝えしておいた方がいいなと思いまして、解説というより、ＴＶショッピングの商品紹介のように熱く宣伝してしまいました（笑）。

自己紹介させてください。私は伊藤羊一と申します。アントレプレナーシップ教育、リーダーシップ教育を主な生業にしています。一九九〇年に社会人になってから、様々な仕事をしてきました。日本興業銀行（現みずほ銀行）で、銀行員として法人の事業展開のサポートをし、プラスで物流、マーケティング、新規事業開発、事業再編、子会社経営を行なってきました。そして二〇一三年よりＭＢＡビジネススクールで教鞭を執りながら、二〇一五年ヤフーに転じ、企業内大学Ｙａｈｏｏ！アカデミア（現ＬＩＮＥヤフーアカデミア）の学長として、これまで行なってきた経験をベースに、「人を育てる」という仕事も始めました。その一環で二〇一八年『1分で話せ』（ＳＢクリエイティブ）ほか、何冊かの本を書いてきました。

こうした経験を経て、二〇二一年四月に武蔵野大学アントレプレナーシップ学部（武蔵野ＥＭＣ）を立ち上げ、学部長に就任しました。この学部は、アントレプレナーシップを大学生に醸成する、日本で初めての学部です。学部開設の一年半前くらいから教員を招聘し、企画、構想し、カリキュラムを実際につくり、学生を集めて、授業を展開しています。さらに二〇二三年六月には、武蔵野ＥＭＣの学生に対するアントレプレナーシップ醸成の様々なチャレンジを社会実装するためのスタートアップスタジオ「Ｍｕｓａｓｈｉｎｏ Ｖａｌｌｅｙ」を開設し、代表に就任しています。一言でまとめるならば、私はこれまでの経験をベースに、学生や社会人にアントレプレナーシップ教育を実施し、その人たちが活躍することで、この社会を元気にしていく役割を負っています。

本書は、先に述べたように、どうやってアントレプレナーシップを身につけ新しい価値を創造するか、について書かれた本です。まさに私が、これまでの経験を活かしながら現在、朝から晩までうんうん苦しみながら取り組んでいることです。つまり、本書がイケているかどうかについては、私が一番理解できるよな、と思うわけです。そして、結論として私は、本書を全力でオススメします。

まず、「本」としての出来が素晴らしい。ポイントは以下の通りです。

①プロセスだ！　というだけあって、しっかり形式化／言語化されている

当たり前のようで当たり前でないことです。他の本で言えば、読んでいると「なんだよ、結局気合いを入れて突き抜けろってことなのか！」とか「なんだよ、それは著者の感想じゃないか！」といったような本がめちゃくちゃ多いです。でも本書は違います。全ての表現に説得力を感じます。実際に役に立つことが書かれています。全体感が明確なのに、細かく具体的な部分もしっかりと説明されています。ですから、読者はすぐ、本書の流れに沿って、すぐに「実行」に取り掛かれるのです。私も、自身のカリキュラムの中で本書の内容を取り入れていこうと考えています。

②このうえなく、ストーリーがしっかりしている

本書で述べられているアントレプレナーシップの基本的なプロセスは「発見・解決・拡大」にあります。まず第一部で、アントレプレナーシップとは何か、なぜプロセスなのか、そして大企業の新規事業との違い（少ないリソース）を明確に説明したうえで、圧巻の第二部に突入します。第二部では、発見、解決、拡大を具体的にどうやっていくか、ニーズを見つけるところから、チームを拡大し資金調達していくところまで一気に、しかも詳しく展開されています。私たちはこれを読みながら、何もないところから始まって、会社が大きくなっていく過程を疑似体験できます。そして最後に、ステークホルダーに対してピッチ（プレゼン）指導を行なうところまで。確かにここは非常に大事ですが、

アントレプレナーシップの本でここまで詳細に解説していることにビックリしました。

③事例が豊富でアップデートされているし面白い

掲載されている事例は、いずれもリアルな企業やアントレプレナーの奮闘事例です。たとえば、下痢止めを途上国の子どもたちに届けるために、世界中に張り巡らされているコカ・コーラの流通システムを活用できないか考え、その方法を編み出すといったように、ものすごく具体的な事例から、ハイチで教育プロジェクトに関わっていたアントレプレナーが、どうやって多額の寄付を得て、事業を拡大し国内の教育・経済システムを変革していったか、というような大がかりな話まで、多数、紹介されています。また、様々な先人や有識者の知恵、知見が紹介されているのですが、サイモン・シネックの有名な〝Ｓｔａｒｔ ｗｉｔｈ ｗｈｙ〟のＴＥＤ Ｔａｌｋからの言葉や、偉大なるアントレプレナーの先人スティーブ・ジョブズの言葉、そしてなぜか映画『ボヘミアン・ラプソディ』からクイーンのフレディ・マーキュリーの言葉や、バスケットボールの英雄マイケル・ジョーダンの言葉など、ビジネス外での知見も多数、引用されています。それは著者の幅広い知識や教養のなせる業なんだと思います。

というところがまずあった上で、本書の魅力は、それだけに止まらないのです。なんせ、読んでいて「いてもたってもいられなくなる」のです。「私の解説なんて読んでる場合じゃない！　早く読み始めた方がよい！」と言いたくなるのです。

それはなぜか。

著者の言葉ひとつひとつに、「本物」ならではの凄まじい迫力を感じるからです。

著者ダニー・ウォーシェイ氏の略歴は、以下の通りです。ネルソン・センター・フォー・アントレプレナーシップの創設者、ブラウン大学の教授で、大学在学中にクリアビュー・ソフトウェアのリーダーシップ・チームの一員として起業を開始して以降、様々な企業の設立・成長、売却に関わっている著名な起業家でもあります。実際にご自身で企業の設立から売却まで行なっている、それも一つではなく複数の企業に関わっている。この経験がベースにあるのですから説得力があります。そして、その経験をそのままにせず、アカデミックの世界に入り、教鞭を執っているのがまた素晴らしいのです。

成功したアントレプレナーの方の話を聞くのはエキサイティングです。私も数多くのアントレプレナーの体験談を聞いてきました。その全てが実に面白いのです。しかし、それはN＝1（事例数がひとつ）の体験談に過ぎず、それだけでは、「ああ、この方はすごいんだな」で終わります。たとえご自身の中でその経験を構造化されていても、それだけでは説得力が生まれないのです。

では、ベンチャーキャピタリストがサポートしてきた複数のアントレプレナーたちの体験を構造化する場合はどうでしょうか。それは単体のアントレプレナーの経験談と違って、複数の事例です。ただそれでも、事業を立ち上げて苦労された本人の話より、説得力は少し弱くなってしまうようにも思います。

著者のように、「ご自身で複数の事業を立ち上げから売却まで経験」し、さらにそれを構造化するためにアカデミックの世界に入り、成功と失敗、両面の具体的な事例に多数触れながら、学生たちに指導しながら再現性を高めるというプロセスを踏んでいるからこそ、強烈な説得力が生まれるわけです。本書の迫力は、そんなところから生まれていると実感します。

二〇二二年、「スタートアップ創出元年」と岸田首相が宣言し、その流れに沿って、全国の高校、中学校、小学校まで、「アントレプレナーシップ教育」が展開され始めました。それにあたり、私のところにもたくさんの方から、いったいどうやって進めたらいいのか？ とヒアリングがありましたし、現在もそれは続いています。私はこれまで、学部長を務める武蔵野大学アントレプレナーシップ学部の取り組みをベースにお話をしてきましたが、今後は、それに併せて、本書を紹介しよう！ と（こっそり）決めています。

日本は今、「失われた三〇年」からの脱却に苦しんでいます。それまでは活気があった日本経済がすっかりエネルギーを失っているのは、生活必需品が隅々までいき渡り、「正解」がなくなった現代社会に、日本企業が何をしたらいいかわからず、迷走していること、すなわち「アントレプレナーシップの欠如」に大きな要因があると確信しています。

本書は、そんな日本が苦境から脱し、日本の全ビジネスパーソンがアントレプレナーシップを発揮し、イキイキとした社会を創造するようになる助けになると、大袈裟でなく感じています。

私は、本書とともに、そんな社会の実現に尽力していきたいと考えています。パソコンの父と言われるアラン・ケイは〝The best way to predict the future is to invent it.〟（未来は予測するものでなく創るもの）と言っています。

ともに、未来を創っていきましょう。

二〇二三年一〇月

原　注

イントロダクション

1. Ashley Bittner and Brigette Lau, "Women-Led Startups Received Just 2.3% of VC Funding in 2020," *Harvard Business Review*, February 25, 2021, hbr.org/2021/02/women-led-startups-received-just-2-3-of-vc-funding-in-2020.
2. Ronald White, "Black, Latinx and Female Entrepreneurs Are Still Ignored by Most Venture Capitalists," *Los Angeles Times*, June 5, 2021, latimes.com/business/story/2021-06-05/black-latinx-and-female-entrepreneurs-are-still-ignored-by-most-venture-capitalists.
3. Gené Teare, "Highlighting Notable Funding to Black Founders in 2020," Crunchbase News, February 12, 2021, news.crunchbase.com/news/highlighting-notable-funding-to-black-founders-in-2020/.
4. Banu Ozkazanc-Panand Susan Clark Muntean, *Entrepreneurial Ecosystems: A Gender Perspective* (Cambridge: Cambridge University Press, 2021), cambridge.org/core/books/entrepreneurial-ecosystems/F303A1FDC37C9609E1273613B3E0FF43.
5. Daniel Kahneman, *Thinking, Fast and Slow*, 1st edition (New York: Farrar, Straus and Giroux, 2013).（邦訳『ファスト＆スロー　あなたの意思はどのように決まるか？』ダニエル・カーネマン　村井章子訳　ハヤカワ・ノンフィクション文庫　2014年）
6. Gabrielle S. Adams et al., "People Systematically Overlook Subtractive Changes," *Nature* 592, no. 7853 (April 2021): 258-61, doi.org/10.1038/s41586-021-03380-y.

第２章

1. Howard H. Stevenson, and Jose-Carlos Jarillo Mossi, "R&R," Harvard Business Publishing Education November 15, 1987, hbsp.harvard.edu/product/386019-PDF-ENG.
2. ボブはのちに著書の『ブートストラッピング101』で、自前のリソースがそれほどないときに、どうやってスタートアップ企業を設立するかについて、より戦術的な面を細かく説明している。一つの例として、彼は小売業のレストレーション・ハードウェア社に目を向けた。私の教え子や、初めて起業しようとしている人々の中には、最初から多くの資本を欲しがることがあまりに多いため、レストレーション社の創業者が語る、直感に反する次のような言葉を彼らに伝えている。「会社を起こしたばかりの段階で十分な資本が手元にあったら、いまほどの成功はしていなかったかもしれない」。つまり初めのころ制約があったからこそ、企業文化にずっと残る秩序を生み出せたのだ。

3. Bob Reiss, *Bootstrapping 101: Tips to Build Your Business with Limited Cash and Free Outside Help* (Boca Raton, FL: R&R, 2009).

4. Shunryu Suzuki et al., *Zen Mind, Beginner's Mind: Informal Talks on Zen Meditation and Practice*, ed. Trudy Dixon (Boston: Shambhala, 2011).（邦訳『禅マインド　ビギナーズ・マインド』鈴木俊隆　藤田一照訳　PHP研究所　2022年）

5. "CNBC.Com 2019 Disruptor 50," May 15, 2019, cnbc.com/2019/05/14/casper-2019-disruptor-50.html.

6. Saj-Nicole Joni, "Stop Relying On Experts For Innovation: A Conversation With Karim Lakhani," Forbes.com, accessed March 25, 2020, www.forbes.com/sites/forbesleadershipforum/2013/10/23/break-out-of-relying-on-experts-for-innovation-a-conversation-with-karim-lakhani/.

7. "Pussyhat Project™ Website," PUSSYHAT PROJECT™, pussyhatproject.com.

8. Scott Sonenshein, *Stretch: Unlock the Power of Less-and Achieve More Than You Ever Imagined* (New York: Harper Business, 2017).（邦訳『ストレッチ　少ないリソースで思わぬ成果を出す方法』スコット・ソネンシェイン　三木俊哉訳　海と月社　2018年）

9. Claude Levi-Strauss, *The Savage Mind*, The Nature of Human Society Series (Chicago: University of Chicago Press, 1966), 11.（邦訳『野生の思考』クロード・レヴィ＝ストロース　大橋保夫訳　みすず書房　1976年）

10. Ted Baker, "Resources in Play: Bricolage in the Toy Store(y)," *Journal of Business Venturing* 22, no. 5 (September 2007): 694-711, doi.org/10.1016/j.jbusvent.2006.10.008,698.

11. Ted Baker and Reed E. Nelson, "Creating Something from Nothing: Resource Construction through Entrepreneurial Bricolage," *Administrative Science Quarterly* 50, no. 3 (September 2005): 333, doi.org/10.2189/asqu.2005.50.3.329.

12. Baker and Nelson, 356.

13. Baker and Nelson, 329.

14. Baker and Nelson, 349.

15. Scott Burnham, *This Could: How Two Words Create Opportunity, Increase Creativity, and Reduce Waste* (VRMNTR, 2021).

16. Baker and Nelson, "Creating Something from Nothing," 334.

17. Clark Gilbert, "Mercury Rising: Knight Ridder's Digital Venture," Harvard Business Publishing Education, October 16, 2003, 28.

18. Gilbert, 1.

19. Howard H. Stevenson, "A Perspective on Entrepreneurship," Harvard Business Publishing Education, April 13, 2006, 3.

第二部

1. "NRDC: Wasted —— How America Is Losing Up to 40 Percent of Its Food from Farm to Fork to Landfill," nrdc.org/sites/default/files/wasted-2017-report.pdf.
2. ブルームバーグによれば、2021年の時点でインパーフェクト社は投資家から9,500万ドルを調達し、時価総額は7億ドルに膨れ上がっていた。定期購入の顧客が35万人、2020年末の収益ランレートは5億ドルを超えていた。
3. "Imperfect Foods, Perfect Opportunity: How Ben Chesler '15 Saves Ugly Foods, Reduces Waste, & Raised over $50M for His Startup," *Nelson Center for Entrepreneurship* (blog), entrepreneurship.brown.edu/event/interview-ben-chesler-15-co-founder-imperfect-foods/.

第3章

1. Walter Isaacson, *Steve Jobs* (New York: Simon & Schuster, 2011).（邦訳『スティーブ・ジョブズ』ウォルター・アイザックソン　井口耕二訳　講談社　2011年）
2. Daniel Simons, *Selective Attention Test*, youtube.com/watch?v=vJG698U2Mvo.
3. Trafton Drew, Melissa L. H. Vo, and Jeremy M. Wolfe, "'The Invisible Gorilla Strikes Again: Sustained Inattentional Blindness in Expert Observers,'" *Psychological Science* 24, no. 9 (September 2013): 1848-53, doi.org/10.1177/0956797613479386.
4. "Why Even Radiologists Can Miss a Gorilla Hiding in Plain Sight," NPR.org, accessed December 19, 2018, npr.org/sections/health-shots/2013/02/11/171409656/why-even-radiologists-can-miss-a-gorilla-hiding-in-plain-sight.
5. Steven Johnson, "Where Good Ideas Come from | TED Talk," accessed December 20, 2018, ted.com/talks/steven_johnson_where_good_ideas_come_from.
6. Derek Thompson, "Google X and the Science of Radical Creativity," *The Atlantic*, October 10, 2017, theatlantic.com/magazine/archive/2017/11/x-google-moonshot-factory/540648/.
7. "The Top 20 Reasons Startups Fail," CB Insights Research, February 2, 2018, cbinsights.com/research/startup-failure-reasons-top/.
8. 『スティーブ・ジョブズ』。
9. Zoë Slote Morris, Steven Wooding, and Jonathan Grant, "The Answer Is 17 Years, What Is the Question: Understanding Time Lags in Translational Research," *Journal of the Royal Society of Medicine* 104, no. 12 (December 2011): 510-20, https://doi.org/10.1258/jrsm.2011.110180.

第4章

1. Doug Hall, *Jump Start Your Business Brain: Scientific Ideas and Advice That Will Immediately Double Your Business Success Rate* (Covington, KY: Clerisy Press, 2010).
2. Rocio Wu, "10 Rules Entrepreneurs Need to Know Before Adopting AI," HBS Working Knowledge, February 11, 2020, http://hbswk.hbs.edu/item/10-rules-entrepreneurs-need-to-

know-before-adopting-ai.

3. Simon Sinek, *Start with Why: How Great Leaders Inspire Everyone to Take Action* (New York: Portfolio, 2011).（邦訳『WHYから始めよ！　インスパイア型リーダーはここが違う』サイモン・シネック　栗木さつき訳　日本経済新聞出版　2012年）
4. Burnham, *This Could*.
5. Ellen J. Langer and Alison I. Piper, "The Prevention of Mindlessness," *Journal of Personality and Social Psychology* 53, no. 2 (August 1987): 280-87, doi.org/10.1037/0022-3514.53.2.280.
6. 第二次世界大戦中、ルース・ノラーは海軍に所属していた。彼女はハーバード大学に配属され、IBMが海軍に貸与したコンピュータの最初のプログラマーの一人だった。ある日、コンピュータがクラッシュしたとき、ルースは思いがけない原因を突き止めた。それは一匹の蛾だった。これがコンピュータの〝バグ（虫）〟の語源である。
7. "Knowledge, Imagination and Evaluation," Strategy Innovation Group, LLC, accessed February 19, 2019, strategyinnovationgroup.com/blog/2018/11/14/creativity-formula-ruth-noller.
8. Lowell W. Busenitz and Jay B. Barney, "Differences between Entrepreneurs and Managers in Large Organizations: Biases and Heuristics in Strategic Decision-Making," *Journal of Business Venturing* 12, no. 1 (January 1997): 9-30, doi.org/10.1016/S0883-9026(96)00003-1.
9. Gerald E. Hills and Robert P. Singh, "Opportunity Recognition," in *Handbook of Entrepreneurial Dynamics: The Process of Business Creation*, ed. William B. Gartner et al. (Thousand Oaks, CA: SAGE, 2004), 259-72.
10. Roya Molaei et al., "The Impact of Entrepreneurial Ideas and Cognitive Style on Students Entrepreneurial Intention," *Journal of Entrepreneurship in Emerging Economies* 6, no. 2 (May 27, 2014): 140-62, doi.org/10.1108/JEEE-09-2013-0021.
11. Robert E. Johnston and J. Douglas Bate, *The Power of Strategy Innovation: A New Way of Linking Creativity and Strategic Planning to Discover Great Business Opportunities*, First edition (New York: AMACOM, 2013), 139.
12. Howard H. Stevenson and David E. Gumpert, "The Heart of Entrepreneurship," *Harvard Business Review*, March 1, 1985, https://hbr.org/1985/03/the-heart-of-entrepreneurship.
13. Johnston and Bate, 18-19.
14. Johnston and Bate, 289.
15. Clayton M. Christensen, *The Innovator's Dilemma: When New Technologies Cause Great Firms to Fail,* The Management of Innovation and Change Series (Boston: Harvard Business School Press, 1997).
16. Robin Wall Kimmerer, *Braiding Sweetgrass: Indigenous Wisdom, Scientific Knowledge and the Teachings of Plants* (Minneapolis, MN: Milkweed Editions, 2015).（邦訳『植物と叡智の守り人』ロビン・ウォール・キマラー　三木直子訳　築地書館　2018年）

17. Deborah Adele, *The Yamas & Niyamas: Exploring Yoga's Ethical Practice* (Duluth, MN: On-Word Bound Books, 2009), 92.
18. Kimmerer, *Braiding Sweetgrass*.
19. Melissa S. Cardon et al., "Measuring Entrepreneurial Passion: Conceptual Foundations and Scale Validation," *Journal of Business Venturing* 28, no. 3 (May 1, 2013): 373-96, doi.org/10.1016/j.jbusvent.2012.03.003.
20. Jon M. Jachimowicz et al., "The Gravitational Pull of Expressing Passion: When and How Expressing Passion Elicits Status Conferral and Support from Others," *Organizational Behavior and Human Decision Processes* 153 (July 1, 2019): 41-62, doi.org/10.1016/j.obhdp.2019.06.002.
21. ジャチモビッチは熱意（passion）を「個人にとって重要な価値観／好みに対する強い感情であり、その価値観／好みを表現しようとする意図や行動の動機となるもの」と定義している。それを測定するために、彼は〝熱意獲得スケール（passion attainment scale）〟なるものを使っている。
22. Randy Komisar, *The Monk and the Riddle: The Art of Creating a Life While Making a Living* (Boston: Harvard Business Review Press, 2001).（邦訳『ランディ・コミサー　あるバーチャルＣＥＯからの手紙』　ランディ・コミサー　石川学訳　ダイヤモンド社　2001年）
23. Eva de Mol, "What Makes a Successful Startup Team," *Harvard Business Review*, March 21, 2019, hbr.org/2019/03/what-makes-a-successful-startup-team.
24. "Why Purpose?" Wayfinder, accessed May 5, 2019, projectwayfinder.com/why-purpose.〔リンク切れ〕
25. Melissa S. Cardon et al., "The Nature and Experience of Entrepreneurial Passion," *The Academy of Management Review* 34, no. 3 (2009): 511-32.
26. Jachimowicz et al., "The Gravitational Pull of Expressing Passion."
27. "Why Purpose?"
28. Eric S. Kim et al., "Purpose in Life and Reduced Risk of Myocardial Infarction among Older U.S. Adults with Coronary Heart Disease: A Two-Year Follow-Up," *Journal of Behavioral Medicine 36*, no. 2 (April 2013): 124-33, doi.org/10.1007/s10865-012-9406-4.
29. Holger Patzelt and Dean A. Shepherd, "Negative Emotions of an Entrepreneurial Career: Self-Employment and Regulatory Coping Behaviors," *Journal of Business Venturing* 26, no. 2 (March 2011): 226-38, doi.org/10.1016/j.jbusvent.2009.08.002.
30. Komisar, *The Monk and the Riddle*.
31. Gloria Anzaldua, *Light in the Dark/Luz En Lo Oscuro: Rewriting Identity, Spirituality, Reality*, ed. AnaLouise Keating (Durham, NC: Duke University Press, 2015).
32. 2005年スタンフォード大学卒業式でのスティーブ・ジョブズのスピーチ (youtube.com/

watch?v=UF8uR6Z6KLc)。

33. Jeffrey Bussgang, *Entering StartUpLand: An Essential Guide to Finding the Right Job* (Boston: Harvard Business Review Press, 2017).

第５章

1. Sidney G. Winter and Gabriel Szulanski, "Replication as Strategy," *Organization Science; Linthicum* 12, no. 6 (December 2001): 730-43.
2. David J. Epstein, *Range: Why Generalists Triumph in a Specialized World* (New York: Riverhead Books, 2019).（邦訳『ＲＡＮＧＥ（レンジ）　知識の「幅」が最強の武器になる』デイビッド・エプスタイン　東方雅美訳　日経ＢＰ　2020 年）
3. Madeleine L'Engle, *A Wrinkle in Time* (New York: Farrar, Straus and Giroux, 1962).（邦訳『五次元世界のぼうけん』マデレイン・レングル　渡辺茂男訳　あかね書房　［国際児童文学賞全集 9］　1965 年）
4. Karl Duncker and Lynne S. Lees, "On Problem-Solving," *Psychological Monographs* 58, no. 5 (1945): i-113, doi.org/10.1037/h0093599.
5. "Systematic Inventive Thinking Website," *Systematic Inventive Thinking* (blog), accessed December 11, 2018, sitsite.com/method/.
6. 海には何かがあるに違いない。ルース・ノラーが米海軍で軍務についていたとき、創造性への彼女なりのアプローチを考え抜いたように、ゲンリック・アルトシューラーはソビエト海軍にいたときに、彼の独自のアプローチの大半を考案した。彼は 20 万を超える特許を分析・分類し、一連の共通の型とカテゴリーを明らかにした。彼はそれを ARIZ（ロシア語で「発明的問題解決のアルゴリズム」を意味する語の頭字語）と呼んだ。（Jacob Goldenberg et al., "Finding Your Innovation Sweet Spot," March 2003, 11.）
7. Jacob Goldenberg and David Mazursky, "The Voice of the Product: Templates of New Product Emergence," *Creativity & Innovation Management* 8, no. 3 (September 1999): 157, doi.org/10.1111/1467-8691.00132.
8. Goldenberg et al., "Finding Your Innovation Sweet Spot."
9. Adams et al., "People Systematically Overlook Subtractive Changes."
10. Matthew Sparkes, "People Are Bad at Spotting Simple Solutions to Problems," New Scientist, accessed April 26, 2021, newscientist.com/article/2273931-people-are-bad-at-spotting-simple-solutions-to-problems/.
11. Adams et al., "People Systematically Overlook Subtractive Changes."
12. Goldenberg et al., "Finding Your Innovation Sweet Spot."
13. Drew Boyd and Jacob Goldenberg, *Inside the Box: A Proven System of Creativity for Breakthrough Results* (New York: Simon & Schuster, 2014).（邦訳『インサイドボックス　究極の創造的思考法』ドリュー・ボイド＆ジェイコブ・ゴールデンバーグ　池村千秋訳　文藝春

秋　2014年）

14. Goldenberg et al., "Finding Your Innovation Sweet Spot."
15. Goldenberg et al.
16. Raymond H. Mak et al., "Use of Crowd Innovation to Develop an Artificial Intelligence-Based Solution for Radiation Therapy Targeting," *JAMA Oncology*, April 18, 2019, doi.org/10.1001/jamaoncol.2019.0159.
17. Martha Lagace, "Open Innovation Contestants Build AI-Based Cancer Tool," HBS Working Knowledge, April 18, 2019, hbswk.hbs.edu/item/open-innovation-contestants-build-ai-based-cancer-tool.
18. Lagace.
19. A. L. Delbecg and A. H. VandeVen, "A Group Process Model for Problem Identification and Program Planning." *Journal of Applied Behavioral Science* 7 (1971): 466-91.
20. John A. Sample, "Nominal Group Technique: An Alternative to Brainstorming," *Journal of Extension*, Ideas at Work, Volume 22, no. 2 (March 1984), https://archives.joe.org/joe/1984march/iw2.php.
21. Thomas Eisenmann, Eric Ries, and Sarah Dillard, "Hypothesis-Driven Entrepreneurship: The Lean Startup," Harvard Business Publishing Education, no. N9-812-095 (March 9, 2012): 8-9.
22. William A. Sahlman, "Parenting Magazine," Harvard Business Publishing Education, November 15, 1987, hbsp.harvard.edu/product/291015-PDF-ENG.

第6章

1. J. A. Timmons and S. Spinelli, *New Venture Creation: Entrepreneurship for the 21st Century* (Boston: McGraw-Hill/Irwin, 2004), 85.
2. Vicky Phan, "Jayna Zweiman '01 Discusses Pussyhat Project, Welcome Blanket, and Social Entrepreneurship at Family Weekend," *Nelson Center for Entrepreneurship* (blog), November 20, 2019, https://entrepreneurship.brown.edu/2019/11/jayna-zweiman-family-weekend/.
3. L'Engle, *A Wrinkle in Time*.
4. Michael Collins and Charles A. Lindbergh, *Carrying the Fire: An Astronaut's Journeys* (New York: Farrar, Straus and Giroux, 2009).
5. Jeffrey Burton Russell, *A History of Heaven* (Princeton, NJ: Princeton University Press, 1998).
6. "About Hal Hershfield," accessed April 28, 2021, halhershfield.com/about.
7. Michael Blanding, "How Uber, Airbnb, and Etsy Attracted Their First 1,000 Customers," HBS Working Knowledge, July 13, 2016, hbswk.hbs.edu/item/how-uber-airbnb-and-etsy-attracted-their-first-1-000-customers.

8. “Turning One Thousand Customers into One Million,” HBS Working Knowledge, November 16, 2016, hbswk.hbs.edu/item/turning-one-thousand-customers-into-one-million.
9. Julian Bleecker, “Design Fiction: A Short Essay on Design, Science, Fact and Fiction,” March 2009, 49.
10. “About the Long Now,” accessed February 2, 2021, longnow.org/about/.
11. Frank White and Charles E. Smith, “Bringing the Overview Effect Down to Earth,” *Library of Professional Coaching*, April 15, 2013, https://libraryofprofessionalcoaching.com/concepts/managing-stress-and-challenges/brining-the-overview-effect-down-to-earth/.
12. Tyler Gage, *Fully Alive: Using the Lessons of the Amazon to Live Your Mission in Business and Life* (New York: Atria Books, 2017).
13. Richard G. Hamermesh, Michael J. Roberts, and Taz Pirmohamed, “ProfitLogic,” Harvard Business Publishing Education, May 5, 2003, hbsp.harvard.edu/product/802110-PDF-ENG?Ntt=profitlogic&itemFindingMethod=Search.
14. Gilbert, “Mercury Rising: Knight Ridder's Digital Venture,” Harvard Business Publishing Education, 4.
15. Gilbert, 3.
16. Paul Saffo, “Failure Is the Best Medicine : Paul Saffo,” *Newsweek*, March 25, 2002, https://www.saffo.com/essays/failure-is-the-best-medicine/.
17. Teresa Amabile and Steven Kramer, *The Progress Principle: Using Small Wins to Ignite Joy, Engagement, and Creativity at Work* (Boston: Harvard Business Review Press, 2011).
18. Thompson, “Google X and the Science of Radical Creativity.”
19. Amabile and Kramer, *The Progress Principle*.
20. “X, the Moonshot Factory,” accessed December 24, 2018, https://x.company.
21. Astro Teller, “The Secret to Moonshots? Killing Our Projects,” *Wired*, February 16, 2016, wired.com/2016/02/the-secret-to-moonshots-killing-our-projects/.
22. “X, the Moonshot Factory.”
23. Thompson, “Google X and the Science of Radical Creativity.”
24. Kathryn Schulz, *On Being Wrong*, accessed February 5, 2019, ted.com/talks/kathryn_schulz_on_being_wrong.
25. Schulz.
26. Kathryn Schulz, *Being Wrong: Adventures in the Margin of Error* (New York: Ecco, 2011).（邦訳『まちがっている　エラーの心理学、誤りのパラドックス』キャサリン・シュルツ　松浦俊輔訳　青土社　2011年）
27. Jon J. Muth, *Zen Shorts* (New York: Scholastic Press, 2005), 32-33.
28. Karen Huang et al., “Mitigating Malicious Envy: Why Successful Individuals Should Reveal Their Failures,” 2018, 65.

29. Huang et al., 65-66.
30. Dina Gerdeman, "Why Managers Should Reveal Their Failures," HBS Working Knowledge, December 5, 2018, hbswk.hbs.edu/item/why-managers-should-publicize-their-failures.
31. Daniella Kupor, Taly Reich, and Kristin Laurin, "The (Bounded) Benefits of Correction: The Unanticipated Interpersonal Advantages of Making and Correcting Mistakes," *Organizational Behavior and Human Decision Processes* 149 (November 1, 2018): 165-78, doi.org/10.1016/j.obhdp.2018.08.002.
32. Jim Whitehurst, "Be a Leader Who Can Admit Mistakes," *Harvard Business Review*, June 2, 2015, hbr.org/2015/06/be-a-leader-who-can-admit-mistakes.
33. "Anti-Portfolio · Bessemer Venture Partners —— BVP," accessed February 7, 2019, www.bvp.com/anti-portfolio/.
34. 間違えることが、他人からの評価にどのような影響を及ぼすかについてもっと知りたいなら、古典的な〝プラットフォール効果〟を学ぶことをお勧めする。古典的な社会心理学の実験は以下で説明されている。(Elliot Aronson, Ben Willerman, and Joanne Floyd, "The Effect of a Pratfall on Increasing Interpersonal Attractiveness," *Psychonomic Science* 4, no. 6 (June 1, 1966): 227-28, doi.org/10.3758/BF03342263.)
35. Tim Herrera, "Do You Keep a Failure Résumé? Here's Why You Should Start," *New York Times*, February 7, 2019, nytimes.com/2019/02/03/smarter-living/failure-resume.html.
36. *Authority* Magazine, "Aishetu Fatima Dozie of Bossy Cosmetics: 5 Things I Wish Someone Told Me Before I Became CEO," Medium, September 22, 2020, medium.com/authority-magazine/aishetu-fatima-dozie-of-bossy-cosmetics-5-things-i-wish-someone-told-me-before-i-became-ceo-eacdffe4b2af.
37. Kennedy Odede, Jessica Posner, and Nicholas Kristof, *Find Me Unafraid: Love, Loss, and Hope in an African Slum* (New York: Ecco, 2016).
38. Thomas L. Friedman, *Thank You for Being Late: An Optimist's Guide to Thriving in the Age of Accelerations* (New York: Farrar, Straus and Giroux, 2016), 55.
39. Friedman, 58.
40. Friedman, 67.
41. Friedman, Thomas, *Thank You for Being Late* (New York: Farrar, Straus and Giroux, 2015), 68.
42. Mitch Wagner, "Red Hat CEO Jim Whitehurst: How Open Source Stopped Being 'Scary,'" *Light Reading*, February 13, 2019, www.lightreading.com/open-source/redhat-ceo-jim-whitehurst-how-open-source-stopped-being-scary/a/d-id/749433.
43. "Red Hat CEO Jim Whitehurst."
44. PricewaterhouseCoopers, "Consumers Would Pay up to 16% More for Better Customer

Experience, Say Companies Have Lost the Human Touch, According to PwC Survey," PwC, accessed January 22, 2021, pwc.com/us/en/press-releases/2018/experience-is-everything-heres-how-to-get-it-right.html. 〔リンク切れ〕
45. Troy Henikoff, *MATH 101: Why Is Troy Obsessed with CAC?*, 2019, vimeo.com/329687431.
46. Henikoff.
47. Richard G. Hamermesh and Indra A Reinbergs, "Shurgard Self-Storage: Expansion to Europe," Harvard Business Publishing Education, May 10, 2005, 29.
48. V. Kasturi Rangan, "Aravind Eye Hospital, Madurai, India: In Service for Sight," Harvard Business Publishing Education, May 15, 2009, hbsp.harvard.edu/product/593098-PDF-ENG.
49. Courtney Martin, "The Reductive Seduction Of Other People's Problems," Medium, June 27, 2019, brightthemag.com/the-reductive-seduction-of-other-people-s-problems-3c07b307732d.
50. "CNBC Transcript: Bank of America Chairman and CEO Brian Moynihan Speaks with CNBC's Becky Quick," CNBC, August 21, 2019, www.cnbc.com/2019/08/21/cnbc-transcript-bank-of-america-chairman-and-ceo-brian-moynihan-speaks-with-cnbcs-becky-quick-today.html.
51. Dan Pallotta, *Uncharitable: How Restraints on Nonprofits Undermine Their Potential* (Medford, MA: University Press of New England, 2010).
52. Dan Pallotta, "Taking a Risk Is Not Immoral," *Harvard Business Review*, August 4, 2011, https://hbr.org/2011/08/taking-a-risk-is-not-immoral.
53. Dan Pallotta, "Transcript of 'The Way We Think about Charity Is Dead Wrong,'" accessed January 26, 2020, www.ted.com/talks/dan_pallotta_the_way_we_think_about_charity_is_dead_wrong/transcript.
54. Dan Pallotta, "Why Nonprofits Should Invest More in Advertising," *Harvard Business Review*, May 26, 2009, https://hbr.org/2009/05/why-nonprofits-should-spend-mo.

第7章

1. Noam Wasserman, *The Founder's Dilemmas: Anticipating and Avoiding the Pitfalls That Can Sink a Startup* (Princeton, NJ: Princeton University Press, 2013), 73.
2. David Beisel, "How to Divide Founder Equity: 4 Criteria to Discuss," *NextView Ventures* (blog), July 8, 2019, nextviewventures.com/blog/how-to-divide-founder-equity/.
3. Brian Uzzi, Teaming Up to Drive Scientific Discovery: Brian Uzzi, Ph.D. at TEDx-NorthwesternU, accessed March 26, 2020, www.youtube.com/watch?v=tyjohv6OdoU.
4. Noam Wasserman, "Understanding Founder's Dilemmas | Prof. Noam Wasserman," Business of Software USA, December 4, 2012, businessofsoftware.org/2012/12/noam-wasserman-understanding-founders-dilemmas/.
5. William A. Sahlman, "Some Thoughts on Business Plans," Harvard Business Publishing Education, 1996, 5.

6. Darmesh Shah, *INBOUND19: Facing Fears: Growing Better by Growing Bolder | Dharmesh Shah Keynote*, accessed March 16, 2020, www.youtube.com/watch?v=E82atOgbfj4.
7. David Tilman, "Causes, Consequences and Ethics of Biodiversity," *Nature* 405, no. 6783 (May 2000): 208, doi.org/10.1038/35012217.
8. Quamrul Ashraf and Oded Galor, "Cultural Diversity, Geographical Isolation, and the Origin of the Wealth of Nations," Working Paper (National Bureau of Economic Research, December 2011), doi.org/10.3386/w17640.
9. Richard Florida, "How Diversity Leads to Economic Growth," CityLab, accessed April 14, 2019, theatlanticcities.com/jobs-and-economy/2011/12/diversity-leads-to-economic-growth/687/.
10. Dorothy Leonard-Barton and Walter C. Swap, *When Sparks Fly: Harnessing the Power of Group Creativity* (Boston, Mass: Harvard Business School Press, 2005).
11. Laurie Joan Aron, "Bright Ideas: The Creative Power of Groups," HBS Working Knowledge, October 12, 1999, hbswk.hbs.edu/item/bright-ideas-the-creative-power-of-groups.
12. Dorothy Leonard and Susaan Straus, "Putting Your Company's Whole Brain to Work," *Harvard Business Review*, July 1, 1997, hbr.org/1997/07/putting-your-companys-whole-brain-to-work.
13. Linda A. Hill et al., "Collective Genius," *Harvard Business Review*, June 1, 2014, hbr.org/2014/06/collective-genius.
14. Melissa Azofeifa and Anna Correa, "'Bohemian Rhapsody': Story of the Killer 'Queen,'" *The Statesman* (blog), accessed February 19, 2019, sbstatesman.com/2018/12/02/bohemian-rhapsody-story-of-the-killer-queen/.
15. 『RANGE』。
16. Stephen Dunmore, "The Most Unexpected Lesson I Learned at Harvard Business School | LinkedIn," accessed February 3, 2019, linkedin.com/pulse/most-unexpected-lesson-i-learned-harvard-business-school-dunmore/.
17. Susan Cain, *Quiet: The Power of Introverts in a World That Can't Stop Talking* (New York: Broadway Books, 2013).（邦訳『内向型人間の時代　社会を変える静かな人の力』（スーザン・ケイン　古草秀子訳　講談社　2013 年）
18. Cain.
19. Cain, 80-81.
20. Jonah Lehrer, "Steve Jobs: 'Technology Alone Is Not Enough,'" *The New Yorker*, accessed July 1, 2020, newyorker.com/news/news-desk/steve-jobs-technology-alone-is-not-enough.
21. Steven Johnson, *Where Good Ideas Come from: The Natural History of Innovation* (New

York: Riverhead Books, 2010).

22. Isaacson.

23. Susan Cain, "The Rise of the New Groupthink," *The New York Times*, January 13, 2012, nytimes.com/2012/01/15/opinion/sunday/the-rise-of-the-new-groupthink.html.

24. Cain, *Quiet*.

25. Tom DeMarco and Tim Lister, "Programmer Performance and the Effects of the Workplace," 1985, 5.

26. Cain, "Opinion | The Rise of the New Groupthink."

27. *The Terminator*, accessed February 26, 2019, imdb.com/title/tt0088247/.

28. Zack Lapinski, "How to Stop Worrying and Love the Robot Apocalypse (Ep. 461)," *Freakonomics* (blog), accessed June 24, 2021, freakonomics.com/podcast/cobots/.

29. Andrew McAfee, "Did Garry Kasparov Stumble into a New Business Process Model?," *Harvard Business Review*, February 18, 2010, hbr.org/2010/02/like-a-lot-of-people.

30. John E. Kelly III, "Computing, Cognition and the Future of Knowing. How Humans and Machines Are Forging a New Age of Understanding," *IBM Global Services*, 2015, 5.

31. Friedman, *Thank You for Being Late*, 107.

32. Michela Tindera, "Robot Wars: $60B Intuitive Surgical Dominated Its Market for 20 Years. Now Rivals Like Alphabet Are Moving In," Forbes, accessed May 21, 2019, forbes.com/sites/michelatindera/2019/02/14/intuitive-surgical-stock-robot-surgery-da-vinci-alphabet-jnj-ceo-gary-guthart/.

33. "New Study: 64% of People Trust a Robot More than Their Manager," accessed October 28, 2020, oracle.com/corporate/pressrelease/robots-at-work-101519.html.

34. "Algorithmic Justice League-Unmasking AI Harms and Biases," accessed June 10, 2021, ajl.org/.

35. Wasserman, *The Founder's Dilemmas*, 99-101.

36. Wasserman, 91.

37. Dina Gerdeman, "Who Has Potential? For Many White Men, It's Often Other White Men," HBS Working Knowledge, May 10, 2021, hbswk.hbs.edu/item/who-has-potential-for-white-men-its-usually-other-white-men.

38. ジェンダーや人種で分けるやり方で組織されている起業界のエコシステムについて、私の同僚が次のような本を執筆している。(B. Ozkazanc-Pan and S. Clark Muntean, *Entrepreneurial Ecosystems: A Gender Perspective* (New York: Cambridge University Press, 2021)).

39. J. Yo-Jud Cheng and Boris Groysberg, "Innovation Should Be a Top Priority for Boards. So Why Isn't It?," *Harvard Business Review*, September 21, 2018, hbr.org/2018/09/innovation-should-be-a-top-priority-for-boards-so-why-isnt-it.

40. Michael Blanding, "Everyone Knows Innovation Is Essential to Business Success——

Except Board Directors," HBS Working Knowledge, January 3, 2019, hbswk.hbs.edu/item/everyone-knows-innovation-is-essential-to-business-success-and-mdash-except-board-directors.
41. Wasserman, *The Founder's Dilemmas*, 103.
42. Wasserman, "Understanding Founder's Dilemmas | Prof. Noam Wasserman."
43. Mark S. Granovetter, "The Strength of Weak Ties," *American Journal of Sociology* 78, no. 6 (1973): 1360-80.
44. Malcolm Gladwell, "Six Degrees of Lois Weisberg," *The New Yorker* 74, no. 41 (January 11, 1999): 52.
45. Gladwell.
46. Frances X. Frei and Anne Morriss, "Begin with Trust," *Harvard Business Review*, May 1, 2020, hbr.org/2020/05/begin-with-trust.
47. David Rock, Heidi Grant, and Jacqui Grey, "Diverse Teams Feel Less Comfortable —— and That's Why They Perform Better," *Harvard Business Review*, September 22, 2016, https://hbr.org/2016/09/diverse-teams-feel-less-comfortable-and-thats-why-they-perform-better.
48. "Zipcar: Refining the Business Model, Video (DVD)," Harvard Business Publishing Education, accessed January 31, 2020, hbsp.harvard.edu/product/806717-VID-ENG.
49. Noam Wasserman, "Ockham Technologies: Living on the Razor's Edge," Harvard Business Publishing Education, July 29, 2013, hbsp.harvard.edu/product/804129-PDF-ENG.
50. Tim Ferriss, "The Tim Ferriss Show Transcripts: Gary Keller —— How to Focus on the One Important Thing (#401)," The Blog of Author Tim Ferriss, December 18, 2019, tim.blog/2019/12/18/gary-keller-transcript/.
51. Beisel, "How to Divide Founder Equity: 4 Criteria to Discuss."

第8章

1. Carolynn Levy, "Startup Documents," Safe Financing Documents, September 2018, ycombinator.com/documents/#stq=&stp=0.
2. William A. Sahlman, "E Ink: Financing Growth," Harvard Business Publishing Education, December 9, 1999, 20.
3. Gilbert, "Mercury Rising: Knight Ridder's Digital Venture," Harvard Business Publishing Education, 5.
4. Mike Troiano, "Why You're Not Even Getting in the Door," *G20 Ventures* (blog), November 19, 2018, medium.com/g20-ventures/why-youre-not-even-getting-in-the-door-daa10ccb4911.
5. Rob Go, "Doing Due Diligence on Potential Investors," *NextView Ventures* (blog), January

30, 2020, nextviewventures.com/blog/doing-due-diligence-on-potential-investors/.
6. Paul Gompers, "Honest Tea," Harvard Business Publishing Education, October 17, 2001, hbsp.harvard.edu/product/201076-PDF-ENG.
7. Linda Cyr, "Noodles & Co.," Harvard Business Publishing Education, March 9, 2004, hbsp.harvard.edu/product/803174-PDF-ENG.
8. Cyr, 14-15.
9. Ivan Stevanovic, "40+ Crucial Crowdfunding Stats In 2021 | SmallBizGenius," January 6, 2021, www.smallbizgenius.net/by-the-numbers/crowdfunding-stats/.
10. "Advantages and Disadvantages of Crowdfunding | Nibusinessinfo.Co.Uk," accessed January 29, 2021, nibusinessinfo.co.uk/content/advantages-and-disadvantages-crowdfunding.

第９章

1. William A. Sahlman, "Some Thoughts on Business Plans."
2. Guy Kawasaki, "Guy Kawasaki ―― The Art of the Executive Summary," *Guy Kawasaki* (blog), April 2, 2006, guykawasaki.com/the_art_of_the_-3/.
3. "Imperfect Foods Impact Report 2020," accessed May 16, 2021, imperfect.cdn.prismic.io/imperfect/669a6dac-c9d4-4692-93ad-16843fd5bd1f_210309-IF-ImpactReport-Final.pdf.
4. "NRDC: Wasted ―― How America Is Losing Up to 40 Percent of Its Food from Farm to Fork to Landfill."
5. Guy Kawasaki, "Guy Kawasaki ―― The Only 10 Slides You Need in Your Pitch," *Guy Kawasaki* (blog), March 5, 2015, guykawasaki.com/the-only-10-slides-you-need-in-your-pitch/.
6. Seth Godin, "Really Bad Powerpoint," *Seth's Blog* (blog), January 29, 2007, seths.blog/2007/01/really_bad_powe/.

第 10 章

1. "Turning One Thousand Customers into One Million."

第 11 章

1. Albert Mehrabian and Susan R. Ferris, "Inference of Attitudes from Nonverbal Communication in Two Channels," *Journal of Consulting Psychology* 31, no. 3 (June 1967): 248-52, doi.org/10.1037/h0024648.
2. メヘラビアンの研究は、プレゼンテーション全体ではなく、発声の影響に限定されたもので、彼のデータはそれぞれ 55、38、7 パーセントだった。他にビジュアルのインパクトのほうがもっと大きいという結果が出た研究もある。（第一印象に関するナリニ・アンバディの研究など）。バーバラが 60、30、10 という数字を使うのは、プレゼンテーションにおける言語、非言語、メッセージという三つの要素の相対的な重みを、覚えやすい形で表現できるからだ。

研究によって数字は違っているかもしれないが、この考え方には説得力がある。

結　論

1.　『スティーブ・ジョブズ』。
2.　『スティーブ・ジョブズ』。

すべては「起業《きぎょう》」である
正しい判断を導くための最高の思考法

2023年11月20日　初版印刷
2023年11月25日　初版発行

＊

著　者　ダニー・ウォーシェイ
訳　者　渡《わた》会《らい》圭《けい》子《こ》
発行者　早　川　　浩

＊

印刷所　株式会社精興社
製本所　株式会社フォーネット社

＊

発行所　株式会社　早川書房
東京都千代田区神田多町２－２
電話　03-3252-3111
振替　00160-3-47799
https://www.hayakawa-online.co.jp
定価はカバーに表示してあります
ISBN978-4-15-210280-5　C0034
Printed and bound in Japan
乱丁・落丁本は小社制作部宛お送り下さい。
送料小社負担にてお取りかえいたします。